吉山记忆

刘见永 编著

中共永安市委党史和地方志研究室 编

海峡出版发行集团 | 福建教育出版社

图书在版编目（CIP）数据

吉山记忆/中共永安市委党史和地方志研究室编；刘见永编著. —福州：福建教育出版社，2025.8.
ISBN 978-7-5758-0436-3
Ⅰ.K295.75
中国国家版本馆CIP数据核字第2025B6W133号

Jishan Jiyi
吉山记忆
中共永安市委党史和地方志研究室　编
刘见永　编著

出版发行	福建教育出版社
	（福州市梦山路27号　邮编：350025　网址：www.fep.com.cn）
	编辑部电话：0591-83716736　83716932
	发行部电话：0591-83721876　87115073　010-62024258）
出 版 人	江金辉
印　　刷	福州印团网印刷有限公司
	（福州市仓山区建新镇十字亭路4号）
开　　本	710毫米×1000毫米　1/16
印　　张	23.75
字　　数	376千字
插　　页	2
版　　次	2025年8月第1版　2025年8月第1次印刷
书　　号	ISBN 978-7-5758-0436-3
定　　价	88.00元

如发现本书印装质量问题，请向本社出版科（电话：0591-83726019）调换。

《吉山记忆》编委会

顾　问：傅天宝　朱昶凯
主　任：章文龙
副主任：林　斌　张金铭
委　员：陈显城　陈晓娇　郑　毅　陈开泉　林　华
　　　　洪义龙　上官昌飞　陈昌传

编辑部

主　编：郑　毅
副主编：杨文峰　邱燕江
编　辑：林家卓　邓水燕　邓　强　高莹洁　谢金梅
　　　　邹广和　蒋玲华　童文莉
编　务：芦春华
摄　影：罗联永

《吉山记忆》编纂人员

序

多年前，见永先生与我曾在同一单位工作，由此结下了友谊。而后，虽各自奔忙，然时有往来问候。他比我年轻许多，未曾想竟也退休了，真是光阴似箭，日月如梭啊！年前，他持《吉山记忆》书稿征序于我，说是退休之后怀着对故乡的眷恋，在中共永安市委党史方志室的支持下，收集、研读有关文献资料编写而成的。他是吉山人，生于斯长于斯，故有此举。眷恋家乡故土，大概是中国人较为鲜明的一种情结，见永先生自不能外。切感却之不义，我也就孟浪不谦逊，未有客气推辞，应承了下来。

吉山，位于福建省永安市区西南郊的文川溪畔，依山傍水，是个历史文化名乡。早年间，这里山清水秀，自然纯真，"群峰朵朵吐青莲，曲曲溪流带晓烟"，一派田园风光。这里民风淳朴，耕读持家，崇文重教，以致书声琅琅，"终日不绝"，于是人才辈出，积淀了深厚的文化。时至今日，尚存有中国古代社会显示及第与级别尊荣的清代旌表，以及古民居墙上斑驳的清代科甲捷报。这些在书稿中均有详述，兹不赘言。

我去过吉山好多次，给我印象最深的还是这里存留的抗日战争时期的遗迹。我第一次去吉山应该是在20世纪90年代中后期，距今约有30年了。那天，我看到一颗炸弹斜直地插在老旧民房间的一块小菜地上，约有大碗口粗细，二三尺长短，小半截埋在地里，大半截披着厚厚的铁锈露在地面上。半个多世纪前的日本侵华战争期间，福建省政府由沿海的福州迁至山区永安达七年多之久。这期间有40多个省政府机关单位、司法机关和学校等机构设在吉山，一批军政要员、文化名人和爱国名士等亦云集于此。这便招引日军时不时地派遣飞机前来轰炸。据亲历的老者说，1939年9月的一天，三架日本军机飞临吉山，投弹三颗，一颗落在文川溪中，炸得水花激溅；一颗落在棋盘厝，伤一人，毁房五六间，死猪二头；还有一颗落在民屋附近的菜地中，不知何故没有爆炸，就是我看到的那颗了。村民不敢动它，担心它会突然引爆，便在给菜地施肥浇水时顺便舀一木勺屎尿水泼它一泼，意欲使之失灵。果然，几十年过去了，它就一直以原有的姿态待着。那时，我从事旅游工作，便建议：请来专业人员拆除引信和炸药后将它按原状搁置于原处，旁立一小石碑，简述来龙去脉，便可作为一个有特色的可供观览的文化旅游景点。其贵在真实，兼为日本侵华战争又立存一铁证。后来，听说这颗炸弹被移送到博物馆去存放了，这样处置也不错，只是缺少了些许现场感。

当今之世，社会发展变化飞快，日新月异，沧海桑田，吉山亦不例外。20多年前，吉山撤销了乡的建制并入燕西街道，成了永安市区的一部分。古老而知名的山村，连同承载其历史文脉的过往事物，渐渐地成为人们脑子里的记忆。而记忆是容易模糊淡化甚或遗忘的。为了赓续地方历史文脉，让我们自信地知道自己从何处来往何处去，便需要借助实物保存、文字、图照等方式将一些过往的事与物长久地留存起来，记录下来。是为地方文化建设的一项基础性工作。我以为资料性与可读性兼具的《吉山记忆》之价值即在于此。

不揣愚拙，拉拉杂杂地写下这些，且以为序。不周不妥之处，还望见谅。

罗健于2025年春节

（作者系福建省文史研究馆馆员）

目　录

前　言 1

辑一　历史沿革

一、村庄由来 5
　　吉山 5
　　文川溪 8
二、发展变迁 9

辑二　文物胜迹

一、书院之坊 15
　　（一）书院遗存 16
　　萃园 16
　　览胜 18
　　春谷山房 19
　　淇园 20
　　图南山馆 21
　　清闻堂 22
　　云栖山房 23
　　万钱斋 23

1

  双槐书屋 ················ 24
  四贤书院 ················ 24
  近光堂 ·················· 25
  西湄书屋 ················ 26
 （二）教育赓续 ············ 26
  永安市吉山初级中学 ······ 27
  永安市上吉山小学 ········ 27
  福建省永安职业中专学校 ·· 28

二、古厝民居 ·················· 29
 （一）国家文保建筑 ········ 31
  材排厝 ·················· 31
  棋盘厝 ·················· 34
  上新厝 ·················· 36
  刘氏祖屋 ················ 37
  刘氏宗祠 ················ 37
  燃藜堂 ·················· 39
  大夫第 ·················· 40
  团和厝 ·················· 42
  渡头宅 ·················· 43
 （二）其他文保建筑 ········ 44
  东方月 ·················· 44
  陈家大厝 ················ 46
  八卦亭 ·················· 46
  敬臣公祠 ················ 47
  奇讦公屋 ················ 48
  锡朋屋 ·················· 49
  定和宅 ·················· 50

上厝······51

　　挹秀楼······52

　　凝芳宅······52

　　古街"十三行"······53

（三）历史建筑······54

　　吉山土堡······54

　　懋建堂······56

　　黄氏祖房······57

　　上陈厝······57

　　陈氏家祠······58

　　迎淑堂······58

　　原永安酒厂米仓、烟囱······58

　　上吉山古街巷······58

　　上梯厝······58

　　江厝······59

　　上阶厝······59

　　下阶厝······59

　　现吉山村7号民宅······60

　　现吉山村28号民宅······60

　　现吉山村35号民宅······60

　　现吉山村35号民宅前的民居······60

　　现吉山村40号民宅······60

　　现吉山村100号民宅······60

　　现吉山村163号民宅······61

　　现吉山村300号民宅······61

三、其他胜迹······61

　　北陵······61

3

北陵题刻	64
古榕树	71
橘子石	72
橘子洲	74
福建永安东坡森林公园	75
古车碓	76
古车陂	77
古埠头	77
古浮桥	78
古校场	79
火烧桥	81
铁索桥	81
吉山里	82
五里亭	82
文昌阁	83
宝应寺	84
大密庵	86
北陵仙殿	86
榕荫亭	87
民主公庙	88
三圣公庙	89
太保亭	90
真武亭	91
关帝庙	91

辑三 抗战名村

- 一、福建省府迁治永安 95
- 二、抗战旧址 96
- 三、重要事件 99
  - 永安大狱 99
  - 永安浩劫 101
  - 永安鼠疫 102
  - 援捐抗战 104
  - 永安虎患 104
- 四、进步活动 105
  - （一）中共党员的引领活动 105
  - （二）中共党员主编的报刊 109
    - 《老百姓》 109
    - 《国际时事研究》 111
    - 《现代青年》 111
    - 《现代儿童》 112
    - 《建设导报》 113
  - （三）其他报纸刊物 114
    - 《福建教育》 114
    - 《福建教育通讯》 114
    - 《国民教育指导》 114
    - 《中等教育》 115
    - 《英语锁钥》 115
    - 《剧教》 115
    - 《福建剧坛》 116
    - 《剧讯》 116

《战时民众》……116
　　《公余生活》……117
　　《联合周报》……117
　　《新福建》……118
　　《闽政导报》……118
　　《福建省农业改进处研究报告》……119
　　《民意》……119
五、机关学校……119
　　福建省教育厅……119
　　福建省教育厅戏剧教育委员会……124
　　福建省教育厅战地歌咏团……125
　　战时民众教育巡回施教团……126
　　福建省电化教育处……126
　　福建省电影巡回队……126
　　福建省抗敌后援会……127
　　福建省赈济会……128
　　福建省防空协会……128
　　福建省会警察厅（永安警察局）……128
　　福建省政府参事会……129
　　福建省立儿童教育馆……129
　　福建省民众教育馆……129
　　福建省新生活运动促进会……130
　　福建省临时参议会……131
　　福建省交通驿运管理处……132
　　福建省建设厅……132
　　福建省农业改进处……133
　　福建省造林事务所……134

福建省农业改进处第一苗圃……………………………134
福建省立永安高级农业职业学校………………………134
福建省卫生处………………………………………………135
福建省卫生防疫大队………………………………………136
福建省卫生试验所…………………………………………137
福建省卫生处制药厂………………………………………138
福建省立医院………………………………………………138
福建省会卫生事务所………………………………………138
福建高等法院………………………………………………139
福建高等法院检察署………………………………………140
最高法院闽浙赣分庭………………………………………140
福建第一监狱署……………………………………………140
福建省立（国立）音乐专科学校…………………………141
福建省立永安中学…………………………………………146
福建省立永安实验小学吉山分校…………………………149
福建省中等学校师资养成所………………………………149

辑四　名人志士

一、先贤名仕……………………………………………………153
　　刘奇才……………………………………………………155
　　刘奇忠……………………………………………………155
　　刘奇讦……………………………………………………155
　　刘元晖……………………………………………………155
　　刘人竹……………………………………………………156
　　刘锡智……………………………………………………156

刘有敬 ……………………… *156*

刘元庆 ……………………… *156*

刘振鳞 ……………………… *156*

刘朝发 ……………………… *156*

陈枢 ………………………… *157*

刘高贞 ……………………… *157*

赖占鳌 ……………………… *157*

刘国琳 ……………………… *157*

刘廷魁 ……………………… *157*

刘山 ………………………… *158*

刘朝榜 ……………………… *158*

刘如麟 ……………………… *158*

刘大和 ……………………… *158*

刘选有 ……………………… *158*

刘大谟 ……………………… *159*

刘廷聘 ……………………… *159*

刘瑜 ………………………… *159*

刘朝鳝 ……………………… *159*

刘岑 ………………………… *159*

刘廷礼 ……………………… *159*

刘怀珍 ……………………… *159*

刘怀璋 ……………………… *160*

刘人兆 ……………………… *160*

陈应祖 ……………………… *160*

刘高恒 ……………………… *160*

刘荃 ………………………… *160*

刘元义 ……………………… *161*

刘锡璋 ·················· *161*

刘鸿熙 ·················· *161*

刘宏 ···················· *161*

刘高梅 ·················· *161*

刘元亨 ·················· *161*

刘国珍 ·················· *161*

刘钟英 ·················· *161*

刘干 ···················· *162*

刘凤起 ·················· *162*

刘元和 ·················· *162*

刘达 ···················· *162*

刘鼎 ···················· *162*

刘崇 ···················· *162*

刘朝桢 ·················· *162*

刘朝梁 ·················· *163*

刘人朋 ·················· *163*

刘人秉 ·················· *163*

刘士瑜 ·················· *163*

刘维屏 ·················· *163*

刘攀龙 ·················· *163*

刘如禧 ·················· *163*

刘韵韶 ·················· *163*

刘观庄 ·················· *163*

刘林武 ·················· *164*

刘茂森 ·················· *164*

刘茂德 ·················· *164*

刘如佑 ·················· *164*

附录　明万历至清朝学子名录 ……………… *164*
二、抗战时期的共产党人 ……………………… *186*
　　胡允恭 ………………………………………… *187*
　　何柏华 ………………………………………… *187*
　　葛琴 …………………………………………… *187*
　　邵荃麟 ………………………………………… *188*
　　谢怀丹 ………………………………………… *188*
　　骆何民 ………………………………………… *188*
　　羊枣 …………………………………………… *189*
　　卢茅居 ………………………………………… *190*
　　叶康参 ………………………………………… *191*
　　陈矩孙 ………………………………………… *191*
　　郑书祥 ………………………………………… *192*
　　林鸿图 ………………………………………… *192*
　　李达仁 ………………………………………… *193*
　　周左严 ………………………………………… *193*
　　柯咏仙 ………………………………………… *194*
　　余志宏 ………………………………………… *194*
　　陈培光 ………………………………………… *194*
　　何若之 ………………………………………… *195*
　　卓如 …………………………………………… *195*
　　许文辛 ………………………………………… *195*
　　何雪飘 ………………………………………… *196*
　　赵方幸 ………………………………………… *196*
　　金村田 ………………………………………… *196*
　　何芸 …………………………………………… *197*
　　陈宗谷 ………………………………………… *197*

杨桦 197
　　杨炳维 197
　　何为 198
　　陈耀民 198
　　谭庆逢 198
　　尤民湘 199
　　徐学惠 199
　　陈国华 199
三、抗战名士 200
　（一）军政司法人士 200
　　陈仪 200
　　刘建绪 201
　　程星龄 202
　　湛震 202
　　郑祖荫 203
　　林希谦 203
　　陈培锟 204
　　潘守正 205
　　雷寿彭 205
　　黄曾樾 206
　　朱玖莹 207
　　陆涤寰 207
　　伯力士 207
　　钱履周 208
　　林舒谦 208
　　林雨时 209
　　翁敬棠 209

李午亭 210
　　柯凌汉 210
（二）教育人士 210
　　郑贞文 210
　　徐箴 212
　　林天兰 212
　　廖祖刚 213
　　徐叙贤 213
　　黄慕周 214
　　林浩藩 214
　　沈炼之 215
　　吴秋山 215
　　唐守谦 215
（三）音乐人士 216
　　蔡继琨 216
　　缪天瑞 217
　　黄飞立 217
　　卢前 217
　　萧而化 218
　　梁龙光 218
　　张兆焕 219
　　唐学咏 219
　　陆华柏 220
　　甘宗容 220
　　谢投八 220
　　叶葆懿 221
　　曾雨音 221

奥斯卡·曼哲克……221

　　克拉拉·曼哲克……222

　　马古士……222

　　尼哥罗夫……222

　　福路……223

（四）文化人士……223

　　李由农……223

　　赵家欣……224

　　陈启肃……224

　　高时良……224

　　章振乾……225

　　徐君梅……225

　　徐君藩……226

　　潘希逸……226

　　姚勇来……226

　　沈嫄璋……227

　　朱鸣冈……227

　　卓克淦……228

　　黎烈文……228

四、从吉山走出的优秀人士……229

（一）省立永安中学学生……229

　　田昭武……229

　　黎念之……230

　　薛谋洪……231

　　沈念慈……231

　　蒋同泽……231

　　冯瑞集……231

罗联添 ·· *231*

张兰生 ·· *232*

潘潮玄 ·· *232*

黄海 ··· *232*

黄河 ··· *232*

黄梅 ··· *232*

倪国相 ·· *232*

陈大镛 ·· *233*

严增学 ·· *233*

陈炳铮 ·· *233*

王本傲 ·· *233*

陈葆煊 ·· *233*

林英 ··· *234*

陆鉴三 ·· *234*

唐人亨 ·· *234*

丁斌曾 ·· *234*

（二）福建音乐专科学校学生 ············ *234*

王连三 ·· *235*

朱永宁 ·· *235*

陈鼎臣 ·· *236*

陈华珍 ·· *236*

张慕鲁 ·· *236*

杨碧海 ·· *236*

王鼎藩 ·· *237*

陈暾初 ·· *237*

邓汉锦 ·· *237*

汪培元 ·· *237*

片冰心·······················237

　　　沈炳光·······················238

　　　张修明·······················238

　　　蔡丽娟·······················238

　　　叶林·······················238

　（三）省立永安实验小学吉山分校学生·······239

　　　黄炎·······················239

　　　黄骝·······················239

　　　谢孟雄·······················239

辑五　艺文杂记

一、古诗联额·······················243

　　刘元晖《山居》诗···············243

　　诗咏北陵·······················245

　　诗题萃园书院···················252

　　其他诗歌·······················253

　　楹联·······················254

二、抗战文化·······················255

　（一）歌曲·······················255

　　《永安之夜》···················255

　　《血肉长城东海上》·············256

　　《我是中国人》·················256

　　《中国好比一团火》·············257

　　《抗战的旗影在飘》·············257

　　《捍卫国家》···················257

15

《保卫中华》 ················257
《保卫福建》 ················258
《福建青年》 ················258
《福建少年》 ················258
《福建儿童》 ················259
《励志歌》 ··················259
《知识青年从军歌》 ············259
《民众动员》 ················260
《抗敌》 ····················260
《上战场》 ··················260
《救护》 ····················260
《募寒衣》 ··················261
《收复金厦》 ················261
《推行音乐教育》 ·············261
《科学化运动》 ···············261
《同胞们奋起》 ···············262
《本事》 ····················262
《故乡》 ····················262
《再会吧！吉山》 ·············263

(二) 戏剧 ··················263
《白沙献金》 ················263
《大禹治水》 ················264
《徘徊着的女人》 ·············264
《岭上梅》 ··················264
《风雨金门》 ················264
《抗战声》 ··················265
《放下你的鞭子》 ·············265

《生命之花》……………………………………266

《落日》………………………………………266

《好汉子》……………………………………266

《茅店秋月》…………………………………267

《母亲》………………………………………267

《喷火口》……………………………………267

《昙花一现》…………………………………268

《抓壮丁》……………………………………268

（三）著作文章……………………………269

《第二次大战中的近东与远东》……………269

《太平洋战争新局势》………………………269

《欧洲纵横谈》………………………………270

《从柏林到东京》……………………………270

《三年的太平洋战争》………………………271

《我的爸爸》…………………………………271

《积极建设福建文化》………………………272

《发展内地文化》……………………………272

《现代青年与抗战建国》……………………272

《冰雹的午夜——一个女郎的手记》………272

《我走到西山的面前》………………………273

《今天——为卅年儿童节而作》……………273

《东南文化建设运动颂》……………………273

《我并不悲观》………………………………274

《信念》………………………………………274

《十骂汉奸》…………………………………274

《青年的胸襟》………………………………275

《访问陈仪先生》……………………………275

17

《欢迎侨胞领袖陈嘉庚先生》………………275

《牢记血的仇恨》……………………………275

《铁蹄下的北平学生》………………………276

《怒蛙的毁灭——论日寇崩溃的必然性》……276

（四）吉山文荟………………………………277

《上吉山典乐记》……………………………277

《吉山盛会——记卢冀野校长招待新闻界茶会》

…………………………………………277

《吉山丝竹一番新》…………………………279

《别了矣，永安！》…………………………280

《再见吧，吉山》……………………………281

吉山诗词摘录…………………………………285

三、当代文辑……………………………………291

（一）忆访文选………………………………291

《一笑回头问吉山》…………………………291

《"六角亭"生活的回忆》…………………293

《让"永安精神"再创辉煌》………………294

《重游上吉山（诗一组）》…………………296

《情寄吉山》…………………………………298

《红豆》………………………………………298

《吉山雨后》…………………………………300

《我记忆中的永安往事》……………………301

《呵——那醉人的吉山酒、那湍流的文川溪》

…………………………………………302

《拳拳赤子心　悠悠故地情》………………302

蔡继琨题写"北陵风光"……………………303

（二）乡土歌曲······················304
　　　《吉山是首歌》····················304
　　　《古老的浮桥》····················306
　　　《醉乡曲》······················306
　　（三）诗词新作·····················306

辑六　风俗民情

一、家训族规·······················315
二、特产老酒·······················316
　　吉山老酒·······················316
　　劝酒词························320
　　猜酒令························321
　　吃喜酒························323
　　报喜酒························324
三、民间习俗·······················324
　　车鸡臂························324
　　春糍·························326
　　随礼俗语·······················327
　　民间节日·······················328
　　时令节气·······················330
　　祭灶神························330
　　天公生日·······················330
　　土地公生日······················331
　　观音生日·······················331
　　丧葬礼俗·······················331

19

自然崇拜 ································ *332*

　　祖先崇拜 ································ *333*

　　崇文重教 ································ *333*

四、民间故事 ································ *333*

　　智斗监察御史 ···························· *334*

　　戏弄贪县令 ······························ *335*

　　使计免交皇粮 ···························· *336*

　　惩办土霸 ································ *336*

　　毒老鼠 ·································· *337*

　　冬夜擒贼 ································ *338*

五、民间传说 ································ *339*

　　刘元晖拜寿 ······························ *339*

　　马氏真仙 ································ *341*

　　林氏真仙 ································ *341*

　　林氏真仙醉卧北陵 ························ *342*

　　卧马石和宝刀石 ·························· *344*

　　聪明泉 ·································· *345*

　　十三行 ·································· *347*

主要参考文献 ································ *349*
后　　记 ···································· *351*

前 言

  吉山位于福建西北部的永安市区西南近郊，这里不仅山清水秀，更有深厚的历史文化积淀。它浸润过多个朝代的风风雨雨，也经历过抗日烽火的洗礼，现在更沐浴着新时代的阳光雨露。它的地理优势得于天，文化优势得于人，天人合一形成了吉山吉水吉祥地。独具特色的历史底蕴、抗战文化、人文景观、自然风貌、宗教信仰和民俗风情，在这里交相辉映，并在新时代下焕发着生机与活力。

  吉山是人文的。这里自古重教兴学，蔚然成风。在清代，就建有12座书院，培养出秀才以上学子约650人。如今更是薪火相传，尊师重教，人才辈出。在这古老的小山村，处处可以感受到文脉相承的厚重。

  吉山是古典的。那些保存完好的科甲捷报，显示及第与级别尊荣的石旌表，以及别具特色的古民居和木船拴成的浮桥，无不展现浓浓的历史文化气息，静静叙述着遥远的故事。

  吉山是自然的。"群峰朵朵吐青莲，曲曲溪流带晓烟"，行于山野，楫于河流，吉山满目都是云烟和风月，宛如绿野仙踪。每一块石头、每一棵老树都风姿绰约，还有沃野与山林、翠竹与荷花生机盎然，俨然是一幅美轮美奂的田园诗意画卷。

  吉山是清新的。它仿如素面朝天的乡野女子，保持着十分难得的质朴、纯真。当你推开那一扇扇浸透着历史变迁和世事兴衰的沧桑之门，门前的吉山，满目苍翠，在蓝天白云下，显得格外清新隽永。

  吉山是浪漫的。300多年来，吉山十户有八家都有经年佳酿，素有"家家酿酒，户户飘香"的美誉。吉山老酒的醇香和甘甜，引得许多名人佳士诗兴勃发；也让远方的游子品味起家乡的味道来，更加情意绵绵。

  吉山是独特的。抗战岁月里，福建省政府内迁永安，这里安置了40多个省直单位和学校。众多文人志士在村中矮小的古宅里，在溪边的榕树下，抒发爱国之情，坚持抗战救国，直至取得最后的胜利，给这里留下了浓墨重彩的抗战文化遗产。

　　吉山的历史需要记忆，吉山的文化更需要传承。但愿这本《吉山记忆》能引导读者走进吉山，用眼、用心、用情，去聆听它的沧桑往事，感悟它的文化内涵，忘情于吉山吉水吉地间。

辑一 历史沿革

吉山地处永安市西南近郊的文川溪畔,距永安城区约四千米。这座拥有九百多年历史的古村落,肇基于宋,成形于明,鼎盛于清,扬名于民(国),闻名于当代。古老的村庄依山傍水,景色宜人,域内海拨在一百六十至二百五十米。文川溪流经吉山地段时,呈『几』字形绕流村庄而过,上下游各有一个自然村落,在民间一直分别称为上吉山和下吉山。『几』形的水流,既是空间的自然划分,也是空间的文化联结。吉山因水而活,水因山而立,吉山吉水吉祥地尽显秀丽。这里历史文化底蕴深厚,素有『永安四大书乡』之一的美称。

吉山全貌

一、村庄由来

吉山

《福建通志》记载，吉山在东华山南，东华山在县西。《八闽通志》记载，吉山在吉溪（即文川溪）之旁。《永安县志》记载，治西南一里许，吉溪之旁，沿流而上，山明水秀，十里有乡，仍名吉山。孝廉刘高青、进士刘元晖祖居在此。

民间相传，因绕流村庄的文川溪岸边（现吉山村村口处）伫立着一块呈椭圆形的巨大石头，远看像一个硕大的橘子，人们都叫它橘子石，含有大吉大利之意，吉山由此而得名。

吉山自古到20世纪50年代，一直是作为一个地方的统称，包括上吉山和下吉山两个自然村。自20世纪60年代开始，才分设为不同的行政村。

吉山最早始于宋朝初年。据《永安县志》记载，吉山北陵山下的宝应寺，建于北宋景祐四年（1037年），至今已有九百多年历史。

永安建县前，吉山属沙县怀恩里。明景泰三年（1452年）设置永安县后，划归永安县，属二十九都。据《永安县志》记载，明万历二十二年（1594年）永安县行政区划的二十九都辖区有：吉山、下下、热水口、洪田、苦竹、上石、爽溪、廖地等。

永安在清朝时，沿袭明制，行政区划基本未变，吉山仍属二十九都。据雍正《永安县志》记载，永邑自景泰建置以来，沿而无革。

民国时期设吉山乡。据《永安市志》记载，民国初年，永安县仍沿袭清朝的行政区划。民国二十四年（1935年）永安县开始实行保甲制，县以下设区公所、联保、保、甲四级。民国二十五年（1936年）将原来的9个区公所改变为4个区公所、原先的33个联保改变为24个联保。民国二十七年（1938年）撤销联保，改设乡镇。其中，第一区公所（贡川）包括燕江镇、贡川镇、

清光绪年间上吉山全域图（据《吉山刘氏族谱》）

清光绪年间下吉山全域图（据《吉山刘氏族谱》）

吉山乡、沙阳乡、忠山乡。吉山乡驻地在吉山，辖区为：吉前、吉后、文霞、大炼、吉峰、黄历、洛溪、马浆、吉上9个保。民国三十一年（1942年）推行地方自治，裁撤区署，改设为1镇15乡，即燕江镇和吉山、吉峰、西洋、大湖、贡川、岭后、曹远、安砂、上桂、龙岭、槐西、龙青、洪田、古马、洪大乡。民国三十六年（1947年）撤并吉峰、岭后、龙岭、古马4个乡。

中华人民共和国成立后，据《永安市志》记载，永安县于1950年4月废除保甲，改设区乡，划为6个区，下辖1镇11乡。其中六区（西洋）的辖区为：西洋、吉山2个乡。

1956年吉山乡划归洪田区。1958年5月撤区并乡，全县改设3镇24乡，仍设有吉山乡。同年12月撤销乡镇建制，改设公社、管理区、大队三级管理体制，吉山作为管理区，属永安县先锋（城关）人民公社。

1961年6月，撤销管理区制，实行公社、大队、生产队三级管理体制，原来的吉山才开始分设为上吉山、吉山、下吉山三个大队，均隶属永安县城郊人民公社。

1984年8月，撤销公社、大队建制，建立乡（镇）、村行政体制，吉山再次调整分设为上吉山和吉山两个行政村，均隶属茅坪乡。其中，上吉山村辖村场、魏厝、范村后3个自然村，吉山村辖下吉山、五丘、黄淡坑3个自然村。

1992年6月29日，撤销茅坪乡，分设吉山乡、黄历街道、兴平街道。上吉山村和吉山村归属吉山乡。吉山乡人民政府驻地在上吉山（乡政府办公实际在原茅坪乡所在地），辖区为：上吉山、吉山、文龙、霞岭、大炼、青松、

彩虹映吉山

罗岩7个行政村。

2002年3月，吉山乡并入燕西街道办事处，上吉山村和吉山村均归属永安市燕西街道办事处管辖。延续至今。

文川溪

古称"吉溪"。《永安县志》记载，西南出汀之连城县姑田里，由湖口、洪田、吉山下，谓之吉溪，至于濑口，合流燕溪。

吉溪在明清时代的一段时期内，也曾叫过廖溪。《永安县志》记载，廖溪，当县治之西。源发三十都湖口，由洪田、吉山至濑口，与龙溪汇合达燕溪。

民间亦相传，明朝时期，有一年连续暴雨，永安的城墙被淋坏倒塌。县令要维修城墙，却苦于经费不足。正在一筹莫展之际，有一位廖姓的富庶人家挺身而出，愿意出资维修城墙。但维修耗资巨大，廖姓人家把所有的钱都花完了，城墙却还没有修好。为了实践诺言，廖家又把房子卖了凑钱。城墙修好后，县令亲自剪彩，廖姓人家却没有出现在现场。县令派人把他找来，说："不用担心，你为全城百姓修好了城墙，我们也不会亏待你，会弥补你的损失。以后从洪田至吉山这条溪就命名为廖溪，凡是从这里经过的船只，你都可以收取过船费。"廖姓人家于是靠着收取过船费，改善了生活。

民国年间，吉溪改称文川溪，延续至今。据《永安县志》，民国时期本县主要河道计有沙溪、文川溪、燕溪、东溪等流，但能通船者实只有沙溪、文川溪二流。文川溪航线自宁洋县小陶为起点，迄本县县城止，长约68千米。水深者约16米，浅者只有0.8米，故只能通行小型民船。《永安市志》记载，文川溪属九龙溪最大支流，源于连城县曲溪乡兴北村，从小陶花公庙入境，流向西南，经茅坪乡的吉山叉溪口纳入九龙溪，总流域面积1161平方千米，境内流域689平方千米，平均流量35.47立方米/秒。

文川溪是原宁洋县小陶至永安的必经水路，山区的竹木、土特产水运至吉山时正值中午，所以吉山的码头成了来往客商休息之处，这也使吉山成为当时永安境内重要的商品集散地。因此，吉山自明末以来经济发展，文化繁荣，到清朝康乾时期更是盛极一时。直至1954年，文川溪还有通航，水运可以直接通往南平、福州等地。但随着永安陆路交通的不断发展，水路交通衰落，1955年开始文川溪逐渐停航。

吉山流域还有安全坑、何坑和张坑三条小支流汇入文川溪。

安全坑在上吉山村申报小河流域治理项目时被称为"万泉坑"（永安方言中"安全"与"万泉"发音极为相似）。该支流源于南山旗山麓东侧文龙村的水际南（民间亦称"马燕巢"），因此处有两个出水的洞穴酷似牛的鼻子，又被当地村民称作"牛鼻洞"。经现在的文龙村、上吉山村，至吉山土堡（楼）北侧处汇入文川溪，全长约6千米。曾是所流经几个自然村村民农业生产和生活的主要水源，现在主要用于生产用水。《永安市地名志》记载，牛鼻洞泉位于燕西街道文龙村南部，距村部2500米，最高水位0.3米，最低水位0.3米，日出水量600立方米。类型为冷泉。水质优。

何坑名称源自吉山的本土乡神"禾公"，民间亦叫"河坑"，《永安县志》记载为"何坑"。在永安方言中，"何""河""禾"三字的发音相似。该支流源于何坑甲，经何坑殿，与麻公寮的另一更小支流在何坑底交汇后，从萃园书院处（即何坑口）汇入文川溪，是所流经自然村村民农业生产和生活的主要水源。在何坑口建有一座小拱桥，至今还可通行。

张坑源于林记顶途，经树平，在水尾与黄淡坑另一更小支流交汇后，从张坑（即现在上吉山电站下方）汇入文川溪，是所流经自然村村民农业生产和生活的主要水源。

二、发展变迁

一个山村的发展历程往往与当地的姓氏和人口变迁紧密相连，吉山亦是如此。

吉山（包括上吉山和吉山两个行政村）现在的人口，是以刘姓为主。据《吉山刘氏族谱》记载，汉高祖刘邦之弟刘交的后裔刘赐于北宋嘉祐八年（1063年）入闽，是刘氏入闽第一代始祖。其子刘辉又开基于沙县（城头），第五代刘章（宋代状元，曾任礼部尚书兼给事中）于南宋绍兴年间由沙县迁永安大湖岭后的魏坊定居，为刘姓到永安的开基始祖。第十六世刘太乙从大

吉山村

湖岭后迁永安埔岭的渔潭。第二十六世刘贵三于明嘉靖十五年（1536年）从渔潭迁吉山，成为刘氏开基吉山的始祖。

民间传称，刘贵三从渔潭只身来到吉山放养鸭母。当时这里四周都是水田，只有中间一块小土墩，他就在这块空地上搭起草棚，独自过起放鸭的生活。有一天下大雨，一位路人来避雨，受到刘贵三热情接待，并将自己都舍不得吃的鸭蛋拿来招待客人。第二天客人临走时对他说："此处乃风水宝地，其地形似'肚囊状穴'（即绑在腹部的钱袋），背靠北陵龙脉，日后一定丁财兴旺。"刘贵三相信了客人的话，从渔潭举家迁到吉山，在草棚原地盖建吉山刘姓第一宅，后来被称为刘氏祖屋。从此，他依靠卖鸭蛋为生，娶妻成家，日子越过越好。尔后，刘贵三的子孙不断繁衍生息，刘氏逐渐成为吉山的第一大姓氏。

据2004年版《永安姓氏志》记载，后又有刘应梅从贡川迁居吉山。

现在的刘姓人口约占上吉山和吉山两个行政村总人口的80%，其中吉山村的主要姓氏为刘姓，占全村人口90%以上。不仅于此，吉山刘氏后裔还分布甚广。三明的南坑，永安城关的北门，曹远的埠头、上墩、上早、下早、小溪，大湖的瑶田，永浆的山际自然村等地的刘姓，均为吉山刘氏移居繁衍的后代。

吉山在刘氏迁入前后，还有陈、黄、赖、范、邹、张、魏、林、温、江等姓氏，如今在刘姓之外，陈、黄两姓人口相对较多，其他姓氏人口较少。而有的姓氏人口，如温、江、林，则已全部外迁。

吉山的发展起始于明弘治年间（约1500年），到清朝康乾时期，这里更是成为一个富庶之地，有过不少大富户，做笋干或木材生意，都有大量的田地、山林等。这里也曾是一个文化发达、人才辈出之地。吉山自古崇文兴教，人文荟萃，书斋林立。据《永安县志》和《吉山刘氏族谱》记载，吉山刘氏从第六代的刘奇才、刘奇忠、刘奇讦兄弟开始，崇文重教，兴建书院。在清朝年间，吉山就建有私家书院（斋）12座（其中刘氏11座，陈氏1座），共培养出秀才以上的学子659人。并且吉山的历史遗迹众多，其中现存较完整的古建筑群，从明末至清代的古民居就有40余座。1999年8月18日，当时的吉山乡被确定为福建省第一批"历史文化名镇（乡）"，是三明市唯一入选者。2013年8月和2023年3月，吉山村、上吉山村先后入选"中国传统村落"。

抗日战争时期，吉山经济、文化繁荣发展。1938年4月18日，国民政府行政院批准福建省政府所在地由福州内迁永安，同年4月29日，省政府各机关单位开始陆续迁到永安。其中有40多个省政府所属行政、文教、司法机关和学校、文化机构等安置在吉山，一批军政司法要员、抗战名士、文化名人和爱国人士云集于此。永安作为抗战时期福建省临时省会长达七年半，是国统区各临时省会中为期最长的一个。吉山也因此成为东南抗战文化名城永安的地标。吉山是永安抗战文化遗存最多、最集中、内容最丰富的一个地方，2013年4月，国务院公布第七批全国重点文物保护单位名录，"永安抗战旧址群"（编号：7-755-5-148，共12处）名列其中。在这12处中，有10处在吉山（即萃园、材排厝、棋盘厝、上新厝、刘氏祖屋、刘氏宗祠、大夫第、燃藜堂、团和厝、渡头宅）。2015年8月，"永安抗战旧址群"又被列入国务院发布的第二批国家级抗战纪念设施、遗址名录。

吉山不仅是一个狭小的地域概念和地理名称，也是一个文化范畴，代表了一种文化和精神。抗战的烟云早已消散，留下的是一段"燃烧"的音符。如今，抗战文化已成为永安的一张特色名片，吉山的独特资源正在焕发新活力。

上吉山村村口的"吉山印象"牌柱

辑二 文物胜迹

截至2024年12月,吉山有10处建筑被列入国家级文物保护单位名录,15处古迹(包括古浮桥和北陵题刻)被列入其他各级文物保护名录,22处建筑被列入历史建筑保护名录,还有古榕树被作为古树名木进行保护。

一、书院之坊

古代的书院萌芽于唐代。唐末至五代年间，战火频仍，很多读书人避居山林，模仿佛教禅林讲经制度聚徒讲学，成为书院的前身。

书院是古代的学校，最初是民办的，后来很多受到官方的资助，成了半官学的性质。书院按教育等级也分为两类：一类是低等级的、启蒙性的，类似于今天的小学和中学；另一类是高等级的、研究性的，类似于今天的大学和研究院。

书院的教育方式灵活自由，特别是高等级的书院，没有固定的教学时间和固定的班级人数。课堂讲授仅仅是教育的一部分，书院的师生三三两两在山间溪流茂林修竹之间闲游，或谈人生，或谈时务，也是教育的一部分，甚至是一种更重要的教育。一般书院都设有讲堂，处在书院的最中心，讲堂前后或两旁排列成排的斋舍，是学生住宿自修的地方。平时学生主要都是自己读书研究，老师不定期给学生讲课。讲课时没有固定座位，老师坐在堂上，学生自由围坐听讲。讲课内容也比较自由，非照本宣科，而是自由讲授，相互提问论辩。

吉山的书院也充分体现出以上的基本特征。《永安市志》记载，永安境域兴建书院始于宋代，全境在明清两代共有书院49座。据史料所述，吉山在清代有9座书院，分别是：萃园、春谷山房、图南山馆、淇园、云栖山房、四贤书院、西湄书屋、近光堂、双槐书屋。经查证核对，还有览胜、清闻堂和万钱斋3座书院未计入，实应为12座书院。其中，11座为刘氏书院，只有万钱斋为陈氏书院。最为著名的是萃园书院。

（一）书院遗存

萃园

是现今福建省保存最完好的清代早期书院之一，也是培养进士、举人、贡生、秀才等总量最多的一座书院。现已纳入"永安抗战旧址群"，列为国家级文物保护单位。

萃园民间亦称"何坑书斋"。据《吉山刘氏族谱》，萃园由刘奇才建于清顺治四年（1647年）。清雍正二年（1724年）刘元晖考中进士后重修，之后又曾经历了多次修缮。

刘元晖有《重修萃园》诗：

园林重葺几辛勤，草木知春别有芬。
半亩池塘好漾月，千条柳线欲牵云。
庭前花鸟无穷趣，槛外山川尽至文。
只羡家传经尚在，赏奇更乐有同群。

据《永安县志》记载，举人刘英有记：

"古之学者，莫重乎会友，莫患乎离群，凡以相聚，而后勤惰形，长短见，切磋砥砺，乃克底于成也。孔子[1]曰："百工居肆以成其事，君子学以至其道。"说者曰，学即学舍也，若乡学、太学之类是也，盖肆为百工之学，而学即君子之肆。其所以课勤惰，较长短，切磋砥砺，以底于成者，此物此志也。

吉溪吾族氏有精舍于村之西，颜曰"萃园"，本文学士超公所建为子孙读书之所。迩来修葺日增，林池佳丽，称极盛矣。丙申冬，余以事至吉，伯氏锦中嘱为文以记之。

余观夫名园之义，非仅谓山水之胜，土林之华，可以恣游览已也。《易》曰："物相遇而后聚"。故受之以萃。然则斯园亦学人之所聚也，推

---
1 此处"孔子"应为"子夏"。语出《论语·子张》。

萃之义，或会萃乎？"五礼"或咸萃乎？"六籍"或云萃乎？"博议"或鳞萃乎？生徒皆萃之益也。虽然，吾于园更有感焉：园之景，三面环山，前临大河，高明洞达，斩爽玲珑，开窗而瞩，则左可以见乎右，右可以望乎左；外可以穷乎内，内可以览乎外。群山排闼而入户，流水沿除而激溜。岩石奇诡，鱼龙跳跃。春夏则青葱可悦，秋冬则落穆易感。千态万状，不能名纪。读书于此，其胸次必高明，心思必洞达，文章必轩爽，思致必玲珑，神气必闲静，襟怀必活泼。文章布置，如岩石之天成；法律变化，如鱼龙之出没。烂若春华，幻若夏云，清若秋月，淡若冬雪。萃以聚之，焕以发之，一园而高明沉潜之义，俱可会焉。他日必有拔萃之士相应而兴者，吾于萃园诸同学望之矣。

萃园位于吉山浮桥下游、文川溪南岸的何坑口。坐西朝东，占地面积1529平方米。由门楼、二道围墙、半月池、下堂、天井、厢房、上堂、护厝组成园林式书院建筑。大门开在正前方，为砖构门楼，三楼四柱，正面门楣刻有"萃园"二字。下堂面阔五间，进深三柱带前廊，歇山顶，为穿斗式木构架，屋面近似歇山顶。明间为"下厅"，前后敞开。上堂本地称上房或正房，悬山顶，面阔五间，进深九柱有回廊，明间为正厅，兼祭神、祭祖、会客、拜师、节庆寿宴等功能，繁多的仪式大都在上堂进行，上堂是全院的礼仪中心。正厅内后金柱间的一道板壁和左右耳门将其分隔成前厅、后厅两部分。前厅进深大，面朝院落，光线充足，通风良好。后厅敞开，进深很浅，与后走廊相通。上堂后金柱间建有灰板壁（太师壁）与神龛，板壁面采用水墨技法画吉山村貌风景。太师壁两边的柱间横梁上悬挂"耕读济世"木制匾额。神龛前摆放一张装饰精致的长条供桌，上面有牌位、香烛、水果等供品。太师壁左右两侧各有一扇耳门连通前后厅，耳门平时关闭，必要时才开启。

萃园在布局上采用的是中轴对称，二进五开间，大小厅堂六间，房间二十六间，整组古建筑小巧玲珑，结构别致，曲径通幽，独具地方特色。设计上，所有围墙转弯的地方，都削去直角，蕴含着"退一步海阔天空"，"忍一忍大事化小"，"处事让三分天宽地阔，心田存一点子种孙耕"等深刻的处世哲学。

萃园内有半圆形荷花池塘，曲径回廊，屋内雕梁画栋，有圆门、浮雕、

萃园

太湖石等，颇具苏州园林风格。这里的泥塑彩雕也很有特色。屋脊上、屋檐边的花、鸟、兽等泥塑彩雕，经过三百多年的风风雨雨，至今仍色彩鲜艳、栩栩如生。屋后柏树、罗汉松、铁树等古树都有几百年的历史。

抗战时期，这里是福建省卫生处、省卫生防疫大队、省卫生处制药厂所在地，卫生处长、防疫大队长陆涤寰住所，房屋后山的U形防空洞是当时防疫人员所挖的存放药品和疫苗的"冷藏库"。

览胜

位于上吉山原吉山酒厂大门口南侧（现上吉山村72号），民间亦称"书斋"。建于清代，坐西朝东，分别由半月池、门楼、坪、春亭、天井、正堂、厢房、化胎组成。门楼开在正

览胜

前方，正面门楣题刻"览胜"二字；正堂面阔五间，进深六柱带前廊，内部有细致雕刻，为悬山顶穿斗式结构；左右厢房等地方墙体有人物、山水等壁画；正堂天井有花架；春亭左右两边设有挡雨板。该建筑主体保存较好，体现出当地的建筑特色。现已列入文物保护单位。

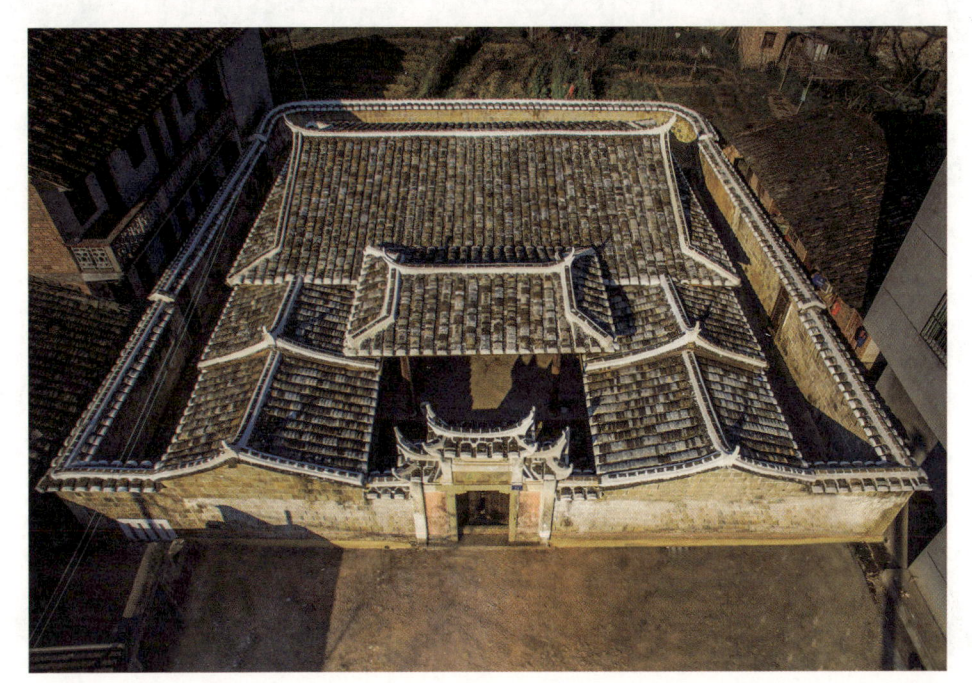

览胜

春谷山房

位于北陵山麓东南侧，清代知名书院，是吉山文人刘锡晋之孙刘次言于康熙九年（1670年）所建，为其子孙读书场所。废除科举制度后，春谷山房便无人管理。

福建省政府内迁永安时期，此处因谷深林密便于隐蔽，被定为省政府主席公馆，先后有陈仪、刘建绪两任省政府主席在此办公与居住，曾为"军事要地，闲人免进"的神秘之地。现只保存抗日战争时期省政府主席的起居室和防空洞。防空洞两端有出入口，全洞总长为15.73米，当年用作存贮枪支弹药，以及省政府主席和家属躲避空袭的场所。现已辟为"春谷山庄"景区，其中的"省主席居住处和防空洞"已列入文物保护单位。

春谷山房里的"省主席防空洞"

淇园

位于吉山首车洋，面对文川溪。清康熙甲辰年（1664年），吉山人刘侯受所建。为悬山顶结构，坐西朝东，占地面积549.26平方米。是学子专门攻读经史的书院。因年久失修，现今只剩围墙，墙内房屋均已坍塌，在其门楼上依稀可辨"淇园"二字。

淇园

抗日战争时期，已失去书院教育功能的淇园，被作为战时最高法院闽浙赣分庭的办公所在地，庭长翁敬棠曾在此居住。严家淦也曾在此居住。

淇园遗址现已成为历史建筑并完成修缮保护。

图南山馆

位于吉山村村口，上新厝右侧。清嘉庆二十三年（1818年），吉山村的刘应春、刘应光兄弟，遵其父亲刘定和的遗愿，建书院一座。该馆坐北朝南，占地面积约1100平方米，为本房子孙后代读书所用。《庄子·逍遥游》曰："背负青天，而莫之夭阏者，而后乃今将图南。"以"图南"为名，是主人期望在这里读书的子孙能立志远大，鲲鹏展翅，前程似锦，耀祖荣宗。

抗日战争期间，已经开始败落的图南山馆，被作为福建省高等法院办公处，也是福建省高等法院首任院长童杭时的住所。现只保存部分建筑，只在依稀可见的门楣上残留"图南山馆"字迹。

图南山馆示意图（据《吉山刘氏族谱》）

清闻堂

位于北陵山上，建于清顺治年间。吉山人刘奇忠开辟北陵时，首先在古殿旁建起了清闻堂，取心清、闻妙香之意。"清闻堂"最初作为书院，供刘氏子弟读书。也称七贤书院，因内祀七位先贤，又称先贤祠。刘高贞、刘高恒兄弟曾在此读过书。现今已损毁，在往北陵仙殿上行不远处留存遗址。

清闻堂示意图（据《吉山刘氏族谱》）

云栖山房

位于北陵山上。因读书人逐渐增加,原有的清闻堂书院容纳不下,刘奇忠又在其邻近处建了云栖山房书院。正前方是文笔山主峰。僧人妙声在《云栖山房记》中写道:"开户北山,字之曰云栖山房。以碧山为屏,白云为篱,篱之外近与人境接。入其门则清旷幽闲。日与名人士游从其间,以抚花竹观鱼鸟谈咏为笑乐。"书院厅堂有两副对联,一曰:"卷帘唯白水,隐几亦青山。"一曰:"山静鸟谈天,水清鱼读月。"禅意闪烁其间。

吉山人刘高贞于此攻读,康熙戊子年中举人,任河南巩县知县。同时这里也走出一位阿凡提式的奇人刘高恒(刘高贞之弟),即受永安民间百姓喜爱的刘火索,他的传奇色彩使得他曾经的耕读之地也充满传奇。

现今已损毁,在北陵仙殿西侧留存遗址。

云栖山房示意图(据《吉山刘氏族谱》)

万钱斋

位于北陵山上。建于清代初期,为吉山陈氏人家的一座书斋。据《永安县志》记载,吉山举人陈枢于北陵构万钱斋读书,能文工诗,有唐宋风。现今已损毁,在往北陵仙殿上行不远处留存遗址。

双槐书屋

位于上吉山车田洋头，迎淑堂（刘家大厝）左前方的文川溪畔。建于清代，现今已损毁，仅存遗址。

双槐书屋示意图（据《吉山刘氏族谱》）

四贤书院

位于文川溪之滨。康熙初年吉山人刘奇才所建。原为文昌阁，因内祀杨、罗、李、朱四贤，又称四贤祠，甬东范公光阳留题其阁曰"回澜"。刘元晖中进士前曾就读于此。现今已损毁，仅存遗址。

邑诸生赖光前有《四贤书院》诗：

盛世崇文治，车书达九州。
恭惟多士志，景仰大儒修。
所幸生桑梓，因之溯鲁邹。
文星高阁映，化雨彩檐流。
川险岩为砥，山空谷不幽。
羹墙如可见，俎豆自千秋。

四贤书屋示意图（据《吉山刘氏族谱》）

近光堂

位于吉山下洋，建于清代。据《永安县志》，刘奇才筑馆于村之东（北陵山麓西侧），曰"近光堂"，延师以训子弟之未冠者。

抗战时期，福建省中学师资养成所所长沈炼之在此居住。现今已损毁，仅存遗址。

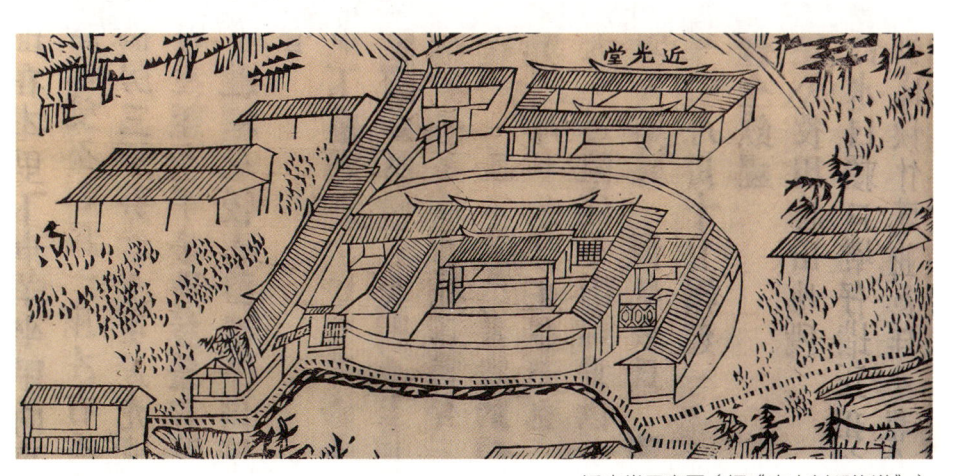

近光堂示意图（据《吉山刘氏族谱》）

西湄书屋
位于吉山浮桥头（北岸）的民主庙后方。建于清代。现今已损毁。

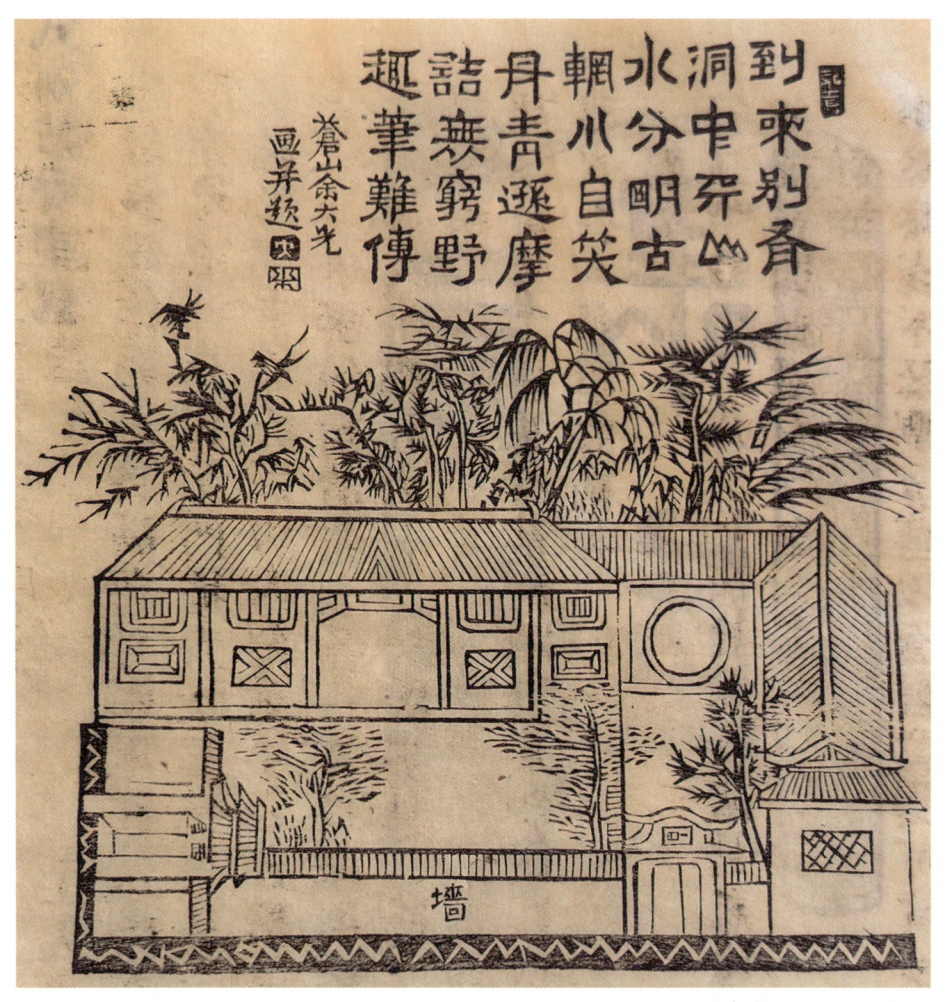

西湄书屋示意图（据《吉山刘氏族谱》）

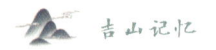

（二）教育赓续

随着科举制度的废除，吉山的古书院书斋也逐渐失去了教书育人的功能。进入民国后，特别是在抗战时期，福建省教育厅在吉山刘氏宗祠办公，使这里成为福建全省的教育行政工作中心，时间长达七年半之久。在此期间，不同人士在吉山创办了福建省立（后改国立）音乐专科学校、福建省立永安中学、福建省立永安实验小学吉山分校、福建省中等学校师资养成所等学校，吉山的教育事业再现辉煌。

中华人民共和国成立后，吉山先后设有吉山小学、上吉山小学。1992年至2002年，吉山作为乡建置期间，设有吉山中心小学，并于1998年将吉山乡下辖的罗岩小学、吉山小学、文龙小学、霞岭小学和青松小学并入吉山中心小学。同时还设有吉山初级中学。

永安市吉山初级中学

1996年8月，永安市原茅坪乡的初中吉山分校更名为永安市吉山初级中学。每个年级2个班，按照"3+1"职业教育设置，全校8个班规模。校址在205国道旁的吉山口，即吉山乡政府的规划驻地。该校于2022年8月并入永安六中。

永安市上吉山小学

是目前永安市最大的乡村完全小学，也是永安市首座希望小学，2022年被评为部级"乡村温馨校园"。学校占地约14400平方米，建筑面积约3468

上吉山小学

平方米，功能设施齐全。按照 6 个班规模设置，现有学生 260 多名，配备 18 名教职员工。学校始终致力于创建"小而美、小而优"的乡村温馨学校，以当地深厚的抗战历史文化为核心，汇编校本资料《吉山古风》，建设抗战文化长廊并开设"我的家乡历史"解说员校本课，让学生更直观地学习历史、传承历史，并将学生的实践习作结集成《艾草芬芳》一书。

福建省永安职业中专学校

是福建水利电力职业技术学院永安分院，实行中高职衔接合作办学，是永安中高职教育的重要基地。

成立于 1973 年，时名永安县第四中学；1980 年开办职业教育；2004 年被评为国家级重点中专学校。2007 年与同为国家级重点中专学校的永安农业职业中专学校整合，两校合一。

2012 年，永安职业中专学校搬迁至上吉山村的新校址。校园占地 302 亩，

永安职业中专学校

教学、实训及生活设施设备齐全。学校在编教职工162人,中、高级职称126人,占比77.8%;全日制在校生3000多人。

2017年,永安市政府与福建水利电力职业技术学院签订战略合作协议,该校成为福建水利电力职业技术学院永安分院,并开展中高职衔接合作办学。

该校2018年被评为国家中等职业教育改革发展示范校;2020年被评为福建省示范性现代职业院校A类校;2021年入选福建省高水平专业群建设项目校,"畜牧兽医"和"计算机动漫与游戏制作"2个专业群入选"福建省高水平职业院校和专业建设计划"立项建设高水平中职专业群。

二、古厝民居

古厝民居不仅仅是先人留下可供使用的房子,还是历史的空间和记忆。吉山历史遗迹众多,1999年在被福建省人民政府评定为首批省级"历史文化名镇(乡)"时,来此考评的专家就对吉山的古民居赞不绝口。这里除了古时的书院,同时还留存有较完整的明末至清代及民国时期的古建筑群,既有矮巧玲珑的民宅,也有气势恢宏的大厝。各处建筑格局完整、构造精致,以其独特的春亭建筑、砖雕门楼及堂横式平面构成等特征,成为闽中地方乡土建筑的杰出代表。

吉山古建筑群拥有三大厝:材排厝、棋盘厝和上新厝,其中材排厝共有156间房,大小12个厅。吉山有一座西洋风格的建筑——挹秀楼,唯一有照壁的建筑是凝芳斋,还有最具建筑艺术特色的团和厝和独特造型的八卦亭(即"六角亭")。同时,吉山的古建筑还具有三点主要特色。

一是春亭。到吉山考察的文物专家认为,春亭在闽西北地区较为少见,在吉山的古建筑中却很普遍,最具特色。

春亭,类似于"抱厦"或"倒座"。清代以前"抱厦"也叫"龟头屋",是指在原建筑之前或之后接建出来的小房子。在主建筑一侧突出一间(或三间),由两个歇山顶丁字相交,插入部分叫抱厦,十字相交的叫十字脊。吉

陈家大厝（福建音专旧址）的春亭

团和厝门楣（刘见省提供）

山建筑的"春亭"则主要建在前面。

二是门楣。吉山本土作者刘见省曾于1999年4月在《福建乡土》上发表《吉山门楣天下奇》一文，对吉山门楣作了专题介绍。据其文，吉山门楣一般都在居家的边门上。因为大门必须展现主人的宽宏大量，注重整体造型的壮观，而边门则注重雅致、精巧，在一定程度上展示主人的文化素质和修养。这些边门顶部呈圆弧形，门楣造型上呈弓形，且伸出几厘米，这样既可保护门户，又可展示风采。在材排厝，有一户门楣整体如一张展开的书卷，中高出，两旁低，中间写上"幽然"二字，两边低处是花草图案。吉山大夫第有扇门楣雕有荷花莲叶，花红叶绿，栩栩如生，令人赏心悦目。而在大坪左边还有一个门楣如一帧展开的六折奏折，隐含六六大顺之意。吉山门楣装饰以书画居多，如团和厝，有一门楣整体如展开的画卷；也有不少浮雕的，如刘家祠堂边门的门楣，就是一片长长的逼真的芭蕉绿叶浮雕横在门的上方。而一般农家门楣多以扇面造型，中间题上如"爱庐""萱草""锄月"等等字样，也显得大方、朴实。

三是泰山石敢当。在永安域内其他地方至今极少见到"泰山石敢当"石，在吉山村落中却很常见。"石敢当"即一块长方体石碑，其碑体大小不等，上刻"石敢当"三字，有的又刻作"泰山石敢当"；有的在碑身上刻符号图案，有的则将石碑上方雕刻成狮头等造型。"石敢当"石常置于三处：一是村落入口处，河川池塘岸边；二是门前路口、巷口、三岔入口直冲处；三是房屋门前的墙面处。

上阶厝围墙墙面正对其他民居大门而立的"泰山石敢当"

"石敢当"作为一种建筑文化，有着深远的历史背景，体现出中国乡村浓郁的民族和地方特色。相关传说很多，但基本认为其主要功用是辟邪。

（一）国家文保建筑

材排厝

民间亦称"柴排厝"，包含其中的酒坊。

材排厝始建于清初，由吉山人刘奇才长子刘锡晋建造。该厝坐北朝南，

材排厝

占地5333平方米，建筑面积2300平方米。主屋分两排排列，前低后高，厅厅相通，弄弄相连，排列整齐，左右对称。该屋充分利用地形地势，面对文川溪而建，采光、排水、通风等都很科学，是中国典型的家庭聚居式建筑。

材排厝素有"八闽第一房"之誉。二进三排式民居，房屋的整体平面就像一只木排，主人就起名叫材排厝。材排厝看似普通，却以亭、廊、房三绝著称于世："亭"，即位于门厅前的春亭，也称抱厦，是闽越古民居中的独有门饰；"廊"，即三排房间夹迎中形成的两条长长的走廊，从走廊的一端向另一端望去，长达数十米，给人一种小巷深深的感觉；"房"，共156间房，这么多房间在平房式建筑中极为罕见。材排厝也因有此"三绝"而蜚声八闽。

材排厝总的平面布局可概括为：南北双纵两排、三门六通道的主厝，东西横向单排的副厝及小院，共二进12堂、8厅、12书房、156间房。面阔约110米，进深25米。主厝主门开在正中间，其还兼作前后主厝的防火通道及隔离区，此道北端建一高出主、副厝的二层小楼，实为绣楼。另两个副门开在主厝东西两端的围墙处。主次门为砖石灰结构的牌楼式，重檐歇山顶，双板门。东西两副厝与主厝间用矮墙分开，墙与墙之间原有砖砌带漏窗的墙做隔断，实际上主副厝是一个整体。

主厝分为前后（南北）两排，厝内用带漏窗的矮墙隔断，由内门进出各进的生活空间。每门有两进两堂、十几个房间和公用的书房，由南向北进入。步入砖砌灰面的大门，门内是砖砌的空坪，空坪中部是春亭，春亭有四柱和两柱形制。春亭的功用特别，一可增加活动空间；二可遮风挡雨，避免雨水直接侵袭下堂；三可为酷夏提供吹风纳凉的好地方；四为妇孺提供做事、聊天、嬉戏的场所。春亭在三明区域只有在永安的民居中常见，这与当地的气候和人们的建筑喜好有关。春亭东西两侧墙上开有内门，可通往隔壁的厝室，有的亭边还设书房，书房面阔三间，进深三柱，安双扇或四扇花格门装饰。

过春亭，上石阶，至下堂。下堂面阔五间，进深八柱，扇面为穿斗式，屋架为悬山顶。当心间中部设太师壁，西边太师壁开门于西边，东边太师壁开门于东边。次、梢间前后为用半墙隔断的房间。从太师壁出门至下堂的后厅，至后厅廊道，下几级石阶，为过内矮墙的门。上五级石阶至上堂的春亭与窄小天井。春亭两边是单间书房。

上堂面阔五间，进深八柱，此堂东面与隔壁堂共用一个较大的书房。中部后段设太师壁，壁边开一门往上堂后檐廊。壁处神案下摆放用砖烧的土地公神座，砖侧模印"乾隆十四年造（阳纹），建细料一尺金砖"，是一块比较有价值的宗教文物。从后檐廊处，其两侧设边木门，门外有公共厕所。门边设竖菱形蜂窝状漏窗，便于污浊的空气流散。

下堂明间设挂落（板式），穿斗带童柱结构。脊檩下设随脊檩，设屏门；两侧各开小门进后春亭。后春亭一头支方柱，另一头与上堂方形老角楼吊接，以支撑整个屋架，后春亭檐出跳承托檩条，抬梁结构。两侧书院双开方格花窗门。

主厝共有六个单元，每个单元的建筑布局基本相似，但房间的隔断、书房的大小及公用、厨房、餐厅、厅堂的装饰等有所不同。主门及防火通道北部的绣楼小巧别致，面阔单间，进深四柱。

材排厝内景

二层，穿斗式悬山顶，二楼外四周木质凭栏。该楼是所有厝的最高点，其用意有三：一是充当防火观察所，二是美化材排厝总体建筑，三是解决女孩的读书问题。

材排厝的副厝，为单排式带小厅的生活用房，厝的南面

材排厝酒坊

两端各建有带小围墙的小院，显得娇小玲珑。副厝面阔九间，进深五柱，住、厨、储通用。

材排厝的架梁结构基本上是穿斗式带童柱，明间前设板式挂落，檐廊出二跳斗拱承托檩条和屋面，太师壁上设枋、梁、栌斗，体现出建筑的档次。

上堂的地面一般为三合土，边用长毛石块镶边，上春亭地面用三合土的甬道配以小长方砖斜砌；下堂地面为红色三合土打制，用金属工具划出方形对角纹，下春亭用粗三合土铺面，前内空坪用长方砖"工"字形铺砌。春亭小方形石柱础，上、下堂老角柱为方形圆角边石础，上堂金柱为鼓形石。

材排厝主、副厝前的一排为专门做酒的作坊，是目前三明地域仅存的酒肆建筑。坐南向北，沿河而建，是为了淘米、酿造、装船运输的方便。村中的老人说："昔日这座酒坊，每天可酿酒 2000 多斤，每年的收入非常可观。"吉山老酒就是在这样的一座座酒坊中酿造而成，再从文川溪装船销往四面八方。

抗战期间，材排厝是福建高等法院、最高法院闽浙赣分庭、福建省新生活运动会、《联合周报》编辑部等单位员工的办公与居住地。

现已纳入"永安抗战旧址群"，成为国家级文物保护单位。

棋盘厝

清代建筑，由材排厝后人刘元功和刘见龙兄弟俩建造。该厝位于吉山村

中心，坐东朝西，占地近 2000 平方米，建筑面积 1134.9 平方米。整体建筑布局如中国象棋的棋盘：房屋中间一长方形大天井，视为楚河汉界；界两边两厅相对，两边各有前厅、天井、后厅，每厅两边又各有厢房四进，两边左右对称，所以称棋盘厝。房屋东西 27.6 米，南北 49.8 米，下堂面阔 5 间，进深 8 柱，上、下堂间设过水廊，上堂面阔 5 间，进深 5 柱。北面房屋另加一列横屋。上、下堂均为悬山顶，穿斗式结构，梁架、雀替、挂落均有雕刻，地面为方砖铺设，长条形天井地面为鹅卵石。

棋盘厝充分体现出建造者的智慧。将家族的生息置于一棋盘之上，一座大宅院，几十户人家，父子之间、兄弟之间、婆媳之间、妯娌之间，需要的是互相理解，互相尊重，互相帮助，只有这样才能和衷共济，这也正是当今和谐社会所需要的氛围。

抗战时期，这里是省教育厅职员的住所和《福建教育通讯》《国民教育指导》《中等教育》编辑部的所在地。

现已纳入"永安抗战旧址群"，成为国家级文物保护单位。

棋盘厝

上新厝

清代建筑，由棋盘厝后人建造。该厝位于吉山村口东南侧，坐东朝西，占地面积2076.14平方米。一层歇山顶木结构，是由墙、院子、天井、春亭、厢房、厅堂、左右各一列横屋组成的三进三堂建筑。主房屋进深49.2米，面阔18.8米，大门开在院子的正前方；下堂面阔5间，进深5柱有屏门；正堂面阔5间，左右次间与稍间之间有子孙巷；上堂面阔11间，也有子孙巷，进深6柱；厅堂均为悬山顶、穿斗式结构，梁架、门窗均有雕刻。二进正堂上悬挂着乾隆年间永安县令赠送的牌匾，上书"骐骥联镳"（"骐"与"骥"都为骏马的意思），祝贺房主兄弟俩同时考中武生。正厅左边门板上贴有一张刘廷佐科试录取联元第二名的学报。其建造是按照传统的格式在中轴线上依次纵深排列，层层叠高，左右对称，高大宽敞，是吉山最高的古建筑。

抗战时期，福建省高等法院借用这幢民宅进行司法工作长达七年半之久。在下堂右侧明间的木板墙上有两个小窗口，就是当时省高等法院值班室所用。这里也曾是审判庭所在地，厅堂两侧的房间是当时法官等办公人员的卧室，开庭则在大厅上。

现已纳入"永安抗战旧址群"，成为国家级文物保护单位。

上新厝

刘氏祖屋

民间亦称为"刘家祖厝",系明嘉靖年间,刘氏吉山始祖刘贵三所建。该房屋位于吉山村中心,坐北朝南,建筑面积293.9平方米,面阔21.2米,进深14.2米,由矮墙、院子、厢房、正堂组成单进三合院式建筑。大门开在左前侧,由上堂及前院左右各一间厢房组成。正堂面阔5间,进深7柱,悬山顶穿斗式结构。正堂两侧甬门,明间左右隔墙,均有捷报痕迹。正堂左右次间前面隔板有格子花窗,正堂、院子地面均为方砖铺筑。围墙外的前坪上原立着许多功名旌表现只留下两对,为进士刘元晖、武举人刘山等人立的石旌表。还有相向而立的两对石旗杆,高约12米,原有8根,抗战时期为避免日机轰炸,特意放倒4根。上刻"联捷进士""辛酉乡荐"的字样,分别代表进士刘元晖和武举人刘山的功名。

在吉山村的民居建筑中,刘氏祖屋显得特别矮小,然而简洁大方。《吉山刘氏族谱》记载,刘贵三立下祖训:"所盖之房不求高华,聊以蔽风雨即可,子孙后代须敦本务实,勤俭持家,以耕读为最佳。"以朴素的人生哲理,道出其中的缘由。从此,刘氏后代牢记祖训,所建房屋大都不高,并敦本务实,勤耕农作,兴盛文风,涵养着吉山天然清新的乡土文化。

抗战时期,这里曾是《老百姓》编辑部,也曾是国民党台湾党部委员,后任台湾公产公务整理委员会专员、台湾新竹商业职业学校校长林鋆的住处。

现已纳入"永安抗战旧址群",成为国家级文物保护单位。

刘氏宗祠

即崇仁堂,民间亦称为"刘家祠堂",位于吉山村部右后侧。"崇仁"代表了先祖们推崇仁爱,后辈尊崇祖训,承先启后,光宗耀祖的心愿。它始建

刘氏宗祠

于清雍正十三年（1735年），百年后的清道光十六年（1836年）焚毁。道光二十三年（1843年）重建，重建后的刘氏宗祠较之前宏伟。该建筑坐北朝南，建筑面积约600平方米，主体建筑由门楼、围墙、庭埕、天井、春亭、下堂、上堂等组成。通面阔19.6米，进深28.9米，大门开在左前侧，有砖砌门楼。下堂面阔5间，进深5柱，悬山顶，穿斗式结构；上堂面阔5间，进深7柱，悬山顶，抬梁穿斗式结构。梁架、驼峰、雀替等部位均有精美的雕刻，上堂檐廊左右两侧各设一门。祠内建筑布局在中轴线上，左右对称地排列厅堂，中间天井，两旁是回廊。春亭正中上方悬挂抗战时期福建省政府主席刘建绪题写的"绳其祖武"牌匾，大厅中挂有抗战时期省教育厅厅长郑贞文赠送的"明德惟馨"牌匾。大厅上方还分别挂有"进士""三代登科""贡元""恩贡""文魁""武魁"等历代牌匾，彰显刘氏先祖当年的功名和成就。大厅两侧墙上写有"孝""第""忠""信"四字。作为吉山刘氏的宗祠，祭祀开基吉山的第一代始祖刘贵三。每年农历八月初一全域刘姓在此团聚，共同纪念自己的祖先。

刘氏宗祠院墙前空地上原竖有一对石旗杆，是为永安在清代出的第一个进士刘元晖所立，现只剩下埋入地下的石墩座。抗战时期，为防日机轰炸，将它们放倒。其夹板和石旗杆被郑贞文改制成石条桌使用。

1938年5月，福建省教育厅内迁永安，即在刘氏宗祠办公。教育厅第一科使用新建的二层木房，在刘氏宗祠后山上；第二科和第三科租用民房。

中华人民共和国成立后，崇仁堂曾作为吉山中心小学的教学地，邻近各村每年有300多人在此接受教育，至1986年搬迁。

现已纳入"永安抗战旧址群"，成为国家级文物保护单位。

燃藜堂

清康熙年间，由刘奇忠之次子刘锡瑀（字组受）始建。康熙四十七年（1708年）举人、曾任河南巩县县令的刘高贞在其祖父刘奇忠70岁时在此为其庆寿。刘奇忠子孙将"燃藜"二字，赠与祖父，象征生命之火永远燃烧，用心良苦，孝心可鉴。这里亦是传奇人物刘高恒的故居。

燃藜堂

该建筑位于吉山村西南面，坐西南朝东北，木结构，占地面积1036.2平方米。由主座上、下两堂式单进合院及左、右跨院与右侧一列横屋等组成。大门开正前方，平面分主屋、左右跨院，右侧一列横屋。主屋面阔16.2米，进深30.6米，由院子、下堂、春亭、上堂组成。上、下堂均为面阔5间，进深8柱，上堂为抬梁穿斗式结构，下堂为穿斗式，悬山顶结构。主座上堂之前建有春亭，右跨院由院子、下堂、天井、上堂组成。在右跨院上堂的墙面上，贴有三张捷报，距今已300多年。其中两张是给刘高贞的：一张写"贵府老爷刘名高贞，以易经中康熙戊子科举人，联登金榜，京报"；另一张写"贵府老爷刘（指高贞）特受河南巩县正堂指日高升，公报"。还有一张捷报是给贡元刘菁英的。

院坪处原有一"系马亭"，坪外曾立有两根举人木旗杆。抗战时期，为防日机轰炸将它们放倒，现在只留下一对旗墩。

抗战时期，省教育厅厅长郑贞文一家及部分教育厅职员居住于此，郑贞文住在大厅次间。

现已纳入"永安抗战旧址群"，成为国家级文物保护单位。

大夫第

始建于清道光丙午年（1846年）。大夫是古代官职，位于卿之下，士之上，也指做了官的读书人，清代则把高级文职官员称作大夫。第，是指上等的住宅。此屋在清朝晚期曾出过4位大夫（即刘廷礼、刘怀珍、刘怀璋和刘人兆等祖孙4人，均为奉政大夫），大夫第的宅名是由朝廷所赐封。

大夫第位于吉山村后仔坑，坐东朝西，大门朝南。前有月池，背靠北陵山，为结构严谨的三进官宦人家府第。一进大门，门厅；二进前堂、春亭；三进正厝。整个建筑连同月池、院坪、天井、花台，占地3000多平方米，建筑面积1140平方米。中轴线上由半月池、围墙、院子、下堂、天井、春亭、上堂组成合院式建筑。左右各有一列横屋。主房屋面阔16.6米，进深27.1米，大门开在左前侧与左横屋相接，面阔1间，进深5柱。下堂面阔5间，进深6柱，上堂面阔5间，进深9柱，均为悬山顶，穿斗式结构，上、下堂梁架、雀替、天井一圈隔扇门窗均有雕刻。上堂右侧檐廊双扇门，下堂明间左右隔墙，门头房左侧隔墙均有捷报痕迹。屋内有金字牌匾、抱柱对联、木质挂联等，八仙桌、学士椅等非常齐全，显示出书香门第的气派。

抗战时期，这里是福建省交通驿运管理处办公处。近代永安名人——留法博士黄曾樾（交通驿运管理处副处长）曾在此屋边建"慈竹居"，与母亲同住，其诗作后结集成《慈竹居诗抄》。大夫第也是黄曾樾妹夫的住宅。

现已纳入"永安抗战旧址群"，成为国家级文物保护单位。

大夫第

团和厝

清道光年间，由刘氏第十二世祖刘南园的如夫人所建。当地村民又称其为"南园"。该厝位于吉山村尾，坐东朝西，建筑面积900.3平方米。由门楼、围墙、院子、下堂、天井、春亭、上堂组成合院建筑，右侧有一列横屋。主房屋面阔22.6米，进深28.9米，主体建筑左前方建有牌坊式砖雕门楼，中轴线上依次分布围墙、院埕、下堂、天井、春亭、上堂。上、下堂梁架及天井一周隔扇门均雕有精美的图案，上堂、春亭、下堂檐廊部位饰有挂落。

高大壮观的院门上方两侧刻有花卉图案，门楣处刻有"团和"二字，寓意团圆和睦。背面门额刻有"瑞蔼"的字样，下堂面阔5间，进深7柱；上堂面阔5间，进深9柱，均为悬山顶，穿斗式结构。上、下堂梁架、天井一圈隔扇门均雕有精美、吉祥图案。

团和厝

该厝的主要特色是工艺石刻和雕梁画栋。一进前厅门槛两旁的石墩被称为"乞丐墩",门槛背面刻有一对凸出的小葫芦,作为关锁两扇大门之用。前厅门框上还安装两扇小门,在小门扇的上方刻有"书、琴、棋、画"的图案。前厅大门上方两侧各伸出一段带花边的小圆木装饰物,称为"二撮"("撮"是古建筑大门上突出圆球式精细雕刻的装饰物;民间传称只有皇家嫡系宗族才能塑"三撮",一般只能装"二撮"),又叫"门当户对"。二进春亭上方呈现一对"彩凤乐双飞"的浮雕。三进正厅大梁上雕刻着"对凤舞繁花"。

该厝是吉山最具建筑艺术特色的民宅,它的窗雕木刻精美而且保存较完好,在永安的古民居中颇有代表性。不仅图案创意奇妙,内容分类也颇为讲究:左边书院有取自《三国演义》中的"空城计",取自戏剧《郭子仪拜寿》中的"郭子仪封王"的窗雕;右边书院及前厅照壁两侧有引自《杨家将》的"穆柯寨",《封神演义》的"姜太公钓鱼",《隋唐演义》的"尉迟恭救驾"等窗雕。位于正厅窗雕作品中的一部分几何形格子构图以及鸟、鱼、虫、兽浮雕,被毁坏了一部分。

抗战时期,团和厝是省高等检察署办公处,也是林则徐曾孙、福建省高等检察署首席检察官林炳勋及其继任李午亭、何修及一董姓庭长的办公和生活住所。

现已纳入"永安抗战旧址群",成为国家级文物保护单位。

渡头宅

建筑时间为晚清。该宅位于吉山村文川溪之南岸,正对浮桥,坐西南朝东北,建筑面积598.6平方米。房屋由门、墙、院子、春亭、正堂、左右各一列横屋组成单进三合院建筑。主房屋面阔17.2米,进深14.7米,面阔1间,进深4柱,与左厢房相接。正堂面阔5间,进深8柱,堂前有春亭,正堂悬山顶穿斗式结构,梁架、雀替均有雕刻,右次间前隔墙有捷报痕迹,左右厢房有格子花窗。门房开在左前侧,左右各一列横屋,其中右列横屋前伸至下一台地,做上下两层带前廊形式。曾任福建省国民政府秘书处编译室主任的李由农赋诗一首《桥头楼水》赞美道:"一弯水绿绕楼台,绕到桥头去不回。流水无心照云去,浮云有意且重来。"

抗战时期,这里曾是羊枣(杨潮)居住过的地方,也是《国际时事研究》

渡头宅

编辑部和省政府编译室旧址。

现已纳入"永安抗战旧址群",成为国家级文物保护单位。

(二)其他文保建筑

东方月

亦称世受公屋,"即世受国恩,公屋励德",由刘锡祚于清康熙十九年(1680年)所建。为进士刘元晖的祖屋。该建筑坐落在吉山最北面村尾,隔着文川溪,与萃园遥遥相望。占地1120平方米,木结构,坐东向西,中轴线上由围墙、院子、春亭、下堂、天井、上堂组成合院式建筑,左一列横屋,右有三列横屋。主房屋面阔34.8米,进深32.7米,大门开在左前方,有砖砌门楼,正面门额上书写"东方月"三字。下堂面阔11间,进深7柱;上堂面阔11间,分左右3厅,进深9柱,均为悬山顶,穿斗式结构。

据《吉山刘氏族谱》,该屋"面山文峰,罗列拱映,乌墩随溪,插上作案,水缠元武华山阁,耸崎水口,罗城周密,后枕大山作屏,开一大帐,中心融结,形肖东方月"。

1938年8月,省教育厅决定在吉山创办省立永安中学,校址定在东方月。首任校长林天兰居住在此。福建省政府主任秘书长钱宗起也居住在东方月的左厢房。

东方月

陈家大厝

位于上吉山原酒厂厂区内，清代建造，坐西朝东，一进合院，大门设在下堂门厅。中轴线由下堂、天井、春亭、上堂组成。上堂面阔5间，进深8柱。

抗战时期，是福建省立（后改国立）音乐专科学校教学处所在地（1940年3月建校前为省防空司令部、省立中等学校师资养成所所在地），也是福建省立音乐专科学校首任校长蔡继琨的居住和结婚地。

现设立有国立福建音专校史馆。

陈家大厝

八卦亭

即"六角亭"。位于上吉山村中心，建于清代，是一座极具特色的建筑。整体建筑落地为"蟹"形，坐东北朝西南。二厅六开间，两大厅并列，前有圆弧形的两层围墙，内围墙中间是一座六角亭，进出经过此亭。

六角亭的屋面攒尖顶，由6根柱子支撑，承托檐檩出4挑，柱与柱间距1.9米，柱础为素面鼓式，通进深5.1米，面阔4.9米。

在围墙院内大坪三合土夯制的地面上刻画有"八卦"图案，因而民间将

八卦亭

此处称为"八卦亭",现在大坪地面上仍还留存两片"八卦"图案。宅后种植一株大桂花树,每年八九月开花飘香,至今尚存。

抗战时期,这里是福建省立(后改国立)音乐专科学校教职员工的住址。陆华柏、甘宗容夫妻在此居住了约两年。当时的六角亭室内常有虫蛇出入,它们进出自由,与教授、职员彼此相安无事,因而居住在此的学校教职员工戏称此宅为"虫蛇轩"。

敬臣公祠

敬臣即刘奇忠,该公祠民间亦称"刘家老厝"。位于上吉山村(后底埔顶头)。清代早期建筑,落地"梅花"形。是刘高贞祖父的故居。该公祠坐西朝东,占地面积1100平方米,建筑面积680平方米。主建筑木结构,通面阔15.5米,进深26.5米。分别由半月池、围墙、功名杆、门楼、空坪、下堂、天井、甬道、正堂、厢房、化胎组成。大门开在右侧,门楣上题刻"敬臣公祠"四字,坐北朝南,石构,歇山顶,三楼四柱。空坪围墙上竖立一块石碑,字迹模糊。下堂面阔5间,进深6柱;正堂面阔5间,进深8柱,前有卷棚。上、下堂均为悬山顶,穿斗式结构,柱础为方形,素面鼓式,地面三合土夯制。整体建筑中轴对称,布局合理,具有清代建筑特色。

47

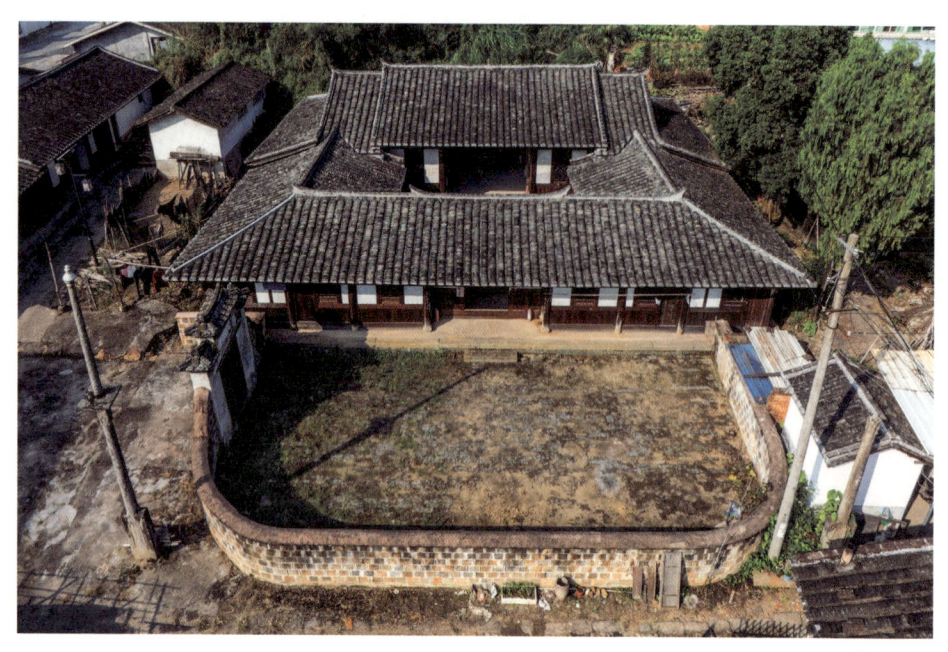

敬臣公祠

公祠围墙外侧竖有一对石旗杆，为清乾隆四十四年（1779年）武举人刘国琳所立。这对石旗杆与吉山其他石旗杆不同，顶部套有瓷质的装饰。现在左侧的一根有损坏，只留下半根。敬臣公祠内还存有刘国琳的一块练功石。

抗战时期，这里曾是福建省立（后改国立）音乐专科学校教职员工住址。

奇讦公屋

位于吉山村中心偏北，建于晚清，系刘奇讦后人所建。由围墙、门楼、庭埕、下堂、天井、上堂、护厝等组成围屋，面积638平方米。房屋面阔21.6米，进深41米，中轴线上分布围墙、院子、门厅（下堂）、天井、甬道、正堂、天井、上堂组成二进合院式建筑。大门开在正前方，下堂面阔7间，进深6柱；正堂面阔7间，进深9柱，正堂后两侧有砖砌花窗；上堂面阔7间，进深8柱，均为悬山顶，穿斗式结构。三堂梁架均有雕刻。

抗战时期，省教育厅为满足省直机关职员子女就读需求，在此创办福建省立实验小学吉山分校，校长由教育厅科员陈豪担任。该校重视教学质量，学生成绩优良，附近各乡村居民纷纷把子女送到此校就读。当时，省教育厅

辑二 文物胜迹

奇讦公屋

第一科科长刘庆平、科员兼股长林浩藩曾居住于此。

锡朋屋

位于吉山村中心地带。清代早期建筑。房屋坐西北朝东南，一进建筑。分别由春亭、正堂、横屋等组成，正堂面阔8间，进深9柱；房屋左侧横屋，前后9间，进深5柱。正堂梁架有雕刻，左右次间前隔板有球花和格子花窗，左次间木板

锡朋屋

墙上有一窗口,是抗战时期为方便工作而设。

抗战时期,福建省抗敌后援会设于此。时任省赈务委员会主任委员、省防空协会干事长、省临时参议会副议长的陈培锟就居住在里屋厅堂边的次间。这里也曾是省防控协会及警察局所在地。

定和宅

位于吉山村街口处。清代的木结构建筑,单门独院,小巧玲珑。宅主刘定和是吉山刘氏九世祖。该宅由主建筑和左(东)侧建筑两部分组成,坐北朝南,大门开在主建筑左(东)前方。主建筑通面阔19.1米,通进深16.7米,一进四合院,上堂面阔7间,进深8柱,右(西)侧有一列横屋。左(东)侧建筑坐东朝西,由下堂、春亭、上堂组成。下堂面阔3间,进深7柱;上堂面阔5间,进深8柱。上堂前有春亭,上堂次间正面隔板和左右厢房均刻格子花窗,均为悬山顶,穿斗式木构。

抗战时期,福建省高等法院的职员曾在此居住。现在该宅大门处的围墙上还保留"抗战到底"的标语。

定和宅

上厝

上厝

位于吉山村新厝巷巷尾，与上新厝相邻，清代建筑，由刘奇忠四子刘锡珪（字躬受）所建。为悬山顶结构，该厝坐北朝南，主房屋通面阔33.8米，进深38.8米。建筑是二落一进的规模，大厅宽敞、构造精细。分别由围墙、空坪、下堂、天井、正堂等组成一进三合院建筑，大门开在左前侧。下堂面阔5间，进深6柱；正堂面阔5间，进深9柱，前有卷棚。房屋建筑为悬山顶，主体梁架有雕刻花饰，穿斗式结构，左右两侧各有一列横屋。

抗战时期，福建省高等法院检察署首席检察官李午亭曾在此居住。

挹秀楼

民间亦称"洋楼",是吉山唯一一座西洋风格的建筑,位于燃藜堂左侧,吉山刘韵韶先生1945年临溪而建。

该楼坐西北朝东南,由门楼、围墙、院子、二层楼房组成欧式风格的建筑。大门开在正前方,砖砌门楼西洋式,呈八字形,正面门额阳刻"挹秀楼"三字。面阔13.3米,进深13.5米,地面为木板,四面墙用青砖砌筑。一层分三间,中间一间西北面有一木质楼梯上二楼。二楼也是木板相隔为三间,西南面有一平台。而此楼最独特之处则是具有防潮功能。

曾作为"永安市抗战名人馆"。

挹秀楼

凝芳宅

位于吉山村中心地带,清代建造。该宅坐北朝南,占地950平方米。大门开在左前方,有砖雕门楼,门楣处清楚地刻着"凝芳"二字,"凝"含有凝结在一起之意,"芳"是指具有美好的品格、德行。中轴线上有围墙、院子、下堂、天井、春亭、上堂,右侧有一列横屋。下堂面阔5间,进深7柱;上

凝芳宅

堂面阔7间，进深8柱。上堂前有春亭，地面铺以方开的青砖，悬山顶穿斗式，砖木混合结构，外墙用青砖砌成。上、下堂梁架均有雕刻。院墙完整，大门前有一照壁，这在吉山古民居中实不多见。此房屋曾有过火烧记录，后用原木料重修。

该宅具有六个特点：一是环境容量大，处于村中心；二是坐北向南，阳光充足，冬暖夏凉；三是室内通风干燥，防潮功能好，屋内外均铺吸水性好的方开的地砖；四是四周筑有高大的防火墙，昔日宅中虽被火焚毁，但四邻房屋未受殃及；五是近靠古街十三行，家人由前门和东侧小门通行，疏散方便；六是内外明堂大小适宜，平坦、融聚、宽畅。

古街"十三行"

吉山一直保留着一条古商街，叫"十三行"。它位于吉山村中心，呈东西走向，东从新厝巷巷口开始，一直到无名巷巷口止，街长99.4米，街宽5.4米。南北两侧各有二层建筑，南侧吊脚楼二层，第二层有挑廊，第一层有11间店铺，北侧店铺改为水泥房。此街是吉山唯一的一条商业街道。

原古街有一座长廊亭，上盖两坡瓦片，既可遮阳，又可避雨，两旁都有

古街"十三行"

　　长排的板凳，天气炎热时，有许多人到此乘凉聊天。抗战时期省国民政府迁来时，为拓宽街道而拆去。古街原来是大石板条或大砾石块铺成的，因为拉黄包车（人力车）不好跑，穿高跟鞋的也不好走，所以后来改铺成砂土路，现已铺成水泥路。

　　老街有一段昔日的繁华时光。尤其是抗日战争时期，随着省政府内迁永安，省主席公馆安置在了吉山，各种机关接踵而至，军政要员、达官显贵、商贾文人常拥挤地走在这条短短的古街上，或在街边的小酒馆里喝着闷酒，排遣抑郁。只是那种的热闹是畸形的，带着民族的伤痛。

　　现在古街上肉铺子、小百货、食杂店、美发美容厅、台球室、小食酒馆等店也都有，但比较杂乱，古街古韵被冲淡。

（三）历史建筑

吉山土堡

　　即刘氏土堡，民间亦称"吉山土楼"。由刘奇忠之子于清朝建造。土堡整体平面布局为"目"字形，由前楼、倒座、前坪、前落、天井、后落、后坪、后楼等构成，占地 1600 平方米，是集生活、居住、生产、防卫于一体的古建筑典范。

土堡墙高约 8 米，墙厚 2.1 米左右，系土木结构。楼墙的南北面各开一门，墙上方有回廊宽 1.26 米，绕楼一周，沿回廊循环走遍全堡可迅速传递消息，回廊四周有瞭望窗约 24 个。楼墙东北角与西南角各有一座凸出 3 米的角楼，用以扩大防卫角度，对进攻侧门的来敌给予夹击。

楼（堡）内建筑坐西朝东，为二落二进三厅。前落为一层，后落为二层，前低后高，前后厅堂均在中轴线上排列，前后落左右屋舍布局对称，主次分明，整体布局平稳。前落九开间，左右屋舍有别于一般的对称布局。后落两层连套间 32 间，二楼用木梁挑出建成一条木板回廊，使居室干爽、卫生、通风。前落与后落之间是天井，靠天井北侧有饮用水的水井一口。

土堡建筑是外土内木结构。外墙使用的材料是以生土（黄土）、石灰、细砂为主，再加上一些鸡蛋白、红糖、糯米，经过反复搓、揉、拌成的"砂灰"。

吉山土堡

吉山土堡内景

建筑技术上，它用传统的"大墙板"夯筑的方法，一板一板地筑成墙。在夯筑过程中，还要加上竹条、木条作为筋骨连接成一体，以增强坚固性。一座土堡建筑少则三到五年，多则十几年才能完工。这样精心夯筑起来的土堡具有防守兼备、便于生活的特点，既挡风又抗震，可以历经几百年风雨沧桑而岿然不动。吉山土堡现今保存完好，已列为历史建筑，完成保护修缮。

1939年1月，福建省农业改进处由连城文亨迁到永安，入驻吉山土堡，将其作为省农业改进处及其下属单位造林事务所等的办公地。

吉山在清代共有3座土堡（楼）。除了上述土堡，另外两座一座是原永安酒厂后西北边靠文川溪附近的小土楼，因失火被毁。还有一座在当地被称为"尾土楼"，在文昌阁对岸山边，原是清代吉山人刘奇才墓地风水陪衬的点缀物。抗战期间，省政府机关单位迁到吉山，因这座土楼四周闭塞、荒无人烟，就把它改成监狱，成了福建第一监狱署。20世纪70年代末已毁失，仅存遗址。

懋建堂

即"锡璋大厝"，位于上吉山雷坑口墩头，由刘奇忠长子刘锡璋（字右受）于清朝早期建造。建筑为悬山顶结构，整个建筑顺地形展开，坐西朝东，为当地传统民居式建筑。建筑面积为630.49平方米，总占地面积为843.83平方米。中轴线自东向西依次为下堂（下堂间）、天井（两侧厢房）和上堂（左、右直）。建筑格局保存较完整。

抗战时期，这里是省保安司令部、省保安处、省建设厅部分办公点，是关押过羊枣的地点之一。现在此设置了羊枣事迹展览馆和邹韬奋事迹展览馆。

懋建堂

黄氏祖房

即现上吉山村黄氏祖房。该建筑为悬山顶结构，整个建筑顺地形展开，视野开阔，周边景色优美。建筑是一落一进的规模，围护墙采用竹编抹灰，大厅宽敞。构造精细，门楼保留完整，室外门口空间尺度宜人，建筑格局保存完整，具有一定的代表性。现已列入保护修缮计划。

上陈厝

该建筑悬山顶结构，门楼保留完整，整个建筑顺地形展开，视野开阔。室外门口空间尺度宜人，建筑格局保存完整。现已列入保护修缮计划。

57

陈氏家祠

民间亦称"下陈厝"。该建筑为悬山顶结构，整个建筑顺地形展开，视野开阔。建筑是二落一进的规模，围护墙采用竹编抹灰，大厅宽敞。细部雕刻精美，构造精细。室外门口空间尺度宜人，建筑格局保存完整。围墙外侧立有一对功名旗杆，为康熙三十八年（1699年）文举人陈枢所立。现已列入保护修缮计划。

迎淑堂

民间亦称"刘家大厝"，位于上吉山车田洋头，系刘有敬祖屋。该建筑为悬山顶结构，整个建筑顺地形展开，周边景色优美。建筑是二落一进的规模，围护墙采用竹编抹灰，大厅宽敞。细部雕刻精美，构造精细，门楼保留完整，室外门口空间尺度宜人，建筑格局保存完整。围墙外侧立有一对功名旗杆，为乾隆二十一年（1756年）恩贡刘有敬所立，上刻有"三山秉铎"字样。现已列入保护修缮计划。

原永安酒厂米仓、烟囱

位于上吉山，酒厂建于1957年，该米仓为厂内最老的一批建筑。烟囱外观高立挺拔，砖砌结构。现已列入保护修缮计划。

上吉山古街巷

形成于清代，主要用作村庄内步行道，大多用石块、青石板铺砌，蜿蜒曲折，至今仍然保存较好。现已列入保护修缮计划。

上梯厝

现吉山村65号民宅。刘奇忠后裔于清代所建。该建筑为悬山顶结构，整个建筑顺地形展开，周边景色优美。建筑是二落一进的规模，围护墙采用竹编木板相结合，墙壁上有捷报遗迹，大厅宽敞。室外门口空间尺度宜人，建筑格局保存完整。现已完成保护修缮。

辑二 文物胜迹

上梯厝

江厝

现为吉山村380号民宅。明代建筑，吉山邹家祖房，位于刘氏宗祠左下方。该建筑为悬山顶结构，整个建筑顺地形展开，周边景色优美。建筑是二落一进的规模，围护墙采用竹编木板相结合，大厅宽敞。细部雕刻精美，构造精细，室外门口空间尺度宜人，建筑格局保存完整。现已完成保护修缮。

上阶厝

现为吉山村12号民宅，位于上新厝东侧。该建筑为悬山顶结构，整个建筑顺地形展开，视野开阔，周边景色优美。建筑是一落二进的规模，建筑格局保存完整。现已列入保护修缮计划。

下阶厝

现为吉山村39号民宅。刘锡硅长子刘大义所建。该建筑为悬山顶结构，整个建筑顺地形展开，视野开阔，周边景色优美。建筑是一落二进的规模，春亭保留完整，围护墙采用竹编木板相结合，大厅宽敞。构造精细，室外门

59

口空间尺度宜人，建筑格局保存完整。现已列入保护修缮计划。

现吉山村7号民宅

悬山顶结构，整个建筑顺地形展开，视野开阔，周边景色优美。建筑是一落一进的规模，建筑格局保存完整。现已完成保护修缮。

现吉山村28号民宅

在上新厝大门前右边。该建筑为悬山顶结构，顺地形展开，视野开阔，周边景色优美。建筑是一落一进的规模，围护墙采用竹编木板相结合，大厅宽敞。门楼保留完整，构造精细，室外门口空间尺度宜人，建筑格局保存完整。现已完成保护修缮。

现吉山村35号民宅

刘奇忠后裔于清代所建，在淇园书院后面。该建筑为悬山顶结构，顺地形展开，周边景色优美。建筑是二落一进的规模，围护墙采用竹编木板相结合。大厅宽敞，构造精细，室外门口空间尺度宜人，建筑格局保存完整。现已列入保护修缮计划。

现吉山村35号民宅前的民居

该建筑为悬山顶结构，整个建筑顺地形展开，周边景色优美。建筑是二落一进的规模，围护墙采用竹编木板相结合。大厅宽敞，春亭保留完整，室外门口空间尺度宜人，建筑格局保存完整。现已列入保护修缮计划。

现吉山村40号民宅

刘奇忠后裔于清代所建，与下阶厝相邻。该建筑为悬山顶结构，整个建筑顺地形展开，周边景色优美。建筑是二落一进的规模，围护墙采用竹编木板相结合，大厅宽敞。春亭保留完整，室外门口空间尺度宜人，建筑格局保存完整。现已完成保护修缮。

现吉山村100号民宅

该建筑为悬山顶结构，整个建筑顺地形展开，视野开阔，周边景色优美。

建筑是一落二进的规模，建筑格局保存完整。现已列入保护修缮计划。

现吉山村 163 号民宅

位于吉山村村部右侧。该建筑为悬山顶结构，整个建筑顺地形展开，周边景色优美。建筑是一落一进的规模，围护墙采用竹编木板相结合，大厅宽敞。细部雕刻精美，构造精细，室外门口空间尺度宜人，建筑格局保存完整。现已完成保护修缮。

现吉山村 300 号民宅

位于下阶厝对面，原主人的后裔一部分由贡川迁居。该建筑为悬山顶结构，整个建筑顺地展开，周边景色优美。建筑是二落一进的规模，春亭保留完整，大厅宽敞，构造精细，室外门口空间尺度宜人，建筑格局保存完整。现已列入保护修缮计划。

三、其他胜迹

吉山山水相偕，情景相映。登山可以面水，行水可以观山，奔流不息的文川溪从北陵山下呈"几"字形缓缓流过，源远流长，增益了吉山自然景色的灵气，也孕育了吉山灿烂的山水文化。

吉山域内还有许多的宫庙，信仰的神灵五花八门，深刻地影响着当地人的生产、生活。除了流传千百年的土地神、山神、民主公、观音、如来佛祖等，吉山还有一些本地的神祇如马氏真仙、林氏真仙等，多神崇拜成为吉山民间信仰的基本特征。这种独特的文化气氛使得吉山人更加平和包容。

北陵

即北山，民间亦称"北陵殿"。《永安县志》记载，北山在吉山里，与南山旗对峙，循鸟道入，有石桥，名飞鸿桥；有石洞，名紫霞洞。前有石门，由石门上，中甚宽敞。东为古殿，内祀林氏真仙。有山房，曰"云栖"，里人刘锡哲偕侄刘高青同构别业其南。下数百武则里人陈枢读书处。极顶则为吐碧、环翠、云梯、苍崖，以及天高气清，旷视邑之莲花、登云诸胜，空中隐见，亦人世蓬岛也。

《永安县志（续志）》记载，北陵即旧志北山。里人刘奇忠裔孙钟英（吉山贡生）有记：

  吉里山明水秀，其北陵诸峰，泉石尤美。明以前晦而未显，至国朝，太高祖敬臣公构别业于古殿之旁，颜曰"青云"，一时骚人题咏，勒石摩崖，而山始显。乾隆间，王父懿和公，叔祖品咸，从父希唐、汉章，复建楼于青云堂后，曰"凌云"，中祀文昌。由楼西鸟道层折而上，有石如鹄峙然，建阁其上，曰"魁星"。历阁而东，绝处复开一境，独据形胜，因架祠以祀四贤。至若吐碧岩顶，有亭翼然临于泉上者，则道光六

北陵景色

年新创也。由亭而眺，旗山耸翠于南，卓笔凌云于东，西则五老峰横峙。其岩石最著者曰"削壁"，曰"石门"，曰"紫霞洞""伏虎岩"。而"惊人石"下"云栖山房"故址在焉。他如"环翠""容月""苍崖""云梯"，皆奇境也。历云梯登绝顶，罡风蓬蓬，下视双流如带，邑之蓬花峰、登云塔，亭亭汉表。洵尘寰奥区也，何显之晚哉？岂地待人传与？抑山灵显晦自有时与？然则晦而使显，显而不使复晦者，是又后人责也。爰因修理告竣，援笔而记之。

刘锡哲（吉山秀才）有诗：

    北陵幽郁绝凡埃，一度危桥逼上台。
    玉洞虚无紫气锁，石门缥缈白云来。
    重重峰卓千寻笔，漠漠阴生万壑苔。
    疑是巨灵新擘出，不须矫首问蓬莱。

邑诸生赖光前有诗：

    绝巘梯千仞，层峦宅五仙。
    适来才旷野，仰睇忽高天。
    精舍云间出，斋厨树杪悬。
    星辰辉近户，河汉耿长川。
    拂拂浮灵气，飘飘饶瑞延。
    蓬瀛不可到，好景觉盈前。

邑人陈枢（吉山举人）有《重游北陵》诗：

    我是兹山旧主人，别来不觉几经春。
    今朝重入石门路，始悟浮生梦幻身。

据《永安市志》记载，北陵景点颇多，遗迹不少。现存景点20余处，以摩崖石刻、悬崖峭壁、洞门桥殿、流泉飞瀑著称。主要景点有北陵初步、飞鸿桥、仙山一度、向上去、刘锡哲碑文、云矗山、紫霞洞、万钱斋遗址、仙殿、清闻堂遗址、容月池、吐碧、伏虎、聪明泉等。

北陵的主要景点，在民间还有许多传说故事。

如"北陵初步"，这里原来是一石门，门上写着"北陵初步"。民间传说，清朝时，吉山有一个读书人，中举后在沈阳做官。他了解到沈阳有两个地方，一个叫故宫，一个叫北陵。故宫已被北京采用了。他想，家乡有北山，但名字太俗气。"陵"，有山头的意思，"北陵"即北面的山头。于是，他用"北陵"一词来命名北山。此为"北陵"名称的由来。

又如"飞鸿桥"与"仙山一度"，是北陵第一景。原是一块巨石，如刀劈斧削似的削去一半。据传说，当初八仙周游天下名胜，他们在云雾中看到这里气势雄伟、古木苍天，亭台楼阁若隐若现，不觉惊叹，天下竟有如此仙境，便决定一道游览。他们沿山路一边走，一边欣赏，忽见一巨石挡住了去路。吕洞宾挥剑劈开巨石，一半依然耸立。吉山秀才刘振德在其36岁时，踌躇满志，题写"飞鸿桥"，字迹洒脱、豪放。后来，他听说八仙曾经到此劈石开路，于是在71岁时又在此写下"仙山一度"四个字，字体老成、娴熟、庄重。

还有因山泉清澈，池水如镜，水中倒映着一轮明月而得名的"容月池"。据传，当年吉山秀才刘高恒（即刘火索）在北陵云栖山房书院读书，他的先生曾在容月池中养鹅。许多有钱人家为讨好先生，宴请先生。而刘火索家境一般，无酒肉相待，被先生另眼看待。一天，他放学后看到先生的鹅浮在水面上，嘴插进翅膀而睡，于是心生一计。第二天，他选中时机把鹅偷杀了一只，掏去内脏，把木头塞进鹅肚内，让那死鹅照样浮在水面上，像睡的姿势。中午，他请先生吃鹅，并说中午只吃内脏，晚上肉炖烂些再吃。下午，他趁老师不注意，把那只死鹅拿走了。傍晚，刘火索叫先生吃鹅肉时，先生正在找鹅，说是少了一只。刘火索说："今天我恰好杀鹅，先生莫非怀疑我……"先生说："不，不，我中午到你家吃鹅时，看到我的鹅还在池里。"

北陵题刻

吉山的摩崖石刻集中在北陵，北陵也是永安摩崖石刻最多最集中的一个地方。《永安市志》记载,北陵的摩崖石刻共有 22 处,作者都是清代吉山的文人骚客,所书内容有"苍崖""飞鸿桥""惊人""云矗山""紫霞洞""云梯""向上去""伏虎""更登""看云"等,字体有楷书、行书、篆书,有的还有落款。北陵的许多摩崖石刻出自刘高恒之手。2000 年,永安市政府将北陵摩崖石刻(17 处)列入第二批市级文物保护单位。

"仙山一度"摩崖石刻,长 1.2 米,高 0.3 米

"飞鸿桥"摩崖石刻,长 1.4 米,高 0.6 米

以上两个石刻间距 6 米,刻在同一丹霞石上,坐东北朝西南。据史料,"仙山一度""飞鸿桥"均为吉山秀才刘振德所书。

"云矗山"摩崖石刻所在处也称石门,是由两块巨石自然形成。门楣上石碑题写"云矗山",意思是矗立在云雾中的大山。这里树木葱郁,清晨常常是云雾缭绕。

"云蠱山"摩崖石刻，落款为"康熙戊辰年秋里人刘锡珪书"，长 1.1 米，高 0.5 米

吉山秀才刘锡哲题刻律诗一首，长 1 米，高 0.8 米

以上两个石刻间距 2 米，坐西南朝东北。律诗是吉山秀才刘锡哲在游北陵时即兴题写："北陵幽郁绝凡埃，一度危桥逼上台。玉洞虚无紫气锁，石门缥缈白云来。重重峰卓千寻笔，漠漠阴生万点苔。疑是巨灵新擘出，不须矫首望蓬莱。"生动地记下了当时北陵的景色。

"紫霞洞"摩崖石刻长 1 米，高 0.37 米，坐北朝南

"吐碧"摩崖石刻长 1 米，高 0.5 米，坐西北朝东南

据传说，清晨或傍晚时在霞光辉映下，人们可看到洞口有紫色的烟云，所以将该洞称作"紫霞洞"。

史料记载，"吐碧"为吉山秀才刘高恒所书。古时北陵绿树成荫，石上流泉也充满了绿意，所以称"吐碧"。

《云栖山房十景诗》由云栖主人刘高恒题写，长 1.2 米，高 1.2 米，坐西北朝东南

"更登"摩崖石刻长 0.6 米,高 0.3 米,坐西朝东,刘高恒所书

"更上峰……"律诗,长 0.7 米,高 0.7 米。下半部分有 50% 石质脱落,坐西朝东

辑二　文物胜迹

据史料记载,"惊人"为吉山秀才刘高恒所书。民间传说,当时刘高恒哥哥刘高贞中举后到河南省巩县当县令。刘高恒到巩县去玩,利用哥哥准备回家探亲的机会,帮助哥哥在一夜之间审完三尺高的积案。这一惊人之举,使他觉得自己的一生没有白过。当他重游北陵时,心想自己虽然算不上顶天立地,但也有过惊人之举。于是,他借此摇摇欲坠的石头,写上"惊人"二字。

"惊人"摩崖石刻长1.5米,高1.8米,坐北朝南

"苍崖"摩崖石刻长0.5米,高0.3米,坐西朝东

署名刘山,是吉山武举人。"苍崖"二字是他告老还乡后,游北陵时即兴而题。

"云梯"摩崖石刻长 0.56 米,高 0.3 米,坐西北朝东南

"天高气清"摩崖石刻长 1.4 米,高 0.6 米,坐北朝南

"旷观"摩崖石刻长 0.6 米,高 0.4 米,坐北朝南

据《吉山刘氏族谱》："登北陵，则溪山之胜一览尽矣。"这"旷观"的含义即在其中。上吉山村如一个盆地，下吉山村如一轮弯弯的月牙儿。而文川溪则如一条绿色的丝带，从远处逶迤而来，绕北陵山脚下蜿蜒而去，形成"几"字形。

"伏虎"摩崖石刻长 0.3 米，高 0.45 米

刘锡哲再题诗，长 1.1 米，高 0.75 米，坐北朝南（据《吉山刘氏族谱》）

"伏虎"石，样子像一只老虎。刘锡哲在《云栖歌》中写道："左潜神龙，右伏虎。""潜神龙"指的是容月池中间的石头，形如潜龙；"伏虎"是指这块石头形如老虎，即"藏龙卧虎"之义。

因为他在石门边已题下一诗，这里是再一次题诗，所以落款"哲再题"。

古榕树

吉山有许多古树，分布较为零散。其中，在古浮桥渡口北岸有一块平地，中间生长着一棵苍劲挺拔的大榕树。树龄已有 220 多年，其树高近 25 米，冠幅 30 多米，树径 9 米多，需要 6 个成年人手拉手才能把树合围住。这棵榕树历经风雨，见证了吉山的变迁，它遮阴挡雨，给一代又一代吉山人带来福荫。2022 年 3 月，林业部门已将其列为古树名木加以保护。

关于这棵古树，也流传着一个动人的故事。

在清朝年间，吉山处于文风兴盛，五谷丰登之时。一位读过私塾的乡间老人刘士钦（族谱记载其为太学生），对以前建造的浮桥极感兴趣，闲暇时经常散步浮桥边。他心里想着要为乡亲们做一件善事，于是想到在浮桥边种上几株榕树，待树长大后，好给过桥的人提供歇凉闲聊的树荫。这位乡间老人找到四株榕树苗，在浮桥的两岸平地上亲手各栽两棵。为了看好这几株小榕树，老人日日浇水，精心培育，还搬来一张躺椅守护在榕树旁，并经常劝阻村童，不让他们折榕树的嫩枝玩耍。

古榕树

经过数年的看护，只有一棵小榕树长大了，枝干挺立，树叶茂盛。然而老人却在一个平常的日子无声无息地离开人世，告别了他看护下茁壮成长的榕树。民间流传一首诗，是纪念这位老人的："繁枝撑起春秋伞，根固何忧北啸风。老态龙钟须半吊，童颜鹤发若一翁。村头观渡千帆异，溪尾听涛万籁声。同莫道孤榕林下，浓荫华益半天空。"

老人逝世后，村里立下规矩，任何人不许随意攀爬大榕树，不许随意折毁榕树枝叶或刮掉树皮。吉山人世代相传这一规矩。

橘子石

在绕流吉山的文川溪边，伫立着一块巨大的椭圆形石头，远看像一个硕大的橘子，因此得名"橘子石"。它直径 10.2 米，高 4.67 米，圆周 30 米，是一块火山石。它不知经过几百年，甚至几千年的风吹雨打，烈日暴晒，洪水冲击，以及湍急的旋涡水不断迂回冲荡才形成这样的形态。民间认为橘子石是吉祥的象征，含有大吉大利之意。

橘子石，除了民间传称吉山是由此而得名之外，还有两个相关传说。

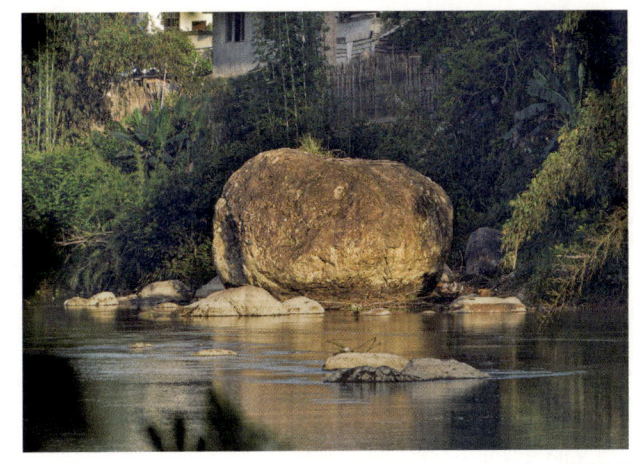

相传，文笔山的林氏贤娘（《永安县志》有传）羽化成仙后，一日乘筏沿河到吉山北陵游玩。当竹筏在北陵岸边停歇时，林贤娘闻到一阵阵醇厚的酒香。林贤娘循着酒香的方向寻去，只见溪边有一只硕大的酒缸，蓄满老酒，散发阵阵酒香。林贤娘看四周无人，顾不得仙界的清规戒律，俯身用双手掬起香醇的老酒，自顾自地喝了起来。

林贤娘有了几分醉意，晃晃悠悠上得岸来，一个闪失，怀里揣着的一枚红橘不慎掉落地面，又滚入水中，待她想俯身拾取时又一个趔趄，一只绣花鞋也掉入水中，漂浮而去。

林贤娘此时已不胜酒力，在古树下酣酣睡去。一觉醒来，已是夕阳西下，不知什么时候，失落的那枚红橘变成了硕大的石头，浑圆饱满，闪烁着橘红的光芒，不远处的那只绣花鞋也沉沉浮浮，露出水面，化成溪心小岛，岛上橘树成林，别有洞天。人们就把红橘化成的石头称为橘子石，而绣花鞋变成的小岛称为橘子洲。

现在橘子石的表层，还可以看到沉积着许多十几公分大小的小圆石和风化脱落的片痕，形似一个个脚印。这和另一个"橘子石"的传说有关。

相传很久以前，一位自称"橘子"的人到福州向一位老太太借银子，老太太犹豫地说："银子，我可以借给你，以后你要是不还怎么办？无凭无据，我到哪里去找你？"那人说："那好办，三年过后，我若不还你，你就到永安吉山来找我。"老太太迟疑了一会儿，就进屋里取出一袋银子给他。三年后，

橘子石

"橘子"没来还银子，老太太想起"橘子"临走时说的话，就到吉山去找"橘子"。她来到村子里，遇上一位老大爷说明来意。老大爷说："我们村没有这个人，不过有块橘子石。"老太太就怀着侥幸的心理跟着老大爷来到石前。只见橘子石上面有个东西在闪闪发光，老太太就从一旁的石缝慢慢地爬上去，看到上面有一袋银子在阳光下闪着耀眼的光芒。老太太一看，这就是当年装着银子的袋子，袋中的银子，一点不少。她笑着说："这'橘子'还真守信用！"于是她背着银子下来了。那些形似脚印的痕迹，好像在对人们讲述当年的故事。

橘子洲

在橘子石的下游，溪水中央，在萃园与东方月两岸之间。洲上绿树成荫，秋收时节，结满金黄色的橘子，硕果累累。

民间相传，橘子洲是林氏贤娘羽化成仙时，掉落的绣花鞋变化而成的（也有说法是她喝醉时掉落的绣花鞋变化而成，具体可见前文）。从上游望去，橘子洲头就像绣花鞋头那朵鲜花，矗立水中，绿荫葱笼。因处在溪心，上洲不

橘子洲

便，洲上便多了份原始与神秘。村民们常说能看到成群的仙子，在洲岛上翩翩起舞，在月光下琴动笙歌，总之人们说它是一处吉祥所在。

福建永安东坡森林公园

2005年11月设立，由福建省永安国有林场（即福建永安东坡森林公园工作站）管理，在上吉山设有管护站。

福建省永安国有林场系"省属、市管、县监督"的财政拨补公益一类林业事业单位，其前身为永安东坡林场。

1956年春节后，永安专署开始筹建林场，场部设在与吉山紧邻的东坡的一个小山头，故取名为永安东坡林场。1956年10月，经福建省林业厅批准，永安东坡林场正式建场。1990年永安市东坡林场更名为福建省国营永安东坡林场，1996年福建省国营永安东坡林场又更名为福建省永安国有林场，现场部位于永安市燕南巴溪大道1369号，距离永安市政府约300米。林场下设7个职能科室和永浆、吉山、益口3个管护站（原为工区）。因此，在吉山民间还一直把"永安国有林场吉山管护站"称为"东坡林场吉山工区"。

林场地跨永安26个行政村，现有经营区总面积5.86万亩，森林总蓄积量88.71万立方米。

林场地处永安市近郊，生态效益和社会效益比较突出，起到净化空气、

福建永安东坡森林公园

保持水土和涵养水源的作用。永安国有林场将城区周围（主要在3个管护站域内）约1万亩的山场规划为森林公园，并于2005年11月经福建省林业厅批准设立了福建省永安东坡森林公园（省级），2006年8月东坡森林公园总体规划经福建省林业厅组织专家组评审通过。2019年5月，永安国有林场加挂"福建永安东坡森林公园工作站"牌子，加强森林公园工作的管理。

东坡森林公园的设立，更好地保护了永安市宝贵的森林景观资源，同时也为永安市民提供了更加良好的生活环境，吉山由此也成为东坡森林公园的一个重要区域。

古车碓

在清代，吉山共有5座车碓。上车碓位于现在上吉山下陈厝前方的文川溪畔，一车碓（民间亦称下车碓）位于宝应寺西北方向下方的文川溪畔，二车碓位于淇园前方的文川溪畔，三车碓位于团和厝前方文川溪畔，四车碓（民间亦称尾车碓）位于东方月右前方的文川溪畔，现吉岩大桥桥头正下方。

以前吉山的这些车碓主要用于碾米，基本没有用于农业生产的灌溉。上车碓和下车碓，直至20世纪六七十年代还分别进行过修缮，还在使用。但随着科技的发展进步，这些车碓被碾米机等更加高效便捷的机器所替代，逐步退出历史舞台，至20世纪80年代后基本不再使用。

古车碓（据《吉山刘氏族谱》）

游客在"吉水洋"戏水

古车陂

即拦水坝，是古车碓的配套设施。它拦住河水，将其引入水道，利用水的冲击力推动巨大的水车，水车轴带动一支支大木槌，木槌下方套着一块舂米用的椭圆形长石。现在文川溪的吉山流段中只留存上车碓、下车碓和三车碓拦水的三条拦水坝。也正是由于上车碓留存下来的古车陂，才有了现在位于上吉山文川溪中"吉水洋"的景观。

古埠头

在清代和民国时期，文川溪是永安两条重要的航运线之一，水路交通运输繁忙。吉山是当时永安境内重要的商品集散地，以古津渡为中心，同时还建有其他五处古埠头。古津渡位于吉山古浮桥渡头，其他古埠头分别位于上车碓对岸的塔顶洋和材排厝、上新厝、棋盘厝、东方月的水坽处（方言音译，即在溪边洗衣服的位置）。同时，当时吉山刘氏还在现在的永安西门桥附近建有一座"贻燕堂"，其族谱中有图显示，该建筑下的沙溪河畔也还建有一座古埠头，也是吉山人在航道上建设的一个配套埠头。

77

这些古埠头，为当时吉山的经济发展和文化繁荣发挥了重要作用，作出了重大贡献。随着社会的进步，交通事业的发展，水路运输逐渐被陆路交通所替代，这些古埠头的功能作用也逐步减弱，至20世纪50年代末期之后，文川溪不再通航，现在仅留下这些古埠头的遗址。

古浮桥

　　始建于清雍正年间，位于吉山西面文川溪流之上。该桥西南—东北走向，长80.5米，宽1.6米。由12只小船铺连而成，每条船长5.8米，宽1.64米。2条船为1组，每组船的中间横架上2根梁，再把一块块木板钉在横梁上。12条船为6组，组与组之间的空隙横铺3块长木板作为踏板，然后每组船中间穿上铁链，最后把两头的铁链牢牢拴在河岸的石墩上。这样一座秀美古朴的浮桥便横卧在文川溪水面上了。在圆石墩后面，另竖立一块刻有"南无阿弥陀佛"正体字样的石碑，以祈求菩萨庇佑乡民走过浮桥能平安吉祥。

　　民间传说，在古代有功名的村庄才能修建浮桥。据《吉山刘氏族谱》："吾乡浮桥相传为元晖考中进士纪荣而设……"可见，这条浮桥是在雍正二年（1724年）吉山人刘元晖考中进士后才建造的。浮桥建好后，刘元晖请村里最老的长辈到浮桥走第一趟以示吉利，表示这座浮桥的寿命将很长。后来浮桥多次被洪水冲毁，村里的乡亲一次又一次把它修好。据《吉山刘氏族谱》，清乾隆三十四年（1769年）出生的吉山秀才刘鹏（92岁去世）曾负责管理维护

古浮桥新姿

浮桥,"数十年未尝少懈"。这传统在吉山一代一代传下来,持续至今,才使当年浮桥古渡常见的美景,今天仍然延续着。

现今从村中沿着一条砾石与石条铺就的小路走到河边,就可以看到浮桥依旧横卧在文川溪上。

抗战时期,许多政府官员和进步文化人士都在这里留下足迹。现已列入文物保护。

古校场

吉山自古重教兴学,在清朝建有12座书院,共出过600多名进士、举人、秀才。其中武举人不少于半数,而且还有许多武生,校场则是当时武考的重要设施。据《吉山刘氏族谱》,吉山刘氏当时在现今的永安西门桥附近建有一座"贻燕堂",在该建筑左前方建有一座校场。现在已毁失。

《永安市地名志》记载,永安西校场位于巴溪市场河对岸,以前是军队、民兵训练的场所。福建省会内迁永安后,1944年,省政府在此修建了永安规模最大的省立体育场,占地50亩。1944年3月在省立体育场举办了第一次全省体育运动会。1945年10月15日,永安各界在此集会,隆重欢送省属各机关迁回福州。1958年,西校场被开辟成桑园和农田。1990年始建中山路、中

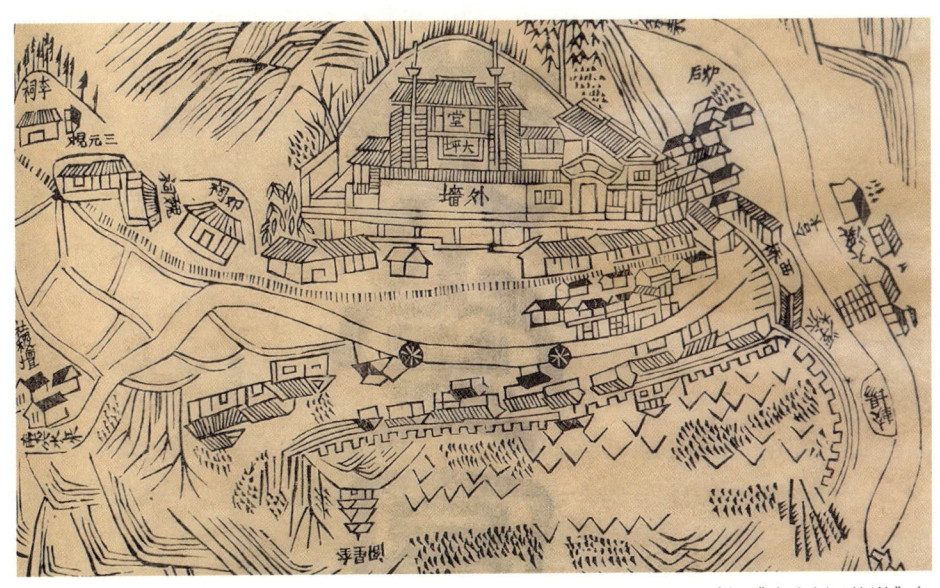

古校场位置示意图(据《吉山刘氏族谱》)

敬臣公祠现存的刘国琳练功石

山新村、五一路等。

关于吉山的习武之风，在民间有一个传说。

有一位从五台山到宝应寺化缘的和尚，是个武僧。他看到当时吉山时有匪患发生，严重危害老百姓的生命财产安全。虽然村庄建有土楼，但还需壮丁来守护。于是他决定在当地传授武艺，让百姓自发防卫，保卫家乡。从此，吉山逐渐形成习武之风，并世代相传。

在清代吉山也开设有武馆，培养子孙后代练武自强。吉山人刘拥、刘正兰建了上新厝，他们兄弟俩一个行医，一个在家设镖局开武馆。现在上新厝还有两块练功石，细心的游客还能看到当年他们练武时留下的痕迹。

练习武术既可以保卫家乡，还可以参加武科考试，取得功名。吉山先后有80余人考中武生，这些武生中的佼佼者，又先后考上武举。1771年，赖占鳌考中乾隆辛卯科武举。1779年，刘国琳考中乾隆己亥恩科武举，嘉庆元年（1796年）奉旨征川，以军功授平罗守备转赤金都司，启升陕甘都标、右营参将。在上吉山的敬臣公祠内还存有他的一块练功石。1839年，刘廷魁考中道光己亥正科武举，任拣选千总，补授都司卫。在吉山刘氏祖屋（厝）里仍可见他的两张残旧"捷报"。1861年，刘山考中咸丰辛酉年正科，授资标嘉义县守备、建宁左营守备中营游击。吉山刘氏祖屋（厝）前有一处旌表就是为他而立，石斗上写着"辛酉乡荐"四个大字。1894年，刘朝榜考中光绪甲午正科武举，先后任将乐县和永安县千总，辛亥革命后任永安县商会会长。

由于自身防护力强，曾富甲一方的吉山，自清朝到民国期间再未遭到土匪的抢劫，这也使吉山成为真正意义上的吉祥、安康的山村。

火烧桥

为传统石结构桥梁建筑，石桥的结构形制设计和建造工艺，反映了地方特色技术工艺。在上吉山的安全坑流段，为方便自然村村民与村中心的往来，建有两座1米多宽的"火烧桥"，当地村民称为"上火烧桥"和"下火烧桥"。这两座"火烧桥"结构相对简单，不具明显特色，但至今仍保存较好，还可正常通行。

上火烧桥（黄启龙摄）

下火烧桥

铁索桥

位于三圣公庙左前方、文川溪橘子石上游处。《永安市地名志》记载，吉山铁索桥建于2006年，桥长20米，桥宽2米，桥高12米。该桥主要用于村民到文川溪对岸的生产活动，同时也是吉山的一个小景。

铁索桥

吉山里

在三圣公庙左前方的路上，原来有一座石牌坊，门楣上写着"吉山里"三个大字，是由著名书法家吉山人刘怀璋所书。抗战期间，省政府建设永安至吉山的公路（永吉公路）时，拆了石门，一根石柱倒在路边，另一根滚落到文川溪中。现今已毁失。

五里亭

位于吉山之东2.5千米的小山脚路边，距永安城也有2.5千米之遥。清雍正十一年（1733年），吉山进士刘元晖邀请永安的另一位进士李光前到吉山家中游玩。因吉山到

云顶新貌

该亭子地段的路面坎坷不平,为李光前的行路方便与途中休息,刘元晖从其吉山家门口到该处路段铺上石板,并建一亭。该亭离村、离城均为五里(2.5千米),故名"五里亭"。

1937年抗战爆发,福建省会内迁永安,许多机关单位进驻吉山,并将永安至吉山的路段修建成公路,因而班车、行人络绎不绝,每天都有机关单位的几百个工作人员往返于永安和吉山。当时五里亭已破损,为方便行人歇脚休息,当时吉山的县参议会参议员刘莅廷(即刘观庄)等3位乡绅共同出资重修五里亭。重修后的五里亭坐西北朝东南,土木结构,建筑面积约60平方米,呈一字长方形,亭内铺设长条大石板一块约5米长,左右两边也各铺设有一条2米长石板,方便行人坐下歇息,正中开一门口,亭内左后侧开一小门。亭子竣工后,福建高等法院何姓专员赠匾一块挂于亭内正中上方,匾曰:"小憩"。

直至进入21世纪,因开发建设"云顶美墅"住宅区,原来的五里亭被拆除。现今在当地只保留"五里亭"地名的称谓。

文昌阁

位于吉山村尾文川溪西岸华山,由吉山人刘奇才晚年(康熙初年)所建。其结构为木制两层圆顶楼阁,特具风格,非常别致。最初为"观音阁",后因其内祀杨、罗、李、朱四贤,又称四贤祠,并在此创办四贤书院。当时的永安县令黎文煜赠匾

文昌阁(永安市博物馆供图)

"回澜"嘉奖该书院,并勉励莘莘学子。抗战时期,这里是省农业改进处第一苗圃、省保安处军械库的所在地。现今已损毁,仅存遗址。

宝应寺

吉山的寺庙中,历史最悠久的当数宝应寺。《永安县志》记载,宝应寺建于宋景祐四年(1037年)。其中栋系刘铁羲建。《永安寺庙志》记载,宝应寺坐落于北陵山麓的文川溪畔,依山傍水,风光秀丽。历史上几经兵荒马乱,屡遭焚毁,多次重建。明朝重建时,规模十分壮观。进士刘元晖有诗:"清都名两邑,胜概逼三洲。桥镇山川秀,门围竹石幽。隔林风亦韵,对岸月当流。拂槛松为尘,杭溪苇作舟。融将景面面,了仰道头头。剩欲参莲礼,时从惠远游。"民国年间,由于兵匪灾荒,宝应寺年久失修逐渐坍塌荒废。

1984年3月,由僧释寂理与居士刘明如出资在宝应寺旧址建房居住修行,取名"宝应精舍",次年恢复宝应寺寺名。之后又筹款陆续扩建了大雄宝殿、观音殿、天王殿、祖师殿、地藏王殿、伽蓝殿、海会塔等。1988年9月诸佛圣像开光。1990年底,释照明和刘明如居士在宝应寺建了一座130多平方米砖木结构、双檐歇山顶的千手观音殿。殿中供奉着香樟木雕刻的千手观音全身立像,高4米,底座直径1米,5头13面,菩萨面目慈祥、庄严,雕工精细,线条流畅,动静有度,在永安各寺庙中独具一格。观音像功成于1992年,次年11月26日举行开光大典,参加者达千余人。1995年6月,宝应寺从福州迎回一尊1.5米高的玉佛。2002年重塑三宝,并以真金粉涂刷,佛像金碧辉煌,更添几分庄严。2004年翻建了天王殿和山门。经过20年的努力,宝应

宝应寺

寺成为功能比较齐全的佛教道场。寺庙占地面积3800平方米，殿房总建筑面积约2500平方米。

关于宝应寺的由来，在民间还有一个故事。

宝应寺所在地曾是一片荒芜。后来，因百姓每逢初一、十五晚都能在此处见到佛光，香客们便相邀捐款建了一座庙宇，内供观音菩萨。

一位五台山和尚化缘到此，见此地依山傍水前景广阔，又听到百姓叙说夜见佛光，便认为此地必有发展。他夜里住在寺庙，白天到附近村庄化缘，以图日后扩建庙宇。有一天和尚外出化缘，恰好遇见一位村姑含泪送子。他心生怜悯，就收养了孩子，将他暂时寄养在一农户家中。

不久，该和尚到延平（现南平）化缘，来到了延平知府伍绍鸿家。伍年近四十，膝下无儿女。忽闻家人来报，街上有一和尚，手敲木鱼，嘴道送子观音。伍绍鸿急忙叫家人招呼那和尚进屋。和尚对伍绍鸿说："施主眼下虽无儿女，但能行善积德，广济贫民，一定能感动观音菩萨，日后将会有西南贵人降临此宅。"

择了吉日，和尚和伍绍鸿一行乘船沿沙溪河而行，来到北陵山脚下停船靠岸。和尚对绍鸿道："施主可略等一会儿，我去报一声再来。"绍鸿和家人一等半个时辰也不见那和尚归来，便带着家人上岸看看。走不远便看见一间小庙。走进一看，庙内供奉着观音菩萨，旁边还站着两尊菩萨。绍鸿看到左边的一尊大吃一惊，那一尊菩萨正是那化缘和尚！他急忙和家人一起一拜再拜，并表示："观音菩萨若能让我如愿得子，我一定在三年内捐银万两扩建庙宇。"绍鸿一行回到船上时，就见一男婴躺在船舱内。

后来，伍绍鸿从延平府三年的钱粮收入中拨出专款，共计八十多万两雪花银，在北陵山脚下建造起了规模宏大的寺庙。此庙有求必有应，因此，人称"报应寺"。后来，又改称"宝应寺"。

抗战时期，福建省建设厅厅长朱玖莹、省教育厅科长唐守谦（后任省立师范专科学校首任校长）曾居住在此。

宝应寺是永安市重点寺院，1986年4月至1989年2月，永安市佛教协会曾在此办公。现存建筑已被列入历史建筑进行保护。

大密庵

《永安县志》记载，在吉山何坑。由僧戒波建于清朝。山水清幽，佳木繁荫，颇称胜境。自戒波西归，百余年主管非人，产荡尽而庵废。有僧了愚者，原华山阁龙虎殿之住持也，慨然久之，乃经营修葺，勉赎田产。其徒印月亦克承师志，庵遂顿复旧观焉。产业：一段何坑桑远窠茶林乾梧桐窠，共正租田谷六石（大），本田小租谷共计二十四石（大）；又段何坑半岭，正租谷五石五斗（大）。该庵已损毁，现仅存遗址。

北陵仙殿

《永安寺庙志》记载，坐落在北陵风景区内，是一座供奉马氏真仙和林氏真仙（二仙《永安县志》有传，后文有述）的庙宇，香火分灵于永安百丈岩仙马庙和上坪大进祖兴殿。

北陵仙殿始由吉山刘氏六世先祖刘奇忠所建，时间约在清康熙年间，距仙殿西侧不远处是刘氏家族子弟读书的云栖山房，惜已圮废，仅存遗址。几

北陵仙殿

百年来，刘氏族人均有修缮北陵仙殿，但它还是于 1951 年被大火烧毁。1997 年，由吉山村民刘维启等 5 人集资 2 万余元在原址重建。仙殿坐北向南，砖木结构歇山顶，建筑面积 27 平方米。神龛上供奉着马氏真仙、林氏真仙双手抱笏的木雕坐像，宝应寺和春谷山庄捐赠了钟、鼓。殿内尚存清康熙二十九年（1690 年）由余荆山信士余文岳捐钱 10 钱所造石香炉一只，可见当年的信众并不只限于吉山。站在仙殿前，朝前望去，吉山全景尽收眼底，吉溪绕个大弯向北流去，汇入九龙溪；殿侧的长廊令人遐想，山下宝应寺的暮鼓晨钟禅意盎然，真是"凭高一望顿开颜"啊。

榕荫亭

榕荫亭原为一座民主公庙。吉山域内共有两座民主公庙，这是其中的一座。《永安寺庙志》记载，该亭始建于清代，具体时间难以考证。重檐屋顶，建筑面积约 40 平方米。位于吉山浮桥北岸的大榕树下，祀奉的是当地境主神"南吉民主侯王"。每年的正月初七，当地人家都会到庙里给民主公拜年。庙里制作有平安符，正面写"一年清气，四季平安"字样，还有精美的护身符包，过香火后，发给祭拜的村民，保佑村民平安吉祥。

榕荫亭

榕荫亭这个名字在抗战时期才有。当时，省政府部分机关迁驻吉山，在此聚集了大批的文人志士、达官显贵。每到夜幕降临，他们常常不约而同地来到这里散步、乘凉，谈论国家大事。大榕树下的空地，当年成了"抗战宣讲堂"。他们见小庙建在一株硕大如盖的榕荫之下，文川溪静静地从旁边流过，耕作了一天的农人牵着牛、扛着犁走在浮桥上，落日、浮桥、大榕树、小庙构成了一幅"乡村晚归图"，触景生情，于是便为它取了个颇有诗情画意的名字——"榕荫亭"。1939年，时任省临时参议会副议长的陈培锟应邀欣然提笔，为此庙题写"榕荫亭"，并制匾一块悬挂亭口，同时还即兴赋诗："渔舟夜泊网收月，樵客晚归笠带云。"后由时任省高等法院院长的宋孟年撰写后悬挂在左右亭柱上。

榕荫亭原来的小庙在"文化大革命"中被毁。2005年9月，永安九龙湾旅游发展有限公司陈仕燕总经理出资重建，依旧在榕荫下，坐西北朝东南，砖木结构歇山顶，敞开栅栏式，建筑面积28平方米。新制作的"榕荫亭"木匾悬挂在门楣上，由陈培锟先生题撰、宋孟年先生书写的楹联，镌刻成木板联挂在两边的门柱上。庙内正中神龛上立"南吉民主侯王神位"的神主牌位，神龛上方悬挂"君之作"木匾，龛联曰："捍患御灾民情安乐，降祥锡福主德潜敷"。村民经常到庙里焚香膜拜，抽签问吉凶，祈求平安赐福，但更多的人来到这里拜谒小庙，是发自心灵深处的怀旧，来这里寻找当年永安抗战进步文化活动的踪迹，追寻当年为全民族抗战发出呐喊的一大批热血青年的足迹。

民主公庙

该庙是吉山域内两座民主公庙之一，位于北陵山麓南侧、宝应寺大门左前方不远处，处在文川溪支流安全坑的水尾，民间有民主公把守水尾的说法。具体建筑时间无从考证，祀奉的是"民主侯王"。20世纪50年代，因失火损毁，仅留遗址。20世纪70年代末，上吉山村民自发在遗址上重新进行修建，新庙占地面积约150平方米。神龛上有一对冠头联：上联"民情景仰千禅集"，下联"主德声香百福臻"，横批"有求必应"。庙堂内柱上也有一对冠头联："民主显灵佑黎民财源广进，侯王赐福保老幼出入平安"，庙堂大门两侧柱上还有一副对联："民主侯王镇妖魔邪恶，神灵显圣扶忠厚善良"。这不仅对民主公作了概括，也充分表达了村民的祈盼。

民主公庙

现在，每年的正月初七，当地和周边村庄的村民都会到庙里祭拜。正月初七至初九，上吉山老人协会还会组织在村庄巡游"民主侯王"，延续习俗民风。

三圣公庙

位于北陵山麓西南侧村口路边，庙里供奉的是高丽国三位土著首领。于1987年重建，面积30平方米。此庙建在北陵山脉的龙头上，庙前有个橘子石，被称为"藏龙吐玉珠"。庙面对文川溪，庙台分三个神龛，中奉通天显应辽龙、辽虎、辽三高三位将军神位和塑像。据说唐太宗御驾征高丽，兵临天山，境内土著首领辽氏三兄弟率兵丁抵抗，被唐帅薛仁贵三箭射死，这就是野史所述的"三箭定天山"。待到唐军凯旋，返军途经天山，白日里天昏地

三圣公庙

暗，阴风阵阵，飞沙走石，兵马无法前行。有人奏知唐皇，说是天山三首领阴魂不散，前来请封。于是唐皇下旨御封辽氏三兄弟为天山三镇将，风沙立平，云开雾散，丽日重光，军旅得以穿越山界。

吉山人认为，把三圣作为镇山之王，可以禳灾祛邪，永保吉山平安吉祥。现在每年正月，吉山人都还会供祭进香，祈求平安，风调雨顺，丰泽有余。

抗战时期，这里曾是省电化教育处和电影巡回队的所在地。

太保亭

位于吉山何坑口，古渡浮桥西北岸的文川溪畔。原是一座有顶，西面有墙，东、南、北三面有栅栏的小型建筑，长约3.65米，宽约3.20米。原有神龛供奉"太保公"，意为保一方平安。亭内原有一匾"保我黎民"，亭门口有一对楹联："一斧举起士庶安，两指点来妖魔伏。"并以其小巧空灵的造型点缀景物，可供人驻足小憩和观赏溪景。现已在原址修复主体部分。

抗战期间，福建省临时参议院副议长陈培锟将其改名为"问津亭"，意为附近乡村民众通过浮桥来往吉山或永安，喝茶问路休息的地方，供人们在这里休憩、交流。

真武亭

真武亭

古渡浮桥东南岸桥头的文川溪畔，原有一座有顶无墙、四面敞开的小古亭。它与太保亭分别坐落在文川溪的两岸，彼此相呼应。原亭已损毁，现已在原址修复，亭上方有一匾"真武亭"，亭柱两侧挂有一对楹联："万物总归三尺剑，五云现时七星旗"。

真武，即真武大帝，诞辰日为农历的三月初三日。又称玄武大帝，亦称荡魔天尊、报恩祖师等，为道教神仙中赫赫有名的尊神。

关帝庙

永安当时的关帝庙不多，吉山有一座。建于清顺治年间，由吉山刘氏第四世刘东龙（佛赐）、刘东山（佛养）合力构建。庙里祀奉"关公"，即三国时期的关羽，在正堂上方悬挂一块"浩气凌霄"的匾。该庙坐落在村庄的中部，坐北朝南，其原来的建筑与门楼均十分精美。20世纪70年代末，关帝庙被拆除改建为吉山村部，2014年村部又再次改建。

抗战时期，这里曾是省立儿童教育馆和省民众教育馆的所在地。

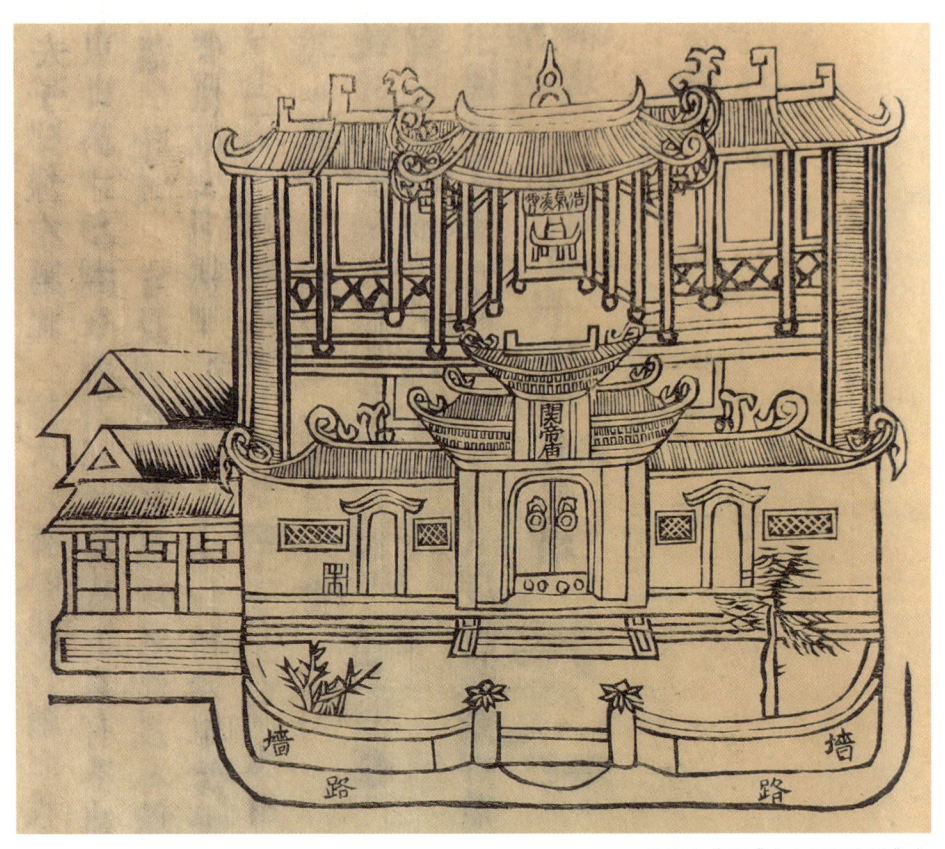

关帝庙（据《吉山刘氏族谱》）

辑三 抗战名村

吉山的历史，有七年半是可以独立成篇的。

1938年4月29日，福建省政府内迁永安，相关机关单位也开始陆续迁到永安。至1945年9月，省政府机关相继迁回福州。在此期间，吉山成为战时福建省行政、教育和司法重地。至今在吉山还随处可见抗战时期留下的印迹。

抗战时期，全国各地开展了轰轰烈烈的抗战文化活动，永安成为东南抗战文化的一面旗帜，是全国三大抗战文化中心之一。吉山与永安整体的抗战进步文化活动密切相连，是十分重要的组成部分，留存了许多珍贵的抗战文化遗产。

一、福建省府迁治永安

抗战时期，福建省全省共辖62个县和1个省辖市，面积120 114平方千米。其中金门、厦门、诏安、东山、海澄、漳浦、云霄、惠安、南日岛、福清、长乐、连江、平潭、林森（闽侯）、福州、罗源、霞浦、宁德、福安、福鼎20个县市和沿海岛屿曾全部沦陷或部分沦陷。福建省第一个沦陷的县城是金门县，在1937年10月26日，战争的阴影迅速逼近福建沿海县市。福建省会风雨飘摇，岌岌可危。

1938年4月18日，国民政府行政院批准福建省政府所在地由福州内迁至闽中山区永安县。4月25日，福建省政府主席陈仪在省府举行的总理纪念周上发表讲话，专门强调了福建省政府搬迁永安的意义。陈仪在讲话中指出，省政府迁移永安，已经计划了好久，现在获得军事委员会及行政院核准，所以决定迁移了。他还就行政效率、文化经济及国防军事几方面谈了省政府内迁永安的意义。

行政效率方面，省政府是全省行政的总枢，省政府所有的计划和政令，要能够贯彻全省，一律推行，并且要在相差不多的时间内，可以达到各县，这是行政上最理想的需求。为求全省行政效率的增进，把施政中心移至一个可以照顾各方的适中地点，此种办法，实为必要。

文化经济方面，只要把闽西、闽北的文化经济情形和福州邻近的地方比较一下，就知道这两者相差实在太远了。其所以造成这种畸形的现象，就是由于过去的行政总枢，离闽西、闽北太远，无法照顾。要想开发闽西、闽北的文化，从文化的发展，再促进经济生产，使全省的文化经济，都有平衡的进步，那么省政府迁移永安，更为必要。省政府迁移以后，不但西北各偏僻地方能得到沿海各县平衡发展的好处，福州也照样可以保持它的繁荣，因为福州过去之所以繁荣，是因为地处闽江下游，闽西北出口货物，必须由这里经过。换而言之，福州的繁荣，因为它是交通运输孔道。假使闽西北开发以后，文化提高，生产经济自然逐渐发展，福州既是出口的必由之路，市面的繁荣必更有蒸蒸日上的希望，故就福州讲，省政府的迁移，也是有利而无害的。

  国防军事方面，省政府的迁移，也是必要的措置。军事工作与政治工作不同，军事工作的目的是为战争，故军事机关尽可以设置在国防的前线。政治工作则不然，必须要有安定的环境，然后才可以谋一切行政的推动进步，在战时，更必须有安定的环境，才能协助军事。福州是沿海区域，若是沿海发生战争，政治人员当然不能安心工作，而现在的沿海却都在敌人的威胁之下，随时有爆发战争的可能，所以在国防军事上看来，也应该将全省行政中枢的省政府，移到受军事影响较小的地方去。国民政府迁都重庆，也正为了这个缘故。

  这样看来，福建省会迁治永安，无论在一般行政效率上，在文化经济上，都有必要。陈仪还表示，这次迁移事前有充分准备，一切是有计划有秩序的，并不是军事倥偬，仓皇撤退。各机关是分开来一批一批迁移，首先迁移的是省政府的各厅处。不过永安城市很小，地方又不富庶，一下不能容纳很多的人，许多机关搬了过去，不能完全集中永安，要在邻近附近各县设法分别安置。省政府各厅处的地址，也不能完全集中在一个地方，只能尽量使其距离近一点。[1]

二、抗战旧址

  福建省政府内迁永安后，永安在短时间内增加大量人口，办公场所和住房十分紧张。不少行政机关单位、学校和文化团体等迁移到城外安置。吉山处于永安近郊，村民们全力支持，把好的民房以及书院、祠堂都无偿提供给省政府的机关单位和学校等作为办公地点和人员的住所，而村民自己都住到

---

[1] 本次讲话载于1938年5月10日《闽政与公余》25号，本文内容摘自中共党史出版社2012年1月版《永安抗战文化史料》。

偏房等居住环境较差的地方。为方便安置在吉山的人员，永安至吉山修建了一条沙土公路，在吉山的粮库旁设有汽车站售票房。从永安至吉山有两班车对开，从早上八点至晚上十一点止，每天有十多班次，车票二角法币（中国1935年11月4日至1948年8月19日流通货币的名称）。

抗战时期，吉山各建筑安置的单位主要有：

春谷山房（庄）：省主席公馆、闽保安特分队。

锡璋大厝（即"懋建堂"）：省保安司令部、省保安处、省建设厅部分办公点。

村场林厝：第三战区办事处、省电讯局。

村场陈厝祖屋：闽保安独立大队、保八团。

陈家大厝（原吉山酒厂内）：省防空司令部、福建省立（后改国立）音乐专科学校教学处、福建省中等学校师资养成所。

八卦亭（六角亭）、敬臣公祠：福建音乐专科学校教职员工宿舍。

吉山土堡（楼）：省农业改进处及其下属单位造林事务所。

吉山口：淡水鱼试验场。

魏厝：水上警察大队。

陈仙君厝：卫生事务所。

刘氏宗祠：省教育厅。

刘氏祖屋：《老百姓》报编辑部。

材排厝：省新生活运动促进会、《联合周报》编辑部、福建高等法院、最高法院闽浙赣分庭人员办公点。

棋盘厝：《福建教育》《国民教育指导》《中等教育》等编辑部。

上新厝、图南山馆、邓厝：福建高等法院。

淇园：最高法院闽浙赣分庭。

团和厝：福建高等法院检察署（处）。

大夫第：省交通驿运管理处。

东方月：省立永安中学。

奇讦公屋：省立实验小学吉山分校。

萃园：省卫生处、省防疫大队、省卫生处制药厂。

锡朋屋：省抗敌后援会、省赈务委员会、省防空协会、永安警察局（省会警察厅）。

渡头宅：《国际时事研究》编辑部、省政府编译室。

文昌阁：省农业改进处第一苗圃、省保安处军械库。

关帝庙：省立儿童教育馆、民众教育馆。

三圣公庙（附近）：省电化教育处、电影巡回队。

车站（附近）：粮库。

尾土堡（楼）：福建第一监狱署。

同时，各址安置的随同在机关单位办公和在学校教学并居住在吉山的上层人士与名人志士主要还有：

春谷山房（庄）：福建省政府主席陈仪、刘建绪。

图南山馆：福建高等法院首任院长童杭时。

刘氏祖屋：国民党台湾党部委员林鋆。

刘氏祖屋（池塘头）：福建高等法院第二任院长宋孟年。

燃藜堂：福建省教育厅厅长郑贞文。

大夫第（附近）：福建省驿运管理处副处长黄曾樾。

淇园：最高法院闽浙赣分庭庭长翁敬棠。

东方月：福建省立永安中学首任校长林天兰、福建省政府主任秘书长钱宗起（住左厢房）。

萃园：福建省防疫大队队长、卫生处处长陆涤寰。

近光堂：中学师资养成所所长沈炼之。

刘氏宗祠（后山）：福建省保安处处长兼省保安副司令严泽元。

南园公厝：福建省参议会驻会委员雷寿彭。

宝应寺：福建省建设厅厅长朱玖莹。

宝应寺（左上山边）：福建省教育厅第三科科长（后任省立师范专科学校首任校长）唐守谦。

俊如厝（原吉山酒厂内）：省立福建音乐专科学校校长蔡继琨、国立福建音乐专科学校校长卢前。

团和厝：福建高等法院检察署首席检察官林炳勋及其继任李午亭、何修。

材排厝（左厢房）：福建省高等法院第一庭庭长陆雪塘。

吉山土堡（楼）：福建高等法院第二庭庭长林岳。

锡朋屋：福建省赈务委员会主任委员、省防空协会干事长、省临时参议会副会长陈培锟。

奇讦公屋：省教育厅第一科科长刘庆平、科员兼股长林浩藩。

三、重要事件

永安大狱

在中国人民即将迎来抗日战争最后胜利的时刻，1945年7月，永安发生了一起震惊中外的大逮捕事件。以"周璧被捕"（指周璧赴浙江联络新四军返闽途中被国民党军逮捕）为导火线，一个月内，由特务俞嘉庸带领武装特务在永安和连城、福安、龙岩、顺昌等地逮捕共产党人和进步文化人士27人，连同当年5月初在浙江龙泉逮捕的2人，共29人。另外，拘留和软禁各1人。其中，优秀共产党员、著名记者、杰出的政治军事评论家羊枣曾被关押在上吉山的国民党福建省保安司令部。之后，被捕人员先后获释，而羊枣却被押送往杭州监狱，半年后于1946年1月11日被虐死在杭州狱中，时年46岁。故"永安大狱"又被称为"羊枣事件"。

羊枣之死引起中外新闻界的强烈反应。2月17日，延安《解放日报》三版转载了上海《时代日报》刊登的《上海新闻记者为羊枣之死向（国民党）政府的抗议声明》全文。在声明上署名的有于友、金仲华、林淡秋、柯灵等61人。声明谴责国民党的暴行，并要求平反永安冤狱，释放全部被捕人员。4月22日，该报在第一版刊登了美国新闻界向国民党政府的严重抗议，署名的有名记者、著作家史沫特莱，美新处中国分处总编辑、名剧评家华慈，名记者斯坦因、怀特等24人。

羊枣1月11日死于杭州狱中，其遗体于5月才由其夫人沈强运到上海。5月19日，上海市文化界和新闻界1000多人，在国泰殡仪馆举行羊枣追悼会。追悼会由郭沫若主持，他在会上大声疾呼："朋友们！我们要誓与一切不

羊枣事迹展览馆（懋建堂）

民主、假民主、反民主的分子作毫不容情的斗争，完成死者未完成的任务。"马叙伦、梁漱溟、许广平、金仲华、田汉、熊佛西等文化界知名人士在追悼会上讲话。时任中共中央宣传部部长的陆定一同志送了挽联："新闻巨子，国际专家，落落长才惊海宇；缧绁蒙冤，囹圄殒生，重重惨痛绝人寰。"表达了我党对羊枣的哀悼。

6月10日，延安《解放日报》在第三版发表了《沪文化界悲痛悼羊枣》的长篇通讯。8月7日，该报又发表了《羊枣遗体，尚未入葬》的消息，指出因沈强无钱，加上国民党当局的阻挠，羊枣遗体未能入土。报道说，上海纪念羊枣基金会举行紧急会议，决定先募集200万元法币作为殡葬费，基金会的发起人有柳亚子、郭沫若、茅盾、金仲华、夏衍、沙千里、吴大琨、孟秋江等。关于墓地问题，报道说"因需要医生证明才准入葬，几经托人交涉，始获入葬公墓资格"。

永安浩劫

在福建省政府迁到永安的七年半时间里，日本飞机共对永安进行了19次轰炸，造成重大的人员伤亡和财产损失。

1939年5月至9月间，日机5次轮番轰炸永安城区和省政府主席陈仪官邸所在地吉山，每次都投下大量的燃烧弹和各种类型的轻、重磅炸弹。日寇企图一举炸毁省政府主席办公地点，但未得逞。在凄厉的警报声中，迅速逃避，躲进防空洞（现遗址仍在），是当时每个永安人的必修课。

日军投弹落地处

1939年9月20日，三架日军飞机，顺着文川溪俯冲而下，轰炸吉山。亲历过的老人说，飞机飞得很低，他们连机身的旗帜和飞行员都看得到。当时，日机共扔下三枚炸弹，一枚落在文川溪中，激起冲天水花；一枚落在棋盘厝，炸毁民房五间，炸伤一人，炸死猪两头，炸毁酒库一个，使老酒四处流溢；还有一枚落在民屋附近的菜园中，未爆炸。现今，这枚未爆炸的炸弹还深埋在一处菜地里。

1943年11月4日，永安又遭日机轰炸。11月6日出版的《东南日报》在显著位置刊登"永安浩劫，死伤惨重，灾民逾万，公私损失近4亿元，昔日闹市尽成灰烬"的消息，详细报道了永安惨遭日军"无差别轰炸"的情形及伤亡情况。消息称，"据悉敌机16架，似系飞越台湾海峡而来，自莆田侵入大陆上空，下午1时飞到永安上空，旋复折返，排列队形，向全城及东南市郊密集投下大小轰炸烧夷弹100多枚（档案数据为135枚），或尚不止此数，全部炸弹于数秒钟内一倾而下"。轰炸焚毁房屋700余幢，致死伤数百人（档案数据为300余人），惨不忍睹。

1944年4月23日，永安的《中央日报·中央艺文版》刊发萨一佛《噩梦的寻索——跋"永安劫后画展"》的文章。这是作者为1944年2月15日至3

月15日举办的永安劫后画展（巡展）写的跋，写出了永安遭受日机狂轰滥炸后的惨状和他写生的过程与感受。

永安鼠疫

日寇侵华期间，在我国大量使用生化武器，研制并投放了大批生物炸弹，即利用致病微生物及其媒介的致病特性，制造可引起人员、动植物感染并引发大范围致命疾病传播的杀伤性武器。其特点是杀伤作用广泛而持久，容易造成瘟疫流行，且污染面广，难以防范，医治困难，是国际公约所严厉禁止的。但侵华日军丧心病狂，置国际公约于不顾，建立了多支细菌战部队，在我国至少47个城市设有支队，细菌战受害区域波及福建、浙江、江西、广东等地。

抗战期间，永安城乡发生多起疫情。主要是随着人员大量流动，疫情随避疫人群进入永安，也不排除日军对永安进行细菌攻击所致。1941年，日军在浙江宁波空投鼠疫炸弹，造成当地鼠疫大范围暴发。当时福建省财政厅工作人员的家属在浙江感染腺鼠疫后，为避疫而逃到永安，引起永安鼠疫首次暴发。数月间疫情迅速波及城关北门晏六街、仁义街、中华路、中山路、太平街、新华巷一带，丽华商店一店员发病死亡，翌日店主张惠泉亦发病死亡。查永安相关历史文档，在抗战之前，本地并无鼠疫疫情之记载。11月，城区鼠疫再起，患者无数，死亡30人。是年，洪田乡山顶坑自然村亦发生瘟疫，短短的一个月时间，死亡青壮年14人。据1988年《永安文史资料》第七辑《战时永安的疫情》："1942年3月又发生鼠疫流行。同年12月，因日本飞机投下鼠疫杆菌，中山街、衙后街发生肺鼠疫数起。"疫情波及太平乡及仁义乡的山边、泥路、大同等处。据目击者称，部分可疑炸弹爆炸后，有家禽家畜大量死亡。1943年，疫情又在城关北门、水东口、民权、上坪、中山路、新桥头、上吉山、下吉山等多处暴发流行。1943年6月，永安新桥防空驻军部队出现患者40余人，死亡10人。不久，永安城区晏公街、中山路又见霍乱流行，死亡甚众。同时，省府机关驻地和下吉山等处也见疫情，共死亡50人。《近代福建社会史论》记载："永安鼠疫仅在1941至1943年流行，疫区分布在2个区5个乡13个街村，发病128人，死亡101人。"

永安的疫情震惊全国，国民党中央卫生署紧急拨给福建省政府鼠疫防疫

当年防疫人员在萃园后山挖的用以储存药品、疫苗的防空洞

经费法币500万元，并派出鼠疫专家伯力士、防疫第四大队长施毅轩来闽指导和加强防疫工作。成立"永安防疫委员会"，全面实行外来人员入境检疫制度。出动军警和卫生防疫人员，采取把守城门路口，强制过往人员、群众注射预防鼠疫菌苗，并将患者强行隔离，死后尸体概不发还，强制集中焚埋处理。同时，防疫人员还对水源、公共场所、店堂旅馆等处进行重点检疫。《永安市志》记载：民国30年（1941年）至32年（1943年），日军侵略永安城，永安多次发生鼠疫，造成巨大伤亡，省政府甚至施行"捕鼠换米"的办法来消灭鼠疫，并成立了临时防疫站。

当时，永安境内的防疫力量有：省卫生防疫大队（驻吉山萃园书院）、省卫生试验所（设在下渡，为省民政厅卫生处直属机构）、省立永安医院（即当时的省立第二医院，现省立医院前身）等。当时这些处所军警林立，戒备森严，主要任务是负责全省可疑材料的细菌病理检验，医疗救治。同时，还在资金和物资条件极其匮缺情况下，因地制宜生产出各种疫苗，尤其是人用鼠疫活菌苗。除供应本省外，还支援浙江、江西、广东等省，为东南后方战时防疫作出重要贡献。

援捐抗战

福建省政府众多的机关单位到吉山办公后，抗战救亡活动也随之轰轰烈烈地展开。当年沿路两旁的墙壁上，几乎刷满"抗战到底""收复失地，还我河山""有钱出钱，有力出力"等标语。定和宅围墙上的"抗战到底"标语至今保存完好。

在吉山锡朋屋办公的福建省抗敌后援会，从1938年8月到1940年10月间，组织了"慰劳捐献""节约献金""七七献金"等12次大型募捐活动，共募得赈济款法币193 659.64元，救国公债243.4元。其中，在"春礼劳军捐款"活动中，时任福建省政府主席陈仪带头捐出200元。

1941年3月，福建省动员委员会发布《废历清明节约献金告民众书》，号召全省人民在国难当头之时，废除清明祭扫习俗，将节省下来的资金捐献给抗战事业。同年，福建省各界抗战建国筹备会发动"七七献金"竞赛，为抗战募集资金。截至9月15日，共募集到永安各界捐赠的法币17 078.82元，以及各种债券699元。

1942年2月，时任福建省政府主席刘建绪的夫人发起"妇女号"飞机捐献活动。1943年1月，国立音专学生组织寒假巡回演奏团，赴闽南、闽东演出，募捐"音专号"滑翔机。

1944年春，省立永安中学初二甲班学生带头响应冯玉祥将军在重庆白沙发起的献金运动。该班导师张可珍带头脱下金戒指，发动全班同学捐助，并带领同学到5千米外的县城机关、车站做杂工、搞搬运、做卫生、擦皮鞋，以劳动所得作为集体献金。学生刘奇凯（省政府主席刘建绪之子）动员母亲卖了家里养的一头肥猪支持献金，进而推动学校、全永安掀起踊跃献金支援抗战前线的热潮。国立音专学生组织了"白沙献金"音乐演奏会，公演3天，将所得进行捐献。

永安虎患

永安地处闽西北山区，城郊山高林密，时有老虎出没，曾是福建有名的

"虎患"区。抗战时期，乡里村舍太阳未落，人们便喊猪唤羊，家家紧闭门户，畏虎、防虎之心一日不敢懈怠。

1939年1月，永安县城南郊等地发生虎患，县政府派警察到各处打虎，并悬赏捕获1只老虎赏大洋50元。同年10月29日，吉山村也发现老虎，县政府赶忙又贴出布告：捕虎1只，赏国币30元。1943年5月中旬，距城北18千米处的贡川古镇附近的山上出现猛虎，数量多达30余只。乡民有7人被吞噬，一时人们谈虎色变。《永安市志》也记载，1939年1月和10月，吉山先后两次出现老虎，县政府专门发布告悬赏捕捉，并派警察打虎。

四、进步活动

永安抗战文化活动轰轰烈烈地持续7年多，永安一举成为当时的东南抗战文化中心，是隐蔽战斗的共产党人引领、国民党爱国开明人士支持、大后方文人学者相助的结果。

当时全国处于国共合作和全民族抗日的时期，永安并没有设立共产党的公开组织，也没有建立统一的地下党组织，党对永安抗战进步文化活动的领导，主要是通过贯彻执行党的政治路线，以及党员个人在各自的岗位发挥先锋模范作用来实现。在党的抗日民族统一战线旗帜下，广大地下党员在各自的工作岗位上忘我工作，团结一切进步的学者和文化界人士，利用一切可以利用的条件和政府创办的各种报纸、期刊宣传抗日救国，宣传党的政治主张，为推动永安抗战文化运动作出了重要贡献。

（一）中共党员的引领活动

当年与吉山密切关联的共产党员，主要集中在福建省立（后改国立）音乐专科学校（简称"福建音专"）。在民族危亡时刻，他们积极引领进步师生开展抗战进步文化活动，为中国抗日战争与解放战争的胜利作出了可贵的贡献。

福建音专素有"红色音专"之称。它是1940年在永安上吉山成立的一所高校，1942年8月由省立改为国立，成为民国时期全国三所最高音乐学府之一（另两所为重庆音专、上海音专）。曾任中国音乐家协会副主席、中央音乐学院院长、文化部党史资料征集委员会负责人之一的赵沨在福建音专校史研讨会上表示，在当时全国三所音专中，最先有地下党活动的是福建音专，约在1942年前后，重庆音专是在1945年前后有地下党活动，上海音专是在1946年前后才有地下党活动。

经陈宗谷等福建音专老校友调查核实，福建音专在永安吉山时期（1940—1945年），有21名师生是共产党员，1946年音专建立党支部后发展的党员有24人，并有3人在离开音专后到解放区加入中国共产党。

革命青年投考音专。福建音专自1940年成立后，东南各省许多学生慕名前来求学，学生中有不少参加过抗日救亡运动，还有一些地下党员按照党组织的安排也来到福建音专。其中，从广东方面来的地下党员有1939年入党的赵方幸、谭庆逢、余禄熙、江士奎、黎绍吉等5人，经粤北特委书记王松坚批准，1942年考入福建音专读书。杨衍咏、何雪飘、何雪瑜（何芸）、梁耀燊等也在1943年先后到达音专。还有闽、浙等地的地下党员陈宗谷、许文辛、金希树和郑书祥老师等，这些地下党员凭着坚定的革命信念，在音专凝聚成进步的力量，积极投身于民族抗战与解放的斗争中。广大学生在地下党和进步教师的引导下，办刊物、壁报，组织读书会、报告会，成立剧团、歌咏团、劝导队，教群众唱抗日歌曲，举行话剧表演、讲座，激发群众的爱国热情。

成立学生自治会。1942年12月1日，福建音专学生自主推选成立了学生自治会，分设若干个股，自治会成为地下党开展活动的最好阵地。地下党员陈宗谷当选研究股干事，研究股设有时事、文艺等研究小组。其中时事小组由地下党员何雪飘负责，组织学习羊枣的时评和政论及乔冠华的政论性文章《方生未死之间》等。还经常请郑书祥老师作时事报告，讲国内外的政治军事情况。文艺小组开始由杨衍咏负责，后来由地下党员许文辛等负责。文艺组还成立"铁草社"（铁草是一种在中国西部沙漠恶劣环境下生长的强劲的野草）。大家以"铁草"自勉，表示不畏艰难的决心。他们出版壁报《铁草》，开展了一系列宣传抗战活动，并组织学生阅读进步书刊，如苏联的译著《铁流》《夏伯阳》《钢铁是怎样炼成的》等及鲁迅的各种杂文如《呐喊》等，《新华日报》和《群众》两份党的刊物也在进步师生中秘密传阅。毛泽东《在延安文艺座谈会上的讲话》在重庆《新华日报》上发表后不久，就传到福建音专地下党员手中，并在进步师生中传阅。

同时，学校的地下党员努力引领学生自治会积极开展一系列进步向上的课余活动，如开展乒乓球、篮球、接力赛等体育竞赛；举办各种座谈会，讨论民歌、时事、曲体、欣赏及文艺等专题等。还组织过两次针对国民党区分部书记、训导主任兼总务长李简斋等人的斗争。一是李简斋手下的一名军训教官，粗暴野蛮地在军训课上踢伤一位女同学，自治会组织学生到训导处质问，迫使李简斋调走该教官。还有一次是"查账"小学潮，当时师生的生活都非常清苦，而学校食堂会计竟克扣贪污学生的伙食费，学生自治会组织学生查账，李简斋不得不辞退与其同流合污的会计，以平学愤。

福建音专学生自治会第一届干事合影（1943年1月）

积极开展宣传活动。1944年，音专的进步活动从校园内部发展到面向社会。2月至3月间，文艺组组织野餐，邀请郑书祥、缪天瑞等教师参加，活动的主要内容是漫谈文艺与音乐的关系。郑书祥提出中国音乐应该为进步、民主的政治服务的观点，使学生明确了专业学习要与国家的前途和命运相结合的道理。

3月1日，是朝鲜民族独立革命纪念日。朝鲜同学马一新组织义卖活动，募款支援朝鲜人民抗日斗争。文艺组积极支持，出壁报、开座谈会，宣传和纪念朝鲜人民的民族革命斗争。

3月8日，文艺组何雪瑜、李小玉等到下吉山省教育厅所在地贴墙报，宣传妇女解放，纪念"三八"国际妇女节。

3月，学生会干事李广才发起援助生活困难的冼星海母亲的募捐活动。

4月5日至6日，文艺组发动音专师生在永安中山纪念堂举行"纪念音乐节、青年节"音乐会，全部演唱抗战歌曲，为贫病作家募捐。节目单封面上注明"此次票款收入除开支外，悉数捐赠贫病作家王鲁彦、张天翼、蔡楚生及已故作家万湜思之家属"字样，并给作家家属写了慰问信。

5月，为纪念五四运动，文艺组组织鲁迅作品《幸福的家庭》讨论会。5月底，为响应冯玉祥将军在重庆白沙

纪念音乐节、青年节音乐会节目单

发起的义捐号召，学生自治会组织"白沙献金"音乐会，师生们演出了陆华柏老师特为此创作的《白沙献金》大合唱、清唱剧《大禹治水》和四部混声合唱《汨罗江》等抗战作品，积极宣传抗战。

这一系列频繁的社会活动激怒了国民党特务，认为"福建音专是共产党的大本营"，于是开始进行镇压，大肆逮捕音专学生。

1944年5月29日晚，音专师生正在中山纪念堂为"白沙献金"义演，特务趁机搜查学生宿舍和教室，并在第二天一早逮捕了许文辛、金希树、周鉴冰、叶翼如、池志立5位学生，在校的地下党员们和学生自治会积极发动营救。次日深夜，5位被捕同学被保释回校。

6月3日，陈宗谷和邢育青被捕。6月23日，许文辛等5人又遭二次逮捕，其中陈宗谷、金希树和周鉴冰3人一直被拘禁，并送解崇安集中营，一直到1945年"双十"协定签订后才获释。

由于国民党特务的镇压，一些党员和进步同学先后撤离，如何苇、李小玉、何雪瑜、池志立、李广才等先后离开音专前往解放区。

（二）中共党员主编的报刊

在福建音专以外的共产党员，他们也在各自不同的职业岗位上，通过贯彻执行党的政治路线，努力发挥党员的先锋模范作用，积极开展各种抗战进步文化活动。其中，《国际时事研究》周刊由中共党员羊枣主编，中共党员谢怀丹、李达仁等任编辑，中共党员叶康参、余志宏等为该刊撰稿。《现代青年》先后由中共党员陈培光、卢茅居、卓如、周左严等担任主编。《现代儿童》则先后由中共党员葛琴、柯咏仙担任主编。《建设导报》总编辑是周左严，编辑是谢怀丹，主笔则由李达仁担任。特别是当时备受读者喜爱的《老百姓》报，先后由陈培光、叶康参负责，著名进步文化人士章振乾积极配合，获得巨大成功。

《老百姓》

抗战时期，这是在永安唯一由中共地下党领导、中共党员任主编的报纸。1938年6月，为了宣传抗日、教育群众，中共党员陈培光等自费创办《老百

《老百姓》,永安中华书局经理季永绥负责报纸发行。编辑部最初设在永安城关晏公庙省教育厅的办公处,后因省教育厅搬到吉山的"崇仁堂"(即刘氏宗祠),编辑部也搬到吉山的刘氏祖屋。

该报刚开始为8开单版,5日刊,只油印几百份,辟有《谈话》《常识》《故事》《诗歌》《通讯》《时事讲解》等栏目。因文章通俗易懂,内容丰富多样,深受民众喜爱,销量迅速增加,所以从1938年8月第13期起改为铅印,扩大为4开2版。邀请省银行董事会秘书章振乾为发行人,在永安县政府办理了合法执照,公开发行。进步人士高时良、林浩藩、徐君梅、姚勇来、沈嫄璋、卓克淦等也先后参加编撰工作。

1938年11月中共南平工委成立后,该报由工委直接领导,并迁往南平编印,先后由中共党员叶康参和叶文煊负责,社址和对外联系仍在永安。每期印数5000多份,发行量比国民党党报还多,社会影响大,因而引起国民党特务的注意,几次受到威胁警告。1939年11月12日,该报为纪念孙中山先生诞辰,发表了《拥护孙中山先生三大政策》的"谈话"(社论),痛斥汪精卫卖国投降、背叛孙中山先生三民主义的罪行,阐述抗战必胜、投降必亡的道

《老百姓》

《老百姓》报编辑部旧址(刘氏祖屋)

理，赞扬浴血苦战的前方将士。社论虽短，却击中国民党顽固派的痛处。国民党顽固派怀恨在心，1939年11月下旬，勒令其停刊。《老百姓》报合计出版100余期。《老百姓》虽然被迫停刊，但它点燃的抗战精神的火种并没有熄灭。

《国际时事研究》

1944年9月1日在永安创刊，周刊。主编为共产党员、革命烈士羊枣，编辑有共产党员谢怀丹、李达仁等。由福建省政府编译室和福建省研究院社会科学研究所联合编辑，刘建绪题写刊名，东南出版社经销。1945年6月25日出至第39期止，因"羊枣事件"而被迫停刊。

该刊为16开12版，每期2万多字，是一份评论国际时事和军事动向的政治性刊物，比一般报刊材料新颖、观点鲜明、快捷及时，是东南地区最为畅销的刊物之一。

《国际时事研究》

羊枣在永安期间共发表论文67篇，他每期都给该刊撰写1至2篇论文，先后在该刊发表了54篇国际时事和军事评论文章，共40多万字，论述精辟，文笔犀利，在国内外都产生较大影响。其中关于太平洋战争的内容，由赵家欣编辑成《太平洋战争新局势》一书，于1944年12月在永安战时中国出版社出版；关于欧洲战场的内容，由金仲华编辑成《欧洲纵横谈》一书，于1946年6月在上海世界知识出版社出版。此外，该刊还登有李达仁论文和译文30多篇，周国钧译文20多篇，以及郑庭椿、叶章敏（即叶康参）、谢怀丹等人的部分译文和论文，全刊39期共计80多万字。

《现代青年》

由福建省教育厅编审委员会编行，于1938年1月在福州创刊（月刊）。因省教育厅准备内迁，该刊仅出到第3期便停刊了。1939年11月由改进出版社接办，在永安编行，卷期另起。1942年12月出至第7卷第2期又停刊（每卷6期)。中共党员卢茅居、卓如、周左严、陈培光先后担任刊物主编。1943年7月又由省教育厅编审委员会在南平复刊,主编徐君藩,编辑林性彝,到1944年2月出至新2卷2期终刊。

该刊是综合性通俗读物,其目标"是想在各方面供给青年朋友一点知识","以满足其旺盛的求知欲望","补学校教育的不足,或给失学青年的业余的进益"。针对青年特点,该刊设有《抗战与青年》《抗战与读书》《自学问题》《青年文艺》《国内外形势》《中国与世界》《青年园地》《青年生活话题讨论》《思想生活》等栏目。为培植文艺新军,该刊的《青年园地》先后刊登了80多位青年作者的100多篇文学作品,还举办过征文竞赛,薛海燕等7名青年获奖。

还有众多知名人士为该刊撰稿。如邵荃麟的长篇翻译小说连载和杂感,章靳以、光未然、丁乙、雨田、彭燕郊、夏琪、叶康参、赵家欣等的文艺作品,赵家欣、高时良的时事评论,王西彦的文学理论常识,陈友琴的写作知识,杜菱的戏剧常识,施寄寒的文化技术讲话,沈炼之、傅衣凌的社会史讲话,黎烈文、卢茅居的短评,许天虹的译著等,都曾在该刊发表。

《现代青年》

《现代儿童》

由福建省教育厅创办,1939年9月由改进出版社接办,在永安编行,月刊。1946年7月15日终刊于福州,共出110期(其中福州出版9期)。中共党员葛琴、柯咏仙先后担任主编,1945年底迁福州后由郭风主编。

《现代儿童》是少年儿童通俗读物,栏目众多,趣味性浓。其中《儿童壁报》栏目,常报道抗战时事新闻,让读者了解最新的时事,对厦门市儿童救亡剧团的活动消息曾作连续报

《现代儿童》

道，激发儿童爱国热情。《儿童创作》栏目每期都发表 4 篇以上少年儿童写的儿童作品，编过不少特辑，深受少年儿童的喜爱。为提供更多阅读内容，《现代儿童》还编辑出版了汇集 6 种单行本图书的"现代儿童小丛书"，包括《榕树伯伯的话》《孩儿桥》《白透迦的秘密》《麻鸡婆脱险记》《儿童歌音》《儿童歌曲》。

《现代儿童》发刊 7 年，其内容既符合抗战时期的特定需要，又着眼于长远的国民教育、儿童教育，是改进出版社存在时间最长的刊物之一，也是当时国内少有的以少年儿童为读者对象的期刊。

《建设导报》

该报 1943 年 5 月 1 日创刊于永安，为 4 开 4 版 3 日刊。时任福建省政府主席刘建绪的随从秘书谌震任报社社长兼发行人。总编辑是中共地下党员周左严，后周因病住院由谷斯范接编。另有编辑谢怀丹、林子力，经理欧化群，副经理刘作舟，钟尚文也曾协助该社工作。1943 年 10 月，谌震聘李达仁和王一帆分别担任主笔和采访部主任。

《建设导报》

《建设导报》是刘建绪为推行"地方自治"而办的省政府机关报，其第 1 版和第 2 版专载新闻、专论和社论，第 3 版是以知识分子为主要读者对象的副刊，第 4 版是文艺副刊。《建设导报》虽属官办，但总编辑周左严、编辑谢怀丹、主笔李达仁都是中共党员，并还吸收了一些进步人士形成了一个"同人编辑部"，把官办报纸办成进步刊物，常以各种含蓄曲折的方式发表进步文章，宣传进步思想，传播党的声音，揭露和抨击国统区腐败丑恶的现实。因省里规定全省各校各保都要订阅，并由各县统一代扣报费，故其发行量一度多达 3 万份左右。但由于政治倾向进步，国民党顽固派不断施加压力，加上各地县长拒绝代扣报费，该报于 1944 年 2 月 4 日停刊，仅发刊 9 个月。

（三）其他报纸刊物

《福建教育》

1940年1月31日创刊于永安，福建省教育厅编行，徐君梅编辑，月刊。1941年9月出版至第9期停刊。后于1948年3月在福州复刊，改为季刊，仅出一期。

《福建教育通讯》

福建省教育厅编审委员会编行，1937年12月创刊于福州，原名《教育通讯》，主编高时良，撰稿人有高时良、陈培光、董秋芳、陈启肃等。

《福建教育》

1938年6月迁永安继续发行，同年8月第2卷起改名《福建教育通讯》，周刊，每卷24期。到1940年12月出至第6卷第22期停刊。该刊辟有《特载》《报告》《短论》《研讨》《纪事》《计划》《补充教材》《书报评介》《问题解答》《通讯》等栏目，报道福建省各县区的有关教育情况，商讨教学问题、有关科类的教育纲领、如何改善教师待遇等。载文有《从学生营养问题说起》《国民教育的社会看法》《发挥教育界的力量》等。1939年10月（4卷10期）编出"讨汪肃奸中心号"，发表教育界讨汪肃奸集体意见。

《国民教育指导》

国民党中央教育部国民教育司与福建省政府教育厅合编，1941年7月31日创刊于永安，刊头由时任教育部部长陈立夫题写，编辑为徐君梅、蒋道。该刊始为月刊，第7期后改为双月刊，发刊6年。该刊主要使命是指导和推进国民教育，辟有《教育讲座》《行政计划》《教材教具》《教学方法》《实况介绍》《实验报告》《书报介绍》《调查统计》《通讯研究》《教师园地》等栏目。第一卷的各期均为各种教育专号、特辑。所载内容有国民教育政策、国民教育原理、国民教育实施方法、师资训练方法、教育实况介绍等。刊有陈立夫的《教育之初基》、环家珍的《师范学校实施地方教育辅导之探讨》、蒋道的

《解决本省县（市）国教经费困难的刍议》、林庆涛的《小学自然科教学方法及实例》等文章。该刊反映了国民政府当局的教育理念和教育教学管理经验，是研究当时永安及至整个福建省的国民教育实施状况的史料。

《中等教育》

福建省教育厅编行，徐君梅编辑，1942年4月创刊于永安，月刊，1卷为12辑。该刊是研究中等学校教学理论与实际问题的专刊。辟有《论著》《实况介绍》《补充教材》《通讯研究》《调查统计》《书报介绍》《教育动态》《工作计划》《法令章则》等栏目。针对学校实际问题，集中编过《师资问题特辑》等专号、特辑。特约省内外教育行家周宪文（暨南大学教授）、杜佐周（英士大学教授）、郑宗海（浙江大学教授）、檀仁梅（协和大学教授）等撰稿。该刊对发展中等教育起了积极作用。1944年4月出至第2卷第11辑终刊。1944年5月后刊名改为《中教与社教》，卷期另起。

《英语锁钥》

1943年9月创刊于永安，月刊，英语锁钥出版社出版，主编林天兰，副主编王藏修、刘独峰，立达书店总经销。该刊为东南地区唯一英语自修读物，辟有《应用文修辞》《文法》《文选》《翻译》《会话》《国际新闻》《英诗》《戏曲》《通讯》《习题》等栏目，为学校青年和一般公务人员提供研习英语辅导材料。出版后颇受欢迎，订户近千，加上零售，一期印2000本一销而空。

《剧教》

福建省教育厅戏剧教育委员会编行，1940年1月创刊于永安，月刊，林舒谦主编，陈启肃、石叔明为编辑。辟有《短论》《专载》《技术》《论文》《剧本》《通讯》《剧讯》《剧人介绍》等栏目。到1942年9月出至第2卷第9期停刊。发表了独幕和多幕剧本20多个，包括陈启肃的《徘徊着的女人》，林舒谦的《好汉子》《茅店秋月》，萨兆琛的《县长太太》，王澧泉的《昙花

《剧教》

一现》，谷剑尘的《黑箱》以及林椿、亚风等人的话剧等；还刊载有吴慈的儿童剧《后方一角》、李澜平的平剧，以及石叔明、纪零、徐君藩、徐君梅、王梦鸥等的戏剧理论、短评、译作等。该刊对当时剧运的发展起了推动作用。

《福建剧坛》

福建省教育厅戏剧教育委员会编行，1941年7月1日创刊于永安，主编陈启肃，编辑林舒谦、石叔明。该刊是戏剧教育委员会继《剧教》月刊后办的第二种戏剧刊物。因《剧教》篇幅有限，一些短文、零讯难以收入，因而再办《福建剧坛》，以满足社会需求。辟有《剧本评介》《剧人介绍》《技术问答》《剧人短简》《通讯》《报道》《问答》等栏目，每期具体栏目按情形和需要而定。所刊稿件短小精悍，灵动活泼有生气，且带有一定幽默性或讽刺性，保留了一些福建剧运史料。该刊为半月刊，非卖品，每期限定1000份，凡私人欲索阅全年的，只收邮费1元5角，团体的只收1元2角。

《福建剧坛》

《剧讯》

福建省教育厅民众教育第一巡回施教团编行，1942年10月创刊于永安，月刊，1943年9月终刊。永安立达书店经售。主编石叔明，编辑赵肃芳。辟有《专论》《剧评》剧人手札、剧讯、技术等栏目。登有田汉的《序（走出愁城）》，陈白尘、向培良、曾也鲁、董每戡等人手札。该刊诞生于全省剧运高潮时期，对报道各地剧运讯息，提供戏剧理论和技术指导，推动各地经验交流、提高水平起了良好的作用。

《战时民众》

1938年10月创刊于沙县，由福建省军管区国民军训处编辑，是4开2版报纸式旬刊，主要为战时民校提供补充读物，不对外发行，

《战时民众》

仅出12期。1939年2月随民校行政业务一起归并教育厅，该厅共编出新26期，对外发行。1940年1月由改进出版社接办，改为半月刊，主编姚勇来，主要撰稿人有沈嫄璋、徐君梅、李达仁等。辟有《谈话》（后改《短论》）、《时事分析》《抗战故事》《现代知识》《民众茶馆》《谜语》《诗歌》《木刻》等栏目，内容浅显通俗，颇受欢迎。1940年4月编出"讨汪特辑"，声讨汪伪之流投降卖国罪恶行径，在群众中有较大反响。到1941年6月出至第3卷第11期停刊，同年9月改出单行本。

《公余生活》

由福建省驿运管理处公余生活月刊社编行，1943年10月10日创刊于永安，月刊。驿运管理处处长丘汉平兼主编及发行人，副主编杨振先，第2卷第5期后增加副主编郑瑞梅。第3卷起丘汉平任社长，盛澄世任副社长兼发行人，主编杨振先、郑瑞梅。到1945年8月出至第3卷第5期停刊。该刊是一份综合类刊物，面向公务人员，以发扬学习精神，增强工作责任心，提升知识和能力为主旨。内容上既有国内外政治时事论述，也有各种知识介绍、书报评介、学术研究、生活指导，还有相当篇幅的文学作品、现代史料等。柳亚子、千家驹、许钦文、董秋芳、姜庆湘、钱今昔、覃子豪等诸多名人都在该刊登过文章，有一定影响。

《联合周报》

1944年2月在永安创刊，由浙江《东南日报》（南平版）驻永办事处编行。主编蔡力行，编辑有蔡振扬、姚隼、刘独峰、马义等。1945年1月，从第2卷第19期起，由东南出版社接办，主编虽挂蔡力行，但实际职责由东南出版社的首任经理李达仁接替。同年7月因"羊枣事件"而停刊，共出版3卷26期。

该刊创办初期采用报纸形式，4开纸一张，分4版，侧重报道国内外政治时事新闻，辟有《论著》《讲座》《大众论坛》等栏目，也收有部

《联合周报》

分文艺作品。第2卷起改用期刊形式，为16开本，每周出1期，栏目内容增加《世界侧影》《文化消息》。刊物内容具有较为鲜明的进步倾向，主张团结抗战，呼吁民主、科学、进步。主要撰稿人有羊枣、王亚南、章靳以、王西彦、赵家欣、余志宏、谢怀丹、郑书祥、叶康参、彭世桢等。身居重庆、桂林等地的知名作家、学者，如郭沫若、柳亚子、章乃器、巴金、茅盾、唐弢、艾芜、骆宾基等也常在该刊发表文章，在东南各地有较大影响。

《新福建》

1942年1月31日创刊于永安，月刊，福建省政府秘书处编译室编行，是刘建绪任福建省政府主席期间省政府的一份综合性政刊。1946年底出至第10卷终刊，发刊5年。主要研讨抗战时期政治、文化、教育、经济、军事等方面的理论与实践和行政工作辅导，宣传政策法令，讨论公务员队伍的建设问题等。辟有《省政要闻》《省政史料》《大事日志》《杂俎》《论著》《统计副镌》等栏，其中，《统计副镌》一栏中，展示了全省各部门大量的经济建设统

《新福建》

计资料。先后有董秋芳、李由农、赵家欣、钱念文等进步人士参加编撰工作，办刊态度较为开明。羊枣曾先后在该刊发表《敌寇的企图》等5篇军事时事论文，许钦文、董秋芳、赵家欣等亦登过多篇评论和文艺作品。该刊为研究福建省抗战时期的建设情况提供了丰富的史料。

《闽政导报》

1943年1月创刊于永安，月刊，福建省政府秘书处编译室编行。原名《闽政简报》，设有《省政要闻》《施政指导》《法令解释》等栏目，主要报道民政、财政、教育、建设、社会、赈济和其他杂项情况（如筹设公司，调整机构、调整出版物、调整委员会动态，召开会议情况等），也刊有省政府及各市县设计考核委员会会务通讯等内容。1945年6月出至30期，从31期起改名《闽政导报》，增列施政指导与法令解释两项内容。到1946年7月出至42

期终刊。

《福建省农业改进处研究报告》

福建省农业改进处编,为农林专业期刊,不定期。每期发表一篇专题研究报告,并附图表,各期页码不等。

《民意》

福建省临时参议会会刊,原为《会务通讯》。1944年7月15日,会刊改为《民意》月刊,社务委员10人,临时参议长郑祖荫兼发行人。主编赵家欣、黄哲真,编委有沈炼之、谌震、李由农、卢秋涛、郑拔驾、谢怀丹等16人。该刊部分地反映了民意,较客观地报道了国民参政会的消息。《民意》没有固定的栏目设置,在创刊初期曾设了地方自治问题特辑、各省民意机构问题特辑等,对地方自治和民意机构设置等问题进行了相对集中的研究与探讨。还刊登了一些进步人士的文章,如王亚南的《民主问题与经济问题》、羊枣的《东线的伟大胜利》、赵家欣的《宪政与言论自由》等。该刊的《舆论辑要》栏目,亦多选载进步报刊的文章。到1945年12月出至第3卷第6期后迁福州编行,1947年8月出至第6卷终刊。

五、机关学校

抗战时期,吉山是福建省行政、教育和司法部门工作的重要场所,在此驻设了许多的省直单位和教育、文化、卫生机构,并取得一系列积极的爱国教育与抗战进步文化活动成果。

福建省教育厅

抗战时期(1938年至1945年),省教育厅在吉山刘氏宗祠办公。当时,在宗祠后的半山上建有一座"半山亭",亭侧有一石碑,一人多高,上有郑

福建省教育厅办公旧址（刘氏宗祠）

贞文题字，内容大致为省会迁永，教育厅设于吉山，以及如何倡导"笠剑学风"，坚持抗战到底等。山顶建有木楼房，是教育厅的第三科办公处。楼外有花圃，中间有一亭，此亭四周有十棵合抱的大松树，命名为"十松亭"，由省教育厅厅长郑贞文题字。在山脚下建房屋四间，右侧前间是一个大客厅，门上方挂"笠剑轩"牌匾，是郑贞文的办公处。"笠剑轩"前是一小坪，草坪两侧各有一石桌，是用祠堂前拆下的石旗杆制成的。民国二十八年（1939年）4月2日，郑贞文写有一首诗《归吉山笠剑轩》：

> 万里归来春色深，当轩高树渐成阴。
> 自强不息酬予志，履险如夷慰母心。
> 稚子牵衣频问讯，老妻倚枕尚呻吟。
> 蜀江桂岭云烟渺，剩有诗笺仔细寻。

上述楼亭在省会迁回福州后数年内，均已倒塌。福建省文史研究馆编的《郑贞文诗文选集》中，有一些可以再现当时工作和生活情形的诗歌。现摘选三首如下。

庚辰八月十四夜心南兄招饮笠剑轩，并登十松亭揽亭赋赠

陈韵珊[1]

凉飚改炎景，叶悴虫声乾。
素月出松罅，坠影弥榛菅。
骞步踯层磴，翼然凌高寒。
澄宇息众籁，微风度凤鸾。
百年几良夜，一瞥迹已残。
主人起命酒，启户秋阴宽。
吾侪感气类，幽谷搜崇兰。
人事不可言，言之摧心肝。
栖迟此异县，咫尺皆关山。
避喧奈苦寂，塞悲终强欢。
剧谈惊栖禽，徐起循修栏。
欲吟窘题字，归去求所安。

吉山集会补作呈心南厅长

郑兰荪[2]

去年九月十五，恰值仲秋，心南厅长约前一晚吉山集会。予病新愈，不获预，越十月八日，诣笠剑轩聆教，公出集会篇叶，琳琅满目，集燕江名士诸杰构乃有此巨观也。承嘱补作，且邀览笠剑轩，胜概历揽亭，并款导登高至十松亭憩焉，盘桓久之。公命指一松为之名，迄不果。今忽一年矣，昨把晤茅坪后，复催补作，潦草塞责，知不免贻笑方家矣。

主人有酒欢今夕，笠剑轩中来佳客。
看月共赏好仲秋，月华耀彩天宇碧。
我因新愈懒登临，遂使名山辜咫尺。
人生行乐当及时，雅集无缘良自惜。
遥知兹会足千秋，当代词宗萃吟席。
珠玉随风落九天，咳唾教人羡啧啧。

---

[1] 作者系郑贞文友人。
[2] 作者即郑祖荫，抗战时期在永安任省临时参议会议长。

乘时游衍幸追陪，徙倚揽亭看题额。
邑吏于以纪灵辰[1]，且为山林增胜迹。
预介登高兴虽豪，艰食萦怀在赤苍[2]。
老伧腰脚未输人，侍者殷勤犹扶掖。
十松亭下久盘桓，连抱撑云见气魄。
岁寒节操本天成，傲性宁妨世指摘。
一松一名公本心，我欲命名难所择。
松于物类亦英雄，到底无名较有益。
茅坪把晤事重提，补诗依然承催索。
郢人俚曲不成腔，未免惭颜聊塞责。

八月十四夜，心南厅长招饮笠剑轩，率成五十六字奉酬

田古序[3]

秋来又作吉山行，溪上青山取次迎。
玉酸已酬佳节意，蒲轮更见主人情。
天边一月足清夜，林际数星同美晴。
高会乱离真不易，此时方寸自升平。

省教育厅在吉山期间，郑贞文厅长将其办公室命名为"笠剑轩"，并为适应抗战的教育工作，大力提倡"笠剑学风"。笠，就是要学习农民戴着斗笠去从事劳动生产，代表勤劳朴素；剑，是要学士兵拿起枪剑去杀敌人，表示勇敢，象征无畏。

抗战时期，全省发动了几次大规模的学生军事、政治、生活、补助的教育训练。在训练和活动出发时，都举行戴笠、佩剑仪式。学生每人佩一把省政府主席陈仪赠送的剑，柄上刻有"捍卫祖国"四字，剑光闪烁，冷对敌人，以壮行色；每人戴一顶教育厅厅长郑贞文赠送的竹笠，头戴竹笠，如戴军帽，以壮军威，风雨兼程，勇往直前。

1　原注："盖纪念郑厅长揽揆之辰而立也。"
2　原注："公谓明日为重阳节，公务员忙于粮食无暇及此。"
3　作者系田昭武之父，亦为郑贞文友人。

郑贞文居住旧址（燃藜堂）

1938年，由郑贞文作词，蔡继琨作曲的《笠剑学风》一歌，在当时各校学生中传唱。歌词如下：

出东湖，意气激昂，我肩上挂着笠！怕什么狂风暴雨，炙背骄阳，我腰间佩着剑！怕什么鸷鹰毒虺，张口贪狼。一齐到乡村去，倡质朴生活，守勤劳习惯，养端庄品性，表公正态度，奋忠勇气概，唤起民众，效命疆场。角帽怎比得竹笠坚？倭刀怎比得铁剑刚？准备向炮烟弹雨，锄强权，伸正义。发扬武力，为国争光。

返校门，意志坚强。我把笠悬着壁，恍过去山川阅历，镂上篑笪。我把剑贮着匣，恍过去星霜淬厉，铦并干将。大家归学舍来，戒奢侈风习，除懒惰性癖，革浪漫行动，矫偏私思想，变怯弱气质，勖我同学，励志胶庠。受教要比那竹心虚，养气要似那剑锋藏。准备当欧风美雨，崇道德，研学术，发展文化，为国争光！

在抗战时期，郑贞文还组织编写了《闽教十年》，并将自己的古体诗编成集子，命名《笠剑留痕》。

"笠剑学风"的推行，在全省各地产生了积极的影响。在收入《郑贞文诗文选集》的诗文中，即有当时连城县李云霄先生[1]的一首诗可以说明：

> 本年八月因公晋谒教育厅郑厅长心南先生于吉山之笠剑轩，承惠西南旅吟一册，归而读之，于沿途风景民生利病及地方掌故皆于诗中见之，洵一代文豪也。谨次奉使毕归笠剑轩原韵一律，寄呈即请诲正。
> 鲸鲵未翦寇方深，为抗骄阳敢息阴？
> 万里西南衔使命，一编剑笠寄诗心。
> 瞿塘鱼复看遗阵，延浦龙泉发壮吟。
> 救国莫如耕战急，似公灼见孰追寻。

省教育厅在吉山期间，还做了大量开创性工作，使永安的教育事业得到空前的发展，吉山的教育事业更是欣欣向荣。抗战之前，永安只有十分薄弱的小学教育。省政府迁到永安后，迁移和新办了多所小学，并陆续兴办中学和大学。其中仅在吉山，1938年秋，先后创办省立永安中学、省立永安实验小学吉山分校；1940年春，创办省立音乐专科学校，后改为国立音乐专科学校；1940年夏，设置省立中等学校师资养成所，并在此基础上，于1941年在毗邻吉山的霞岭村创办了省立师范专科学校。

福建省教育厅戏剧教育委员会

抗战时期，为了加强抗日宣传，并适应戏剧运动蓬勃发展的需要，福建省教育厅于1940年4月在永安成立了由郑贞文、黎烈文、陈启肃（兼总干事）、林舒谦、李澜平、石淑明等11人组成的戏剧教育委员会。该委员会成立后，加强了同省内外戏剧团体的联系和对基层戏剧活动的指导。1941年1

---

[1] 作者系郑贞文友人。连城县新泉乡乐江人，清末中拔贡后，曾出任江西省南丰县知县。1937年与邓光瀛等倡修《连城县志》，并亲自参与其事。善书法，其书法源自颜、柳碑帖，秀丽刚劲，飘逸潇洒，自成一体，在广东潮州和闽西各县颇负盛名。

月和 7 月，该委员会先后创办了《剧教》月刊和《福建剧坛》半月刊，编辑出版了"抗敌戏剧丛书""戏剧丛刊"，以及戏剧理论、舞台技术相关的多种丛书，为繁荣戏剧创作和发展剧教运动作出了贡献。

戏剧教育委员会积极开展剧教运动（简称"剧运"），在广大后方成立众多专业的和业余的小剧团、演出队，频繁开展爱国抗战戏剧的演出活动，对民众进行生动的抗战教育。剧运对于当时文盲占百分之八十以上的老百姓，是认识日寇的凶残、汉奸的可耻、英雄的可敬，增强抗敌意识，激发支前热情的一种很好的宣传、教育方式。

为适应战时的环境条件和民众的文化水平，提高剧运效果，那时的剧本题文激昂，道白简单有力；布景、服装、化妆简单，符合民众的心理；乡村演出用方言，使民众更容易听懂；剧场则设在小剧院、庙宇、街头、空埕、小山坡等各种大众场所。参加剧运的有公务员、学生、工人、农民、军人、店员、民众、儿童等，剧运重视培养学生演员，提高其演戏的兴趣和技艺。

福建省教育厅战地歌咏团

1938 年 4 月，福建省教育厅为增强民众爱国热情，鼓舞抗战前线士气，组建了"战地歌咏团"。著名音乐家蔡继琨任歌咏团团长，有基本团员 30 名，预备团员 10 名。这些团员来自省音乐师资训练班，都具备相当的音乐素养和歌咏技能。教育厅对歌咏团团员概不支薪，每月只发给生活费 16 元。1938 年 5 月 13 日厦门沦陷，是年 6 月歌咏团以蔡继琨为领队，从福州徒步出发，沿途经长乐、福清、涵江、莆田、仙游、惠安、泉州、南安、同安、漳州等地，最后到达集美。他们每到一地就深入民众和军队，进行慰问演出。此外，还举行抗战歌咏宣传会、战地歌咏游行、歌咏慰劳会、化妆歌咏宣传、教唱军歌及抗战歌曲、歌剧表演等活动。同时，歌咏团成员还利用业余时间参加当地救护、救济难民等战地实际工作，并协助地方建立歌咏队。歌咏团创作了许多抗战歌曲，如《保卫福建》《我是中国人》等 20 余首，被广为传唱。

歌咏团日常生活实行军事化管理，对团员的衣、食、住、行、用、工六项加以规范约束，要求工作时或旅途上一律穿着本团制服，行进中步伐整齐，姿态端正，休息室和宿舍保持整洁；每日三餐采取军事会食制，力求节约，不浪费粮食，领导和团员们一起轮流买菜做饭，吃的是糙米饭、番薯干，佐饭的是盐巴和黄豆芽,生活十分艰苦。至1938年8月,歌咏团辗转60余日,返回时,教育厅已随省政府迁到永安,歌咏团随之转到永安吉山。

当时的《战地歌咏团团歌》由郑贞文作词,蔡继琨作曲。歌词为:天翻地覆兮海沸为汤,悲极惨绝兮金厦沦亡,战鼓咚咚兮歌声激昂,唤醒国魂兮奔走四方。奋起杀敌兮保我闽疆。

战时民众教育巡回施教团

1939年9月16日,福建省教育厅戏剧教育委员会在永安成立"战时国民教育巡回教学团",团长陈启肃,干事许栖萍、林舒谦。次年该团易名为"战时民众教育巡回施教团",分一、二、三团,为当年永安规模最大、存在时间最久的一支职业剧团。其负责人一再更换,但以剧作家陈启肃任团长、林舒谦为教导员历时最久。

战时民众教育巡回施教团于1940年11月首演于永安,每月在永安公演1次。从1940年至1943年前后3年多时间里,战时民众教育巡回施教团在陈启肃、林舒谦的带领下,先后到50多个县市、200多个乡镇进行巡回演出,共演出700多场,观众达到150万人次。1942年10月,战时民众教育第一巡回施教团创办《剧讯》(石叔明主编)。陈启肃、林舒谦还编写话剧《三叉口》《菱姑》《战》。战时教育巡回施教团对全省戏剧运动和文化教育起了很大推动作用。

福建省电化教育处

抗战时期,福建省电化教育处承担了重要的推广和应用角色。电化教育在抗战时期不仅是一种教育手段,更是一种战略工具。在资源有限的情况下,福建省电化教育处通过电影、广播等形式传播抗战信息,激发民众的爱国热情,提高抗战意识。

福建省电影巡回队

由于省教育厅设在吉山,省属的也是全省唯一的电影队也驻在吉山的三圣公庙旁。每逢星期天晚上,在学校操场上公开放映一场电影。虽然是无声片,也算得来不易。影片多是卡通片,故事片有《黄金时代》《八百壮士坚守

福建省电化教育处、电影巡回队旧址（三圣公庙）

四行仓库》等，有时也放映带字幕的纪录片。部分影片中还有省主席刘建绪上任时在省立实验小学吉山分校和省立永安中学给学生讲话的镜头。最难得的是，还可看到各地抗击日军的宝贵镜头。

福建省抗敌后援会

抗日战争爆发后，在全国人民强烈呼吁实行全民抗战、积极行动起来开展抗日救亡运动的形势推动下，国民党当局在各地成立"抗敌后援会"，以发

福建省抗敌后援会旧址（锡朋屋）

动群众共同抗战。1937年7月19日，福建省抗敌后援会成立，由国民党福建省党部特派员陈肇英任主任委员，并吸收福州各界人士参加。其组织机构庞大，设有募捐、慰劳、宣传、交通、侦察奸细、纠察消防等部门。此后，各地后援会也纷纷成立。省政府迁永安后，抗敌后援会设在吉山的锡朋屋。

福建省赈济会

1931年福建省赈务会成立，陈培锟为省赈务会主席，自省以下设有相应分支机构，赈济事业由省民政厅与赈济机关分管，事权不统一。1939年1月，福建省赈务会及各种救济机关被合并改组为省赈济会，聘请地方及海外侨胞中六十余位有名望且热心赈济事业的人士担任委员，省府主席陈仪兼主任委员。委员会议推选周一鹗、高登艇、陈培锟、徐学禹、许友超为常务委员，其中周一鹗代行会务。后由陈培锟代主任委员，并兼任永安救济联合办事处主任。抗战时期，福建灾荒救济措施主要有急赈（包括赈谷、赈款、施粥）、工赈、调粟、实物救济、农赈、医疗防疫等。

福建省防空协会

1937年，抗日战争全面爆发后，福建省迅速成立防空协会，领导和管理全省防空工作。该会下设总务、研究、训练、宣传四组，负责具体事务的执行。主要职责：一是促进防空建设。通过组织和协调各方面的资源，推动防空工事的建设。二是训练防空技能。组织民众进行防空训练，提高应对空袭的能力。三是普及防空知识。通过各种渠道宣传防空知识，增强民众的防空意识。四是研究防空学术。开展防空学术研究，提出改进城市防空建设的建议。

全省各县在抗战期间也相继成立支会，县长兼任会长，下设相应的职能部门。主要是执行省防空协会的指令，负责本县的防空工作。同时设立防护团，负责修筑与管理防空工事、组织防空训练及救护等事宜。配备望远镜、指北针、定向仪、报警钟等。

福建省会警察厅（永安警察局）

1938年5月，福建省会警察机关随省政府迁永安，撤离的警察人员按战时体制编为警察大队。同年7月，省政府在永安设立省会警察厅，9月改为永安警察局，驻吉山锡朋屋。另有水上警察大队驻上吉山魏厝。省政府在迁治永安期间，县以下警察机构数次裁撤合并。同年10月，省政府下令撤销县警佐室，在县政府增设第五科，掌管县属警察事务。1939年10月，将县城区警察所撤销改设县警察所，不久又将所改为县警察局。几经变动，警政始终没有统一。

1945年抗日战争胜利后，省会警察机关随省政府一同迁回福州。

福建省政府参事会

北洋政府于民国十年（1921年）颁布《省参事会条例》。该条例颁布后，一些省份遵照设置了省政府参事会，包括福建省。参事会有会长与参事员，参事员的职责是参政议政、建言献策、咨询国是等，有专任也有兼任。抗战时期，时任福建省政府主席刘建绪曾聘著名记者、国际问题专家羊枣到永安任省政府参事员。

福建省立儿童教育馆

该馆设在吉山的原关帝庙（现在的吉山村部），是抗战时期重要的教育机构之一，专注于救济和教育难童。主要活动有：难童救济，通过组织转运和安置，帮助大量无家可归的儿童逃离战区；教育活动，除了物质上的救助，注重儿童的教育，通过提供学习机会，培养他们的爱国情怀和社会责任感。

福建省民众教育馆

抗战时期，该馆设在吉山的原关帝庙（现在的吉山村部）。建立该馆的主要目的，是通过社会教育提升民众的文化素养和民族意识，动员民众参与抗战，以支持国家的独立和民族的解放。

该馆设有总务、教导、生计、艺术、健康等多个部门，各部门设有主任及干事，负责具体的教育和宣传活动。这些部门共同协作，致力于通过各种形式的社会教育活动，普及知识、传播抗战信息，并提高民众的生活质量。

抗战时期，福建省民众教育馆开展了丰富多彩的教育活动，包括抗战宣传、社会教育和职业教育等，极大地鼓舞了民众的抗战热情，激发民众的爱国情怀和民族意识，提高了民众的基本素养，对改良社会风气有一定作用，推动了大后方的教育事业与经济的发展。

福建省新生活运动促进会

抗战时期，福建省新生活运动促进会驻吉山材排厝。新生活运动是1934年至1949年间，由国民政府发起的一场社会风气革新运动。该运动以"礼义廉耻"和"生活军事化"等为口号，旨在从改造民众的日常生活入手，以整齐、清洁、简单、朴素等为标准，试图革除陋习并提高民众素质。

具体来说，新生活运动希望通过一系列的措施，使民众的生活更加合理化和现代化，同时强调中华民族固有的德行。然而，从思想层面来看，该运动也糅合了中国传统礼教等级思想、国家主义以及其他多种价值观元素，主要是为了维护国民党的统治。

福建省新生活运动促进会旧址（材排厝）

尽管新生活运动在改良生活和提升社会秩序方面有了一定的积极意义，但由于其复杂的思想基础和政治目的，最终未能达到预期效果，在抗战胜利后逐渐停止。总的来说，新生活运动是民国时期一次重要的社会改革尝试，但其影响力和实际效果因时代背景和具体执行而较为有限。

福建省临时参议会

在永安期间曾先后担任省民政厅主任秘书、省临时参议会议长郑祖荫秘书的潘守正先生遗存笔记记述，省政府迁到永安后，福建省临时参议会最初于1939年在永安吉山筹备设立。全

福建省临时参议会会址（永安市博物馆提供）

国台湾研究会会长、教授汪毅夫也在《福建省参议会的故事》一文中记述，福建省临时参议会会址设于福建抗战时省会永安之吉山。后会址设在城区（现永安市公安局对面），陈培锟副议长和驻会委员雷寿彭等仍住在吉山。

该会设有正副议长、驻会委员会、审查委员会和秘书处。正副议长由行政院从参议员中遴选，并提请国防最高会议决定。根据相关规定，省参议员的任期为1年，必要时由福建省政府呈准国民政府行政院延期1年。因战时的各种原因，福建省临时参议会7年中只改选一次，直到候补名额递补到无名额可补时，才不得不于1943年改选一次，正副议长不变。1943年11月，议长郑祖荫因病逝世后，议长悬缺未补，由副议长林希谦暂代议长。会刊《会务通讯》（后改名《民意》），主编黄哲真、赵家欣。到抗战胜利省政府回迁福州后，1946年3月省临时参议会在福州结束使命。福建省参议会于1946年4月在福州成立。

在此存续期间，省临时参议会先后举行过2届10次大会。

第一届从民国二十八年（1939年）5月至民国三十二年（1943年）6月，由35人组成，历时4年，先后开过6次大会，成立决议案270余件。省临参

会第一届第一次大会宣言提出,该会决议的指导方针是:"第一,求在动员民众上充实武力;第二,求在不抵触国权内保障民权;第三,求在不伤民力下集中国力;第四,求在不乱根本国策下强化非常时政令。"

第二届从民国三十二年(1943年)7月至民国三十五年(1946年)3月,由38人组成,在2年8个月中共开过4次大会,成立决议案138件。

两届省临参会基本能够了解民间的一些疾苦,提出一些维护民众利益的建议。如要求执行约法保障民权、禁止各县预算以外的派款、提高教职工和公务员待遇、革除兵役积弊、调剂各县粮食、提倡女子教育、减征壮丁等。

其中,涉台议案《拟请中央恢复台湾省制案》尤可注意。该案"理由:台湾为我国东南屏障,清初原属本省之一府,光绪十一年(1885年)因防列强觊觎改为行省,设三府一州十一县六厅,甲午战后割让于日,自是台湾同胞即沦为日人之牛马奴隶。抗战以还,中央曾一再表示收复台湾决心,惟至最近始经开罗会议承认战后归还我国,现距胜利之期不远,亟应从速恢复台湾省制,以正视听,并坚定台胞内向之心。办法:建议中央依东北四省例,在陪都或本省设立临时台湾省政府,以号召台胞并策划收复接管等准备","提案人:陈村牧、黄谦若、曹挺光、叶慕贤、张述、郭薰风、高迎魁、陈维"。

另,1944年12月,福建省临时参议会副议长林希谦关于协助中央收复台湾的讲话亦颇可注意。[1]

福建省交通驿运管理处

抗战时期,福建省成立了交通驿运管理处,设在吉山后仔坑的大夫第。该处分设竹筏队、航海民船队、内河民船队、驿车队等。其中竹筏队有232条竹筏,这些队伍参与了战时的驿运工作,利用竹筏抢运军用物资等并取得了一定成效。

福建省建设厅

该厅是省政府的重要职能部门。省政府迁永安后,驻永安上东坡(后林业汽车保修厂),部分办公点设在吉山锡璋大厝,其间有一任厅长朱玖莹住

---

[1] 以上内容据汪毅夫《福建省参议会的故事》及潘守正之孙潘亮(省政协第十届、十一届委员)所提供资料整理。

吉山宝应寺。该厅承担全省经济、交通、基础设施等领域的建设与管理工作，为支持长期抗战和维持地方稳定发挥了重要作用。在战时背景下，工作重心转向，职责调整。主要工作包括：

（1）交通运输建设。抢修闽浙、闽赣、闽粤等省际公路，确保与内陆省份的连通。修建临时桥梁，以应对日军破坏。著名的闽赣公路成为连接东南与西南的"抗战生命线"之一。利用闽江、九龙江等水系发展水运，弥补陆路不足。

（2）工矿业与战时经济。协助沿海工厂向闽西北的永安、南平等地迁移，建立战时工业基地，生产军需民用品。扩大闽西、闽北的煤矿和铁矿开采，支持兵工生产。发展手工业（如造纸、制糖）替代进口。

（3）农业与粮食安全。推广早稻、杂粮种植，应对粮食短缺，组织垦荒运动。修建小型灌溉设施，保障农业用水。

（4）市政与防空设施。省政府内迁永安后，参与永安、连城等地的市政改造，搭建简易办公和民居。在福州、南平等城市修建防空洞、疏散通道。

省建设厅的工作虽受限于战时条件，但有效维持了后方经济运转，支持了前线抗战，并为后来的建设积累了经验。其内迁工业布局永安、南平等地，为战后福建经济发展奠定了基础。

福建省农业改进处

该处成立于1938年，隶属于福建省政府建设厅，主要任务是推广农业技术、改良作物品种、发展林业和渔业，以支持战时粮食生产和经济稳定。1939年4月，福建省农业改进处由连城文亨迁永安，入驻吉山土堡。该处设有农业试验场（下设7处分场）、林业专员办事处（下设4个林区办事处），以及造林事务所、畜牧兽医事务所、农林研究所。此外，还下设有福建省立高级农业职业学校、整理荒山调查队、漳属农场事业总管理员办事处、农业制造厂、种羊场、鸭类改良场、6个棉业推广区、3个荒地利用区，以及吉山等地农民讲习会等。

福建省农业改进处办公旧址（吉山土堡）

福建省造林事务所

该所是福建省农业改进处的重要组成部分。主要职责是通过植树造林，改善当地的生态环境。同时，在抗战期间有许多抗日力量利用造林事务所作为掩护，进行秘密活动和物资的转移。其中包括中共地下党员林鸿图。他1941年春到永安，任省农业改进处造林事务所技士，从事党的活动，秘密组织闽西北抗日武工队，进行抗日反顽游击斗争。

福建省农业改进处第一苗圃

农业改进处下设多个分支机构，其中第一苗圃是重要的林木、作物育种基地之一。抗战时期，驻吉山文昌阁。主要工作包括：林木育苗，培育适合福建气候的树种（如杉木、马尾松、油茶等），用于战时经济林建设；经济作物推广，培育茶叶、果树（如柑橘、龙眼）、油料作物（如油桐）等，以增加农民收入；粮食作物试验，试种耐旱、抗病虫害的水稻、甘薯等品种，以应对战时粮食短缺；水土保持与荒地垦殖，因战争导致部分农田荒废，参与土壤改良和复耕工作。

福建省立永安高级农业职业学校

该校为福建省农业改进处下设单位。1938年，省立南平初级农业职业学校、省立福安茶叶职业学校并入福建省立高级农业职业学校，校址设于福州北岭。1938年秋该校搬迁永安，校址设在永安霞岭，后迁往连城文亨。1939年3月，省政府批准另择校址，决定迁回永安南门外茅坪村。征用农田400多亩，兴建校舍10多座，同年9月竣工，学校迁回永安。1942年1月，更名为省立永安高级农业职业学校。1943年1月，省政府决定将该校合并入省立农学院，改称为福建省立农学院附属高级农业职业学校，由省立农学院严家显院长兼任校长，并迁永安黄历办学。抗战胜利后，省立农学院于1945年10月搬迁福州，附属高级农业职业学校暂时在闽侯陈厝复课，同年11月改为福建省立福州高级农业职业学校。1946年1月，迁回福州北岭。同年8月由北岭迁南港陈恕乡（现闽侯南通陈厝）。1948年2月，获准迁回北岭，直至与福州私立协和职业学校合并。

福建省卫生处

抗战时期，福建省卫生处和省防疫大队，以及卫生处长陆涤寰驻吉山萃园书院。

根据潘守正编撰的《福建卫生建设经过》（1946年民政丛刊），民国初，福建省并无统一的省级卫生管理机构，只分别在省民政厅第三科内设防疫专员室民疗队，在教育厅内设健康教育委员会，在保安处第二科设医务所，在省会公安局内设卫生科等，彼此间并无统一领导归属关系，各自为谋，难有作为。1936年，省政府第83次委员会议通过统一卫生行政案，决定将分散的卫生机构统一于民政厅下设置卫生科，统筹全省卫生建设等事宜。1938年2月，又将卫生科改为全省卫生处，在省政府指挥监督下，办理全省卫生建设，成为福建省级卫生管理机构之肇始。

省卫生处下设：技正室、总务股、防疫股、医药股，以及直属机构省防疫大队、省卫生试验所（驻永安下渡）和附属医院等。其中，医药股下属有：省政府巡回医疗队，分设4个队、12个分队。每个分队配技士（医师）1名，技佐（护士）1—2名，助理员1—2名，夫役1名。所有医护人员均由省政府委托中央卫生署在京、沪、津及闽等地的正式医校或护士学校毕业生中招考，录用者施以3个月公共卫生训练；助理员则由省政府从初中毕业生中招考，录用者施以3个月训练。各队分工为：

第一队，队部驻建瓯县。第一分队负责建瓯县，第二分队建阳县，第三

福建省卫生处和省防疫大队旧址（萃园）

分队浦城县，第四分队政和县。

第二队，队部驻沙县。第一分队负责沙县，第二分队永安县，第三分队南平县、下道镇。

第三队，队部驻龙岩县。第一分队负责龙岩县，第二分队连城县，第三分队龙岩县。

第四队，队部驻莆田县。第一分队负责晋江县，第二分队莆田县。

同时，还另设有沿海岛屿巡回医疗队第一至第三队，其工作范围主要在本省沿海三大岛屿作巡回医疗工作。

福建省卫生防疫大队

该大队为省政府卫生处的直属机构。抗战期间，与省政府卫生处同驻吉山萃园书院。当时永安除了发生鼠疫，还先后出现天花、霍乱、回归热、伤寒、炭疽、乙型脑炎、疟疾等疫情。省卫生防疫大队进行了艰苦卓绝的防疫阻击战，开展了防治疟疾、回归热、斑疹伤寒等多项防疫工作。当时队驻地萃园书院后山的防空洞，就是当年防疫人员亲手所挖，用以储存药品、疫苗等，以防空袭。并且还派出人员到全省各地开展防疫工作，据《浦城县志》："民国31年（1942年），日军侵占浙江，鼠疫随衢州、龙泉两地难民传入浦城。是年，福建省防疫大队第一分队派人驻浦，从事鼠疫防治工作，但仍未能控制鼠疫病蔓延。"

福建省卫生试验所

该所为省政府卫生处的直属机构。1936年9月在福州成立，1938年5月随省政府迁到永安，落脚大溪天后宫，后来在永安下渡村修建办公室、实验室和职工宿舍。林梁城任所长，兼管生物制品室；吴皎如任细菌病理课课长；林元荃任化学药物课课长。另设福州、南平两个办事处，分别由吴皎如、陆品璋负责。到1943年前后，全所有近60人，高级技术人员有林梁城、吴皎如、林元荃、王玉清、黄竞卿、孙启炳、吴琼聪、陆品璋等，还有一批中级骨干，技术力量较强。

该所负责全省细菌病理检验、化学药物检验等业务，并制造生物制品。其中的细菌病理检验和化学药物检验任务，包括检验药品、食品、饮用水、毒品等样品，并提出检验结果报告。实验室具备基本的常规设备，还有包括兔、小白鼠、荷兰鼠、马、牛、绵羊等在内的实验动物房。生物制品室员工生产的牛痘苗和霍乱、伤寒疫苗以及康氏抗原诊断血清等，除了供应本省外，还销售给浙江、江西、广东等省的医疗卫生单位，为东南后方医疗卫生防疫工作作出了重要贡献。

1944年，隐蔽活动的共产党员孙道华由林梁城所长的大儿子介绍到卫生试验所，任助理员做统计工作。他工作之余勤交朋友，与大家一起学习进步书籍，如艾思奇的《大众哲学》、沈志远的《政治经济学》、郭沫若的《甲申三百年祭》，还有苏联小说《钢铁是怎样炼成的》《夏伯阳》《静静的顿河》《未开垦的处女地》《父与子》等，并组织小型讨论会，提高思想理论水平。该所进步青年会计室雇员陈耀民，因参加进步文化活动，在"永安大狱"中被捕，至1946年出狱，同年加入中国共产党。

福建省卫生处制药厂

该厂是福建省重要的战时医药生产机构。抗战期间，与省政府卫生处同驻吉山萃园书院。抗战爆发后，福建沿海地区药品进口受阻，国内医药供应紧张。为保障军民医疗需求，福建省卫生处设立制药厂，主要承担药品生产和供应任务，以应对战时医疗物资紧缺的问题。制药厂生产战时急需药品，如磺胺类消炎药、奎宁（抗疟疾药）、酒精、碘酒、绷带、纱布等。由于日军封锁，西药来源受限，制药厂尝试用本土原料生产替代药品。药品主要供应国军部队、地方医院及难民救护机构。该制药厂是福建战时医疗体系的重要组成部分，为维持军民健康、支援抗战作出贡献。抗战胜利后，部分设施并入战后医药工业体系。

福建省立医院

民国时期，福建曾有三所省立医院。

省立第一医院：1937年设立福建省立医学专科学校，将原省立医院隶属该校。该院1933年成立，1938年迁南平，改称省立南平医院，1943年改称省立第一医院。1946年迁往厦门，改称省立厦门医院。1949年中华人民共和国成立后，由厦门市接管，改称厦门市立医院，现为厦门市第一医院。

省立第二医院：1938年2月在福州筹备，同年9月在永安建立，称省立永安医院，为省卫生处附属医院。1943年3月改称省立第二医院。1945年迁回福州（留下人员组成省立第二医院驻永安分院，即现三明第二医院前身），改称省立福州医院。1949年9月改名为省立保健医院。1952年改名福建省立医院，直属省卫生厅领导，成为现在省内唯一的一家省立医院。

省立第三医院：1943年2月在龙岩成立，1947年迁泉州，改称为省立泉州医院。1949年改名为福建泉州医院，1952年改为晋江专区第一医院。

福建省会卫生事务所

该所前身为福州卫生事务所，于1936年10月设立，成立之初归福建省会公安局管辖。下设医务组：医政室、医药登记室；防疫统计组：捕鼠队、统计室；妇婴卫生组：儿童会、母亲班；环境卫生组：卫生稽查队、卫生工程室、制图室、商店登记室；卫生教育组：宣传品绘制室、公共卫生护士室；

总务组：庶务室、文书室、会计室；第一诊疗所；台江区分所；水上检疫所等。1937年1月改归省政府直接管辖，改名福建省会卫生事务所。1938年6月省政府迁往永安，设在吉山的陈仙君厝。

福建高等法院

为南京国民政府时期福建省的省级审判机构，设在省会所在地福州。1927年11月，根据南京国民政府决定，福建省控诉法院及其分庭改为福建高等法院及其分院，实行院长制，刘通任高等法院院长。福建高等法院负责审理关于内乱、外患和妨害国家外交的刑事第一审案件，以及不服地方法院（或县司法机关）民刑第一审裁判而上诉、抗告的第二审案件。1938年5月，因抗日战争移驻永安，另外在闽清县（后迁闽侯）设置临时分庭。

福建战时省会内迁永安后，福建高等法院设在吉山的图南山馆、材排厝和上新厝，迁来时院长是童杭时，不久由宋孟年接任，直到抗战胜利。材排厝、上新厝两栋房屋的大厅分别为第一法庭和第二法庭。

福建高等法院的内部机构，除配设的检察署独立行使检察权外，初期只设民事庭、刑事庭和书记室（下辖文牍科、总务科、会计科、监狱科、民事记录科、刑事记录科）。其中第一法庭，即民事庭，庭长陆雪塘，推事罗从权、魏润民；第二法庭即刑事庭，庭长林狱，推事余高坚、许结佑。1940年7月，为适应次年司法经费改归中央统管的需要，会计科扩大为会计室；9月又新设统计室，人员均由上级主计机关派充。1943年5月，奉令确立人事制度，增设人事室。1946年1月、8月，鉴于刑民案件增多，又新设刑事二庭、民事二庭，相应在书记室内设置刑二庭记录科和民二庭记录科。各分院的内部机构大体上与高等法院相同，只民庭、刑庭未设第二庭；大的分院设会计室，小的分院仅置会计专职人员；人事、统计未专设机构，由专职人员或书记室人员兼管。

高等法院和地方法院的刑事庭均指定一名专人负责办理特种刑事案件，即所谓政治案件，主要是针对共产党。各县设有特种会报办公室，搜集中共地下党的活动情报，作为特种刑事处理。此后即为此设立了特刑庭，又颁布了特刑法。

福建高等法院检察署

法院是执行法律的机关，检察署是检举和公诉的机关。检察官作为公诉人出现于法庭。抗战时期，福建高等法院检察署设在吉山的团和厝。当时高等法院首席检察官林炳勋是林则徐的曾孙，另有数名检察官，下设有主任书记官、书记官和录士。这个机关人员不多，因所负的责任重大，所以是一个单独的机构。但是集会、作纪念周等活动时则是与法院合并举行。

设司法处的县，由县长兼检察职务（兼职不兼薪），以作为公诉人向司法处提起公诉。

最高法院闽浙赣分庭

最高法院设在重庆。有鉴于战事发展可能造成的隔绝状态，国民政府于1938年冬即在吉山淇园书院设最高法院闽浙赣分庭，由法界老资格的翁敬棠任分庭长，下设推事、书记官、录事各数名，负责福建、浙江、江西三个省的第三审工作。

福建第一监狱署

设在吉山村尾的土堡内。福建省政府迁到永安后，对土堡进行了修葺，并安上铁栅改为监狱。在此关押的一般都是需要上送的所谓"重犯"，羊枣也曾经被关押于此。犯人身穿特制囚衣，半边灰色，半边蓝色，头部蓄一束发，以别于群众。较重罪犯手加铐扣，系脚镣，更有甚者颈部戴木枷，即使犯人睡觉时，颈部木枷与脚锁也不准卸下，一天到晚只能坐卧。凡进此监者，十有八九无生还，故人称此狱为"鬼门关"。监狱后山黄土累累，其中埋着不少革命先烈的忠骨。

当时，吉山当地的刘知助、刘家训、刘维治三人曾被该监狱招收为临时看守。据他们口述，该监狱关押的人员有400人左右，囚服前面统一印有编号，如果被国民党当局认定为异党分子的，还会在其囚服后背印上"异党分子"字样。

监狱署负责人称典狱长，在吉山的福建第一监狱署典狱长更换频繁，先后换了好几任。监狱署平时都有部队看守。

抗日战争胜利后，1945年9月省会迁回福州，上述这些司法机关也相继迁回福州。吉山作为战时福建司法工作中心的地位，也就此成为历史。

福建省立（国立）音乐专科学校

前身是福建省音乐师资训练班。第一期创办人兼班主任为音乐家蔡继琨，1937年12月正式开班上课。1939年10月，福建省政府主席陈仪批准继续举办第二期音乐师资训练班，仍委任蔡继琨先生为班主任，并随省政府迁至永安筹办。1940年1月，音乐师资训练班奉令接收永安上吉山原福建省保安处新建房屋作为班址。1940年2月，第二期音乐师资训练班正式开学。

1940年2月16日，福建省政府拨款筹办音乐专科学校，并委派蔡继琨负责筹备工作，同时呈报教育部审批。省政府军乐队也划归音专管理。音乐师资训练班由福建省立音专统一领导，同用一套师资，参与同一业务活动，只是学制上有所不同：师资训练班负责训练社会上在职的师资人才，系短期培训性质，中学师资训练班时间为一年，其他各班为六个月；而音专的学制是五年和三年，以培养专业人才为目的。至此师资训练班已成为福建省立音专的一个组成部分，第二期结业后，还举办了第三期，直至1943年第三期结业。由于学制问题，才将此工作转入音专师范科，正式结束了师资训练班的使命。

1940年3月8日，国民政府教育部高等教育司复电批准设立福建省立音乐专科学校。4月1日，福建省政府正式委任蔡继琨为校长，翌日即行就职并补行开学典礼。

学校校歌由陈仪作词，蔡继琨作曲，1938年创作于永安吉山。歌词如下：美哉音乐正人心兮，厚风俗和谐同胞兮，复兴民族发扬国光兮，威震绝域，泱泱乎大风也哉，表东海者唯吾国。泱泱乎大风也哉，表东海者唯吾国。

体制分本科、师范专修科和选科三种，其中本科分声乐、理论作曲、键盘乐器、弦乐器、管乐器、国乐器六种。为提高生源质量，学校到福州、晋江、龙溪招生，还分别到江西、浙江、广东、广西、贵州等国统区招生。为提高师资水平，蔡继琨亲自到上海物色人才，选聘马古士（钢琴和音乐理论）、尼哥罗夫（小提琴）、奥斯卡·曼哲克（大提琴）、克拉拉·曼哲克（钢琴）等外籍音乐家到校任教，还购买一批乐器和图书，改善教学设备。

1942年6月，上海音乐专科学校被敌伪接收。蔡继琨抓紧时机，呈请国民政府教育部将福建省立音乐专科学校改制为国立福建音乐专科学校。1942

当年的福建音专男生宿舍（永安博物馆提供）

年8月12日，教育部复电，准予国立福建音乐专科学校正式成立。蔡继琨赴重庆任职后，由时任福建省教育厅主任秘书的郑永祥代理校长。11月11日卢前继任校长，并确定这一天为国立福建音乐专科学校校庆日。自此，国立福建音专与重庆国立音专、上海音专共同成为当时全国仅有的三所高等音乐学府，吉山这个偏僻的小山村成为了培养音乐人才的摇篮。

由于战时形势万变，学校校长变动频频：1943年7月萧而化继任校长，1944年12月梁龙光继任校长，1945年1月张兆焕继任校长，1945年8月唐学泳继任校长到1950年。抗战胜利后，学校于1946年2月下旬起迁至福州。

中华人民共和国成立后，1950年8月，文化部决定将国立福建音专并入中央音乐学院华东分院（后改为上海音乐学院），至此，国立福建音专完成其历史使命。

音专的"永安精神"。福建音专在永安办学期间，尽管校长几度更换，全体师生始终坚持"艰苦朴素、勤奋好学、尊师爱生、团结奋进"的"永安精神"，努力克服环境条件、物质条件、师资条件的困难。教师认真教学，悉心指导；学生艰苦奋斗，勤学苦练。学校重视艺术实践和社会服务，琴声不断，歌声不停，培养出一大批杰出的音乐人才，创作了许多优秀的音乐作品。师生积极参加永安的各项抗战文化活动，数度奔赴闽省各地巡回演出，开展生动活泼的抗战宣传，受到群众的普遍赞扬。

音专的"练存""中兴"。1942年11月，卢前校长将自己住处兼校长室的小木屋命名为"练存轩"，以艰苦训练作为生存发展的根本。又把其住宅后边松树下的小茅亭谓之"中兴鼓吹亭"，请曾任永安县长的诗人叶长青题写，

福建音专旧址新貌

外教尼哥罗夫教授配合,创作《中兴鼓吹乐》曲。将"练存""中兴"的字句化作行动,"播诸管弦,一时传为盛事"。他再趁热打铁,创作《练存轩铭》以推波助澜。

卢前校长在《上吉山典乐记》中还有专门记述"练存轩"的章节:

三十日,大雾,我照例六时起来,在办公厅除了教官,一个人也没到,我自己主持升旗。纪念周上,我特别为同人打气,因为师生皆有些精神不振。我亲自写了校牌,同时为我这住房,起了名字叫作"练存轩",取蔡伯喈琴歌中语,并作铭题榜。第二天,学生自治会成立,午饭后举行运动会。学生要我作一首《接新年》的歌词,由注册主任刘天浪君作谱,用中国锣鼓丝竹伴奏。我因曼爵克(按,即曼哲克)教授的待遇较尼哥罗(按,即尼哥罗夫,也有写作尼可罗夫、尼哥若夫等)的低,我特提高他,尼氏也来要求,没有答应他。

143

卢前还撰写有《中兴鼓吹亭记》，发表于《中央日报》1946年5月23日。

前居闽主乐教之明年，为中华民国三十二年（1943年），元日，诸生聚永安城中，歌前所为辞，盖自军兴以来，咏战役，作士气，发皇我国风者，有"中兴鼓吹"之作。西南诸省流布至十数万册，闽士悦之，将复椠其书未就，而歌声得先接于众耳。保加利亚人尼可罗夫教授复取辞意适中兴鼓吹乐，播诸管弦，一时以为盛事。于是诗人叶长青为榜上吉山宅旁小亭，亭旧无名，乃名曰中兴鼓吹亭，以志元日之会。顾前无似，与诸生日处山中，弦歌往复，徒以区区文辞报国家，无补时艰万一，可愧也。

音专师生联合音乐会。学校在吉山不定期举办音乐会。1940年7月，福建省立音乐专科学校在永安中山纪念堂举办师生汇报演出音乐会，节目有国乐合奏《雨打芭蕉》、四部合唱《旗正飘飘》、军乐队合奏《斗牛士之歌》等。之后，学校每学期都举办汇报演出音乐会。

1941年1月，师生汇报演出音乐会在永安中山纪念堂举办，蔡继琨创作并指挥清唱剧《悲壮的别离》，叶葆懿领唱，管弦乐队伴奏。

1942年11月，为欢迎卢前校长，举办了永安中山纪念堂音乐会。演出节目有曼哲克大提琴演奏圣桑《协奏曲》、徐志德小提琴独奏曲勃拉姆斯《大调圆舞曲》、赵方幸女声独唱舒伯特《听！听！那云雀》、蔡丽娟女声独唱陈田鹤《制寒衣》等。

1943年1月，"冀野乐章音乐会"在永安中山纪念堂举办，音专师生演唱黄自曲《本事》、王政声曲《八一三感怀》、陈田鹤曲《兵农对》、江定先曲《碧血》等抗战歌曲。

1944年4月5日、6日两天，音专师生在永安中山纪念堂举行音乐会。此次音

音乐会宣传单（永安博物馆提供）

乐会收入除开支外，悉数捐赠贫病作家王鲁彦、张天翼、蔡楚生及已故作家万湜思之家属。

1944年5月，响应冯玉祥将军为抗战义捐之号召，音专师生在永安中山纪念堂举办"白沙献金"音乐会。

1944年8月，举办纪念"八一三事变"音乐会。

1944年中秋，音专在永安中山纪念堂与省立永安中学、省立永安师范学校等联合举办"月光音乐会"，演唱《义勇军进行曲》等抗战歌曲。

1944年12月，在永安体育场，由省政府主办，国立福建音专、省立永安中学、省立永安师范等学校与战时省会各机关联合举行"万人大合唱"，演唱《知识青年从军歌》《义勇军进行曲》等歌曲，号召知识青年投笔从戎。

1945年9月，为欢庆抗战胜利，在永安中山纪念堂举办庆祝音乐会。

音专师生抗战巡演。音专师生除了经常在永安举行音乐会宣传抗战外，还到许多县市巡回演出，受到群众的热烈欢迎。

1941年1月26日，蔡继琨校长带领音专师生一行60余人，组成"福建省立音乐专科学校第一次巡回演奏团"，从永安出发，前往福州、涵江、莆田、惠安、晋江、南安、德化、永春、大田等地宣传抗战，历时1个月。白天行路，晚上演出，共演出27场。演出节目除《悲壮的别离》《佛门动员》等抗战歌曲外，还有钢琴家马古士教授创作并演奏的钢琴独奏曲《新中国在成长》和尼哥罗夫教授创作演奏的《永安之夜》等。

1942年1月，音专师生50多人到泉州、莆田、福州演出，曲目有器乐合奏《军队进行曲》、大合唱《佛门动员》、维瓦尔第《小提琴协奏曲》等。1942年寒假，李嘉禄、薛奇逢教授组织学生到大田、永春、漳州、长汀演出。

1943年2月，卢前校长、陈天浪老师带领师生到沙县、福州、南平巡演。表演曲目有合唱《庆祝平等新约歌》《胜利进行曲》等20余首。同月，汪精辉老师带领师生旅行演奏团第二队到闽南各地演出。表演曲目有吴逸亭二胡独奏《光明行》、何雪瑜女声独唱《丈夫当兵去》等。4月，吴逸亭同学到南平举办二胡独奏音乐会，表演曲目有刘天华的《空山鸟语》《良宵》《光明行》等。1943年夏，王沛纶、陆华柏等师生到南平演出二胡、钢琴二重奏，开创了洋为中用的民乐改革演奏，引起极大震动。

1944年2月，尼哥罗夫、黄飞立、李嘉禄等教授和杨碧海同学到漳州举办音乐会。6月,李嘉禄、王沛纶、薛奇逢三教授到江西举办音乐会,门票收入捐献抗日。7月,李嘉禄、薛奇逢、李瑛在南平举行音乐会,门票收入捐献给教会慈善机构。1944年寒假,尼哥罗夫、李嘉禄、薛奇逢三教授在长汀举办音乐会。

1945年2月,李嘉禄、薛奇逢带队组织"闽南巡回演奏团",到大田、德化、永春、海澄、泉州、漳州、龙岩等地巡演。8月,陆华柏带领20位学生,前往福州向闽海将士慰问演出。

音专知识青年从军。1944年10月4日,政府号召知识青年从军报国,并提出:"一寸山河一寸血,十万青年十万军"的口号。音专学校训导处公布,鼓励全校师生响应。学生踊跃报名,吴钟金、宋增棻、王定安、沈炳光、蔡国钦、欧阳如萍、陈惠群、王良华、戴纬文、邓汉锦、蒋青峰、黄青柏、吴恩清、傅兆璋、吕秀珍等15名学员经体检合格,从军抗战。部队派卡车到校迎接,学校组织师生欢送,情绪热烈。入军营后的音专学生,分别编入国军"208"和"209"师,为抗日战争作出了应有的贡献。抗战胜利后,奉令于1946年6月23日复员退伍,返校复学或就业。

福建省立永安中学

福建省会迁到永安后,省教育厅及厅长郑贞文入驻吉山,于1938年9月创办了省立永安中学,校址在吉山的东方月。永安中学首任校长是教育厅督学、美国普林斯顿大学文学硕士、美国西南大学荣誉博士林天兰教授,骨干教师有高时良、林浩藩、黄马总等,共产党干部何柏华也曾隐蔽该校任教,并引导学生从事进步活动。该校校歌由林天兰作词,邓锦屏作曲,1938年创作于永安吉山。歌词为:晶莹的溪滩,青翠的岗峦,拱抱着我们的母校,筑成了健全的人生观。优美的环境,学问的开端,我爱母校,我爱永安!我爱母校,我爱永安!殷勤的听讲,真挚的联欢,充满着无穷的乐趣,不断地向科学去研钻。敦品强躯干,养志济险艰,高举火炬,照耀河山!高举火炬,照耀河山!

该校先办初中,后办高中,初办时学校只有初中部,仅有学生119人。1941年改为6年制的完全中学,学生人数增至300余人,定名"省立永安中学"(简称"永中")。1944年7月,该校第一届高中毕业生毕业。至1945年

省立永安中学旧址（东方月）

抗战胜利时，从省立永安中学毕业的学生有697人。省立永安中学师生具有满腔的爱国热忱，弘扬笠剑学风，发起"白沙献金"活动，组建剧社和歌咏团，深入城乡巡回演出，在吉山不定期进行话剧演出和举办合唱会，积极宣传抗日救国，在永安轰轰烈烈的抗战文化活动中留下了不可磨灭的历史印记。

1939年2月，林天兰调往浙江大学龙泉分校，由廖祖刚继任校长。廖祖刚1943年2月离开省立永安中学，到福州三山中学、福建学院附中任教，由徐叙贤、黄慕周先后接任校长。抗战胜利后，学校于1945年11月迁址永安东坡（现永安一中校址），接收省驿运站、国际联欢社和美新处房产为校舍。在校学生有239人，10个班，教职员工31人。

1942年，在黄曾樾、赖德炜、邓振辉等人倡导下，县立永安初级中学成立。留法文学博士黄曾樾任校长，校址设在西门城边，之后迁至东坡。1945年增设简易师范两个班。1949年后该校初中部归并于省立永安中学，师范班合并于省立永安师范学校。

军事化教育。抗战时期,省立永安中学以严治校,实行准军事化管理。校长经常利用"纪念周"例会,给师生作时事报告,分析国内外形势,树立反法西斯战争必胜的信心。科任教师也适应战时教育,将抗日宣传结合到课堂教学中。初中部开设童子军课,每周4节,授以纪律、礼节、棍操、结绳、旗语、侦查、救护、炊事、露营等有关备战常识;高中部设军训课,每周6节,授以《步兵操典》中的"仪容仪表""操法示范""军事训练""内务规则""武器使用""组织指挥"等军事知识与技能。要求学生学风正派,着装划一,训练有素,动作整齐;实现校风严谨,纪律严明,管理统一,生活有序。

永中歌咏团。1941年,音乐教师陈万祯先生到省立永安中学任教。除日常教学外,他热衷于学生的课外歌唱活动,从高中、初中学生中挑选了胡永祚、张仁祥等20多个音乐基础好的"精英",组建了永中歌咏团。歌咏团主要是排练合唱,平时每周训练一次,练唱的歌曲有《睡狮》《八百壮士》《太行山上》《长城谣》《思乡曲》《故乡》等当年广为传唱的抗战歌曲。歌咏团每学期举行一次音乐会,向全校汇报练唱的成绩。

歌咏团参加了永安两场大型音乐会,一是1944年中秋节的"月光音乐会",二是同年"一二·九"纪念日的"万人大合唱"。其中,在月光音乐会上,永安中学的女高音黄淑琼同学独唱《淡淡江南月》,美妙昂扬,博得阵阵掌声。

永中剧社。1940年春,为了配合抗日救国的宣传工作,省立永安中学成立了永中剧社。永中第二任校长廖祖刚兼任社长,方丽清、郭占随等教师(后为何佑先老师)主事,挑选了魏良炎等十来个学生组成剧社。后来又聘请了许栖萍担任化妆和舞台设计,陈新民、林鸿坦、陈启肃为指导。剧社先后排练了《阎海文》《破除迷信》《有力出力》《放下你的鞭子》《人约黄昏后》《群魔》《红心草》《生命之花》等独幕剧和多幕剧,在下吉山本校礼堂、上吉山音专礼堂、城关陶园大戏院、茅坪省银行礼堂等地演出。1940年秋,永中剧社应省盐务局的邀请,远赴贡川演出。剧团演出剧目大多是关于爱国青年与日本鬼子、汉奸特务进行殊死斗争的故事,演员虽然年龄较小,舞台经验不足,但演出认真,感情真挚,很受群众欢迎,取得了很好的抗战教育效果。

永中童子军。1938年永安中学成立时即建立童子军组织，番号为"中国童子军3732团"。童子军穿着统一的制服，男女生上装一律为黄布的两袋翻领长袖衫，下装男生为黄色短裤（冬天穿黄色马裤），女生为黑色长裙。男女生都配有灰呢大檐帽（后改布船帽），穿黑袜黑皮鞋。佩戴物及随身物有领带、肩章、哨子、棉绳、飘带、六开多用小刀、打旗语用的旗等，以及一根约1.5米长的木棍。

初中设"童子军"课，每周4节，为必修课，学习和实行《内务条例》《童子军操典》《童子军礼节要领》等，贯彻"整齐、清洁、严肃、活泼"的理念。童子军课外，还授以结绳技巧、旗语信号、侦查要领和救护常识等。在训练时特别强调纪律和礼节。每一单元结束，要进行操场训练和野外露营等活动，有时结合体育运动进行。主要活动还有战地救护演习、联谊露营活动、夜间集合识星象、旗语选拔赛等。

福建省立永安实验小学吉山分校

1938年秋，省立福州实验小学迁到永安，改名省立永安实验小学。原来的燕江小学疏散去贡川，把校舍给了实验小学。这年，省教育厅迁至吉山，设立省立实验小学吉山分校，直属省教育厅管辖。该分校由教育厅厅长郑贞文创办，校长由教育厅科员陈豪担任，后任校长有梁世杰、林治渭、林樊芬、陈仁弼、陈杰等。学校有教师15名，学生300多人。该校重视教育教学质量，学生成绩优良，附近各乡村农民纷纷把自己的子女送到此校就读。1945年迁返福州。

1941年，省教育厅提出"每乡镇设一中心学校，每三保设一国民学校"的发展目标，永安县在当年就已超额实现了这个目标，吉山亦设有乡中心学校。

福建省中等学校师资养成所

抗战时期，福建省中等学校师资状况堪忧，教师数量严重不足，质量也多不合格。有鉴于此，省政府于1940年夏在上吉山设置了省立中等学校师资养成所（简称"养成所"），学制2年，以应急需。聘请教育厅秘书、留法历史学博士沈炼之担任所长，设国文、史地、数理、化学4科。国文由文学家施蛰存主持，管雄教授主讲"文字学"课；数理科由方德植主持；化学科由省科学馆馆长主持。不久，养成所迁至离上吉山不远的霞岭村，用竹木茅草建成教室和宿舍，在十分艰苦的条件下进行教学，培养师资。养成所招生面向全省高中毕业生，统一试卷，分区考试，修业2年。第1期招生22人，第2期招生约40人，全所师生员工80余人。

1941年4月，省教育厅着手筹办省立师范专科学校（是现今福建师范大学的前身之一）。6月1日获教育部电准，任命美国哥伦比亚大学师范学院博士唐守谦教授为校长，原福建省中等学校师资养成所的所有设备和部分教师、员工及未毕业学生均转入福建省立师范专科学校。学校于8月1日正式开学，校址仍设在霞岭村。该校是当时全国唯一的培养中等教育师资的"新兴机构"，其任务除培养师资外，还包括辅导中等学校教学，并开展教育问题的研究。学校开设文史地、教育、数理化、艺术和童子军5科，学制3年。学生一律享受公费待遇，免交学费、宿费、体育费和普通医药费，膳费由政府津贴，每月30余元，入学时每人还发一套制服。毕业生由政府统一分配到中等学校工作。

霞岭村范围较狭小，学校无发展余地。为了扩大办学规模，省政府决定将省立师范专科学校搬迁到南平。1942年5月，省立师范专科学校在永安办学刚满一年之际，迁往南平水南后谷村继续办学。该校校长继唐守谦后，有李黎洲、林希谦、彭传珍、林天兰等人。抗战胜利后，省立师范专科学校于1946年1月由南平迁到福州乌石山。

辑四 名人志士

历史是人创造的。作为一种文化形态，人文景观表现着各种人类文化的内容，体现不同时代、不同时期的社会精神，成为地域特色的保留和显现。

一、先贤名仕

吉山自古重教兴学，人才荟萃，积淀下浓厚的人文历史文化。在科举时代，人们读书的目的在于获取功名，从秀才而举人而进士，步步争取，希望能够一登龙门，步入宦途，扶摇直上，达到光宗耀祖之目的。

古时的科举制度，在隋唐确立，宋朝成形，明清两朝成为最完备和鼎盛时期。科举教育体系中，国子监是元、明、清三朝代的最高学府，主要教育对象是高级官员的子弟及各地优秀士子。明清时期在国子监学习的学子被称为监生、太学生、国学生、国子生。不同朝代监生分类不同，明朝分为举监、贡监、荫监、例监，清朝分为恩监、荫监、优监、例监。贡生是各省定期给朝廷选送的高水平人才，到京城后集中在国子监学习，也被称为"贡监"，分为岁贡、恩贡、拔贡、优贡、副贡和例贡六种。

明清科举考试科名大致可分为五个层级，从低到高分别是：童生、秀才、举人、贡士、进士。

县试由本县知县主持，府试由本府知府主持。通过这两级考试后，考生获得童生身份，有了参加后续科举考试的资格。

通过院试后，考生被称为秀才或生员。院试由各省学政主持。在县试、府试、院试中均获得第一名，称为"小三元"。古代学校称"庠"，故学生也叫"庠生"。明清时期叫州县学为"邑庠"，所以秀才也叫"邑庠生"。

每三年一次在省城（包括京城）举行一次乡试。一般在秋季八月进行，故又被称为"秋闱"。主持乡试的主考官，由皇帝钦派。只有秀才拥有参加乡试资格，通过乡试的考生称为举人。考取第一名的叫"解元"。

朝廷每三年在京城举行一次会试。一般在二月（清乾隆以后改在三月）举行，又称"春闱"。会试的主考官是殿阁大学士，或六部尚书，至少是正三品的副都御史。有资格参加会试的考生，除了各省举人外，还有落第举人。通过会试的考生称为贡士。考取第一名的叫"会元"。

殿试由皇帝亲自主持。难度不大，只考策问（相当写一篇政论文），通过率几乎为百分之百，所有贡士最后都会成为进士，名次由皇帝钦定御批。共分为三甲：一甲系前三名，由皇帝亲自选定，赐予"进士及第"称号，第一名称状元，第二名为榜眼，第三名则是探花；二甲若干人赐予"进士出身"；三甲若干人赐予"同进士出身"。其中二、三甲的第一名都叫作传胪。

在吉山的先贤名仕中涉及的"进士"称谓还有：

岁进士。科举时代的一种荣誉称号。是对"岁贡（生）"的一种雅化称号，指由地方选拔推荐至国子监学习的优秀秀才，并非真正的进士。

恩进士。明清时期，凡遇皇帝登基或其他庆典，颁布"恩诏之年"除岁贡外，加选一次，称为恩贡，民间亦称恩进士。

雍进士。国子监生的民间雅称，主要出现在墓志、碑刻、族谱及建筑匾额等非官方文献中。该称谓使用者多为地方绅士阶层，通常担任重要的社会和文化角色，对地方事务有着重要的影响。

经统计，吉山在清代出过1位进士刘元晖，1位恩进士刘有敬，2位岁进士（举人）刘人竹、刘锡智，3位雍进士（太学生）：刘元庆、刘朝发、刘振鳞。

4位文举人：陈枢、刘高贞（青）、刘如麟、刘人竹（岁进士）。

5位武举人：赖占鳌、刘国琳、刘廷魁、刘山、刘朝榜，其中后3人为"三代登科"。

此外，吉山还曾有过13位士大夫：直隶大夫刘大和，奉政大夫刘选有，一门四代七大夫（奉直大夫刘大谟、刘廷聘、刘瑜、刘朝鳝，武义大夫刘廷魁、刘山、刘岑），"大夫第"一门三代四大夫（奉政大夫刘廷礼、刘怀珍、刘怀璋、刘人兆）。

本书所列人士生平，主要根据道光《永安县志》、《永安姓氏志》、《吉山刘氏族谱》和吉山的《松阳赖氏家谱》及相关史料记载的内容筛选整理而成。

吉山古厝中的科甲捷报

刘奇才

字士超。邑庠生（秀才），永安二十九都大兴文风从他开始。性格正直，乡里有什么难以决断的事情都会请教他，他几句话就能解决问题。如果有人想做不法之事，也会因为害怕刘奇才知晓而不敢妄为。生活简朴，饮食不求美味，衣着不求华丽，但在招待客人和祭祀时却非常慷慨，毫不吝啬。丁丑年（1637年）发生饥荒时，米价飞涨，许多人嗷嗷待哺，他把自己所有的余粮都拿出来分给大家，毫不吝惜。他在村子东边建有一座书馆，名叫"近光堂"，请老师教导未成年的子弟；在村子西边建有另一座书馆，名叫"萃园"，用来教导成年的子弟。他还在吉山村创建了"四贤书院"，甬东的范光阳先生为书院的阁楼题名为"回澜"。乡里有什么需要修建的，比如祠堂、庙宇、桥梁、渡口等，大多是由刘奇才带头倡议。

刘奇忠

刘奇才之弟。字敬臣。性朴直，重文学。好善乐施。终年92岁。孙子刘高青，康熙戊子（1708年）举人。例赠文林郎。清朝初年开辟北陵（即旧志北山），建有"清闻堂"和"云栖山房"两座书院。

刘奇讦

刘奇忠之弟。《永安县志》记载，其与刘奇才共同置田重立二十七都"流坑渡"。

刘元晖

刘奇才曾孙。号融斋。雍正年间进士，也是永安清朝时期的第一位进士。幼年时在萃园读书。雍正甲辰年（1724年），皇帝下诏以《春秋》作为补正科乡试和会试的内容，刘元晖连续考中，被任命为河北深泽县知县。在任期间政绩平和，诉讼处理得当。由于喜欢安静而退隐，辞去官职回到家乡，悠闲地生活在山林泉水之间，以写诗自娱，许多名胜都有他的题咏，其中《山居》十首尤其脍炙人口。

刘元晖（永安市博物馆提供）

刘人竹

岁进士,亦为举人。《永安姓氏志》有记载,宁洋县训导,宣统元年己酉(1909年)特科,钦取孝廉方正(举人)。《吉山刘氏族谱》记载,奉政大夫刘怀璋之长子。字修楼,号小石。咸丰六年(1856年)生。光绪三十三年(1907年)敕授承德郎。

刘锡智

岁进士。《吉山刘氏族谱》记载,字愚受,康熙三年(1664年)生,刘奇讦三子,雍正甲辰科(1724年)岁贡生。

刘有敬

恩进士。《吉山刘氏族谱》记载,字涵礼,号筠齐,雍正十三年(1735年)生,乾隆庚子科(1780年)恩贡生。《永安姓氏志》记载,钦取镶黄旗官学教习,御赐文笔彩缎。署福州府学教授、政和教谕,授古田教谕,调同安教谕。

刘元庆

雍进士。《吉山刘氏族谱》记载,字余吉,乳名正棋。雍正八年(1730年)生,太学生,皇恩晋厥荣衔六品。

刘振鳞

雍进士。《吉山刘氏族谱》记载,字登禹,乳名祖德。乾隆十八年(1753年)生,太学生。在吉山"抚头"山上,有清道光甲申年(1824年)所立墓碑。

刘朝发

《吉山刘氏族谱》

刘振鳞墓碑　定和宅里现存的刘朝发牌位

记载，字应光。乾隆二十八年（1763年）生，太学生，雍进士，例赠正五品武德佐骑尉。

陈枢

字西侯，号缄斋。康熙三十八年（1699年）举人。任山东昌乐县知县，也是癸卯年（1723年）山东乡试的同考官。他以廉洁自律著称。在北陵建造了"万钱斋"读书，擅长文学和诗歌，具有唐宋时期文人的风格。曾督饷至塞外，著有《紫寨吟》。其题青冢诗云："遥望明妃冢，千秋恨不平。芳魂迷紫塞，艳骨傍空城。青草能无怨，琵琶似有声。不闻图画在，今日尚含情。"不久后，其任职地遭遇蝗灾，因爱民情迫，他未经请示就开仓赈灾，因此被贬，后来又恢复原职。离职时，他没有什么财产，只有诗文遗稿。他留下的《家训》，后代仍然严格遵守。

刘高贞

康熙年间举人。刘奇忠之孙。康熙四十七年（1708年）戊子科。由内阁中书任河南巩县知县。《吉山刘氏族谱》记载，刘高贞原名刘高青，其他的内容与《永安县志》的内容一致。因此，志载的"刘高青"与族谱记载的"刘高贞"实为同一人。

赖占鳌

乾隆年间武举人，乾隆三十六年（1771年）辛卯科。

刘国琳

乾隆年间武举人，乾隆四十四年（1779年）己亥恩科，曾任游击参将兼黄旗教习，晋封武翼都尉（从三品）。嘉庆元年（1796年）奉旨征川，以军功授平罗守备，转赤金都司，启升陕甘督标、右营参将。

刘廷魁

《永安姓氏志》有记载，清道光元年（1821年）武举人，拣选千总。《吉山刘氏族谱》记载，奉直大夫刘大谟之三子。诰封武翼大夫（从三品），晋奉武义大夫（正三品）。

刘山

刘廷魁长子。《永安姓氏志》记载，清同治元年（1862年）武举人，授资标嘉义县守备、建宁左营守备中营游击。诰封武翼大夫（从三品），晋封武义大夫（正三品）。

刘朝榜

刘岑（刘廷魁四子）之长子。《永安市志》记载，号金门，乳名日榕，清光绪二年（1876年）出生在永安城内商人家。清光绪二十年（1894年）甲午科考中武举人，曾任将乐县和永安县千总。辛亥革命后，他从事商业，开恒利京果店，并出任永安县商会会长。民国七年（1918年）粤军孙本戎部攻下永安后，刘朝榜、刘少苔兄弟二人被该部勒索银圆6万元。民国十六年（1927年）永安县为军阀卢兴邦所统治，县长徐赞初，是卢兴邦欺压人民的得力帮凶，不但乱派捐款，敲诈勒索，还开赌场，设鸦片馆，弄得民不聊生。刘朝榜即联络地方士绅联名上书到省，控告徐赞初的贪污罪行。卢兴邦闻讯，即将这些控告人逮捕，并将为首的刘朝榜及其弟刘朝梁解往卢兴邦老家尤溪县监狱关押，要刘家出3千元作赎金。刘家无奈，只得倾家荡产，凑足赎金，结果卢兴邦只把刘朝梁放回。刘朝榜继续关押，受尽折磨，于民国十七年（1928年）死在尤溪狱中。

刘如麟

同治八年（1869年）生。《吉山刘氏族谱》记载，字瑞符，号玉孙。岁贡生，光绪丁未年（1907年）就职训导，任建宁府崇安县教谕。宣统己酉（1909年）特科，钦取孝廉方正（举人），朝考二等，诏以六品正途出身，归部铨选。

刘大和

《永安姓氏志》记载，封武翼都尉（从三品）、直隶大夫。

刘选有

《吉山刘氏族谱》记载，貤赠奉政大夫。

刘大谟

字禹敷。监生。平时以礼义自律,治家非常严格,但待人接物则平和宽厚。捐出钱财用于修建义冢,在乡里平价出售粮食,帮助贫苦的百姓。儿子刘登龙,做官勤勉谨慎,严格遵守父亲的教诲;另外两个儿子刘见龙和刘化龙,都考入国子监。孙子刘清淳,署山东赟秦厅;另外两个孙子刘为琎和刘为城,都是武秀才。被诰封昭武大夫(为武职中属绿营者,正四品),晋封武翼都尉(从三品),叠封奉直大夫。

刘廷聘

《吉山刘氏族谱》记载,刘大谟之长子。国学生。诰封奉直大夫。

刘瑜

《吉山刘氏族谱》记载,刘廷聘之四子。国学生。补授州同,诰封奉直大夫。

刘朝鳝

《吉山刘氏族谱》记载,刘瑜之子。副贡生,副拔生。五品衔赏戴蓝翎。诰授奉直大夫。

刘岑

《吉山刘氏族谱》记载,武义大夫(举人)刘廷魁之四子。乳名光照。郡庠生,补授都司衔。诰封昭武大夫(正四品),晋封武义大夫(正三品)。

刘廷礼

《吉山刘氏族谱》记载,字以敬,号本斋。国学生,赠奉政大夫。大夫第的四位大夫之一。

刘怀珍

《吉山刘氏族谱》记载,刘廷礼之长子。字聘行,号待轩。监生,补授同知衔,例封奉政大

刘怀珍墓碑

夫。大夫第的四位大夫之一。

刘怀璋
《吉山刘氏族谱》记载，刘廷礼次子，字达卿，号峩石。江苏巡政厅，叠赠奉政大夫。大夫第的四位大夫之一。亦为书法家，其在永安建有"龟山庙"并书写庙名。

刘人兆
《吉山刘氏族谱》记载，刘怀璋之六子。字凤楼，号瑞轩。副贡生，补授直隶同知衔，例封奉政大夫。大夫第的四位大夫之一。

陈应祖
举人陈枢之父。康熙六十一年（1722年），以子枢贵，赠文林郎、山东昌乐知县。妻邓氏赠孺人。

刘高恒
举人刘高贞之弟。邑庠入太学。名大昌，号火索。秉性敏睿豪爽，生性倜傥，好侠义，常为穷苦百姓打抱不平。擅长书法。永安民间广泛传说的阿凡提式传奇人物刘火索（火索指麻花，意思是弯弯道很多），即为此人。

刘高恒画像（永安市博物馆提供）

刘荃
进士刘元晖之父。字蕡载。颖敏过人。补弟子员（官学的学生）。勤奋读书，精通文学鉴赏，尤其擅长吟诗作赋。一生重视承诺，明白取舍，经常帮助有困难的人，恩惠遍及亲戚朋友。祖父（刘奇才）在村里建了文昌阁，他请祀将杨时、罗从彦、李侗、朱熹四位大儒供奉其中，并带领家族中的兄弟子侄捐资成立"四贤会"，春秋两季进行祭祀，使年轻一代都知道敬仰学习。

刘元义

字延安。性格直率，不论亲疏，教育子弟以忠孝为先。儿子文孔、文会、文英。文孔和文英早逝，留下的家人都由文会抚养。文会的长子攀龙，继承祖业，友爱兄弟，治家接物都很得当。后代子孙有为，人们都称赞这是刘元义的遗训所致。被貤赠从三品武德骑尉。

刘锡璋

刘奇忠长子。字右受，监生。秉礼度义，性格正直。城乡米价腾涌之时，其倾其所有来赈灾；乡民间有口角纷争时，他一一排解，有"一乡善士"之誉。

刘鸿熙

字以成。监生。好义急公，解纷排难。尤重文士。邑西翔燕桥倾圮，刘鸿熙与同事董其役劳费不辞。年八十五去世，五代同堂。

刘宏

《永安姓氏志》记载，清乾隆十八年（1753年）任广东潮州镇中营左厅首府。因其任内有善政，8年后告假回乡时百姓赠以万民伞，遮首远送。刘宏回乡后未再返往，潮州百姓为之建祠纪念。

刘高梅

武举人刘国琳之祖父。以孙国琳贵，貤赠武德骑尉。妻杨氏，貤赠宜人。

刘元亨

武举人刘国琳之父。以子国琳贵，赠武德骑尉。妻俞氏，赠宜人。

刘国珍

武举人刘国琳之兄。以弟国琳贵，貤封武德骑尉。妻余氏，貤赠宜人。

刘钟英

字淑卿，号秀峰，又号静斋。道光丁未（1847年）岁贡生。

刘干

刘钟英之父。字汝辅,乳名志存,监生。少失母,事父至孝。生平重义尚节。年七十九终。子钟英,郡廪生。

刘凤起

邑庠生。性情豪迈,遇事敢言,不轻然诺。家境颇裕,乐善好施。丙午年饥荒,倡首平粜,里中赖以全活。凡先人庐墓及道路、桥梁,没有不尽力经营的,为人称道。

刘元和

奉直大夫刘大谟之父。字满官,号大德,乾隆八年(1743年)生。《永安姓氏志》记载,恩授九品顶戴,诰封武德郎,晋武翼都尉(清代武散官名,从三品)。

刘达

太学生。字兼和。12岁时,带着两个弟弟躲避寇贼到山中,没有受到伤害。生性孝顺,母亲年老病重多年,他侍奉汤药非常谨慎,衣物都亲手清洗。到了壮年,家境逐渐富裕,祖辈父辈的坟茔建造都以一己之力承担。好友去世,其妻儿贫穷无法生存,还买田让其得以维生。年八十二终。

刘鼎

太学生。字公定。以贡司永定训。丁内忧,服阕补同安,在籍日值岁饥,平价以粜。太守范有"惠溥春温"之奖。

刘崇

武义大夫(武举人)刘廷魁六子。郡庠生,补授五品千总衔。貤封昭武都尉。

刘朝桢

武义大夫刘岑之次子。副贡生。升中书衔,任连江县训导兼理教谕。

刘朝梁
武义大夫刘岑之三子。副贡生。赏戴蓝翎五品衔，任长乐县教谕兼理训导。

刘人朋
奉政大夫刘怀璋四子。字月楼，号友轩。副贡生，翰林院待诏。

刘人秉
奉政大夫刘怀璋五子。字吉楼，号受鑫。贡生，福州府古田县教谕。

刘士瑜
咸丰辛酉科恩贡生，汀州府连城县教谕，敕授修职郎。

刘维屏
字映玉。（福建）布政司理问。

刘攀龙
武生，例授武德骑尉，守卫所千总。

刘如禧
民国时期，曾任《民主日报》永安办事处主任，县参议员。

刘韵韶
民国时期，曾任永安县商会理事长、县党部监察委员、京果业公会主席、县参议会参议员。

刘观庄
字端严，号莅廷。太学生。民国时期，曾任永安县参议会参议员。曾出资重修吉山"五里亭"。

刘林武

民国时期，曾任福建水警队少校队长、福建省保安新兵队中校队长，在福建省驿运处兼任视察员。

刘茂森

武举人刘朝榜六子。抗战时期，就读于省立永安中学，后加入中共城工部，在浙江大学领导学生运动，为国立浙江大学工学院工学士。中华人民共和国成立后，曾任交通部上海储运处工程师，后任交通部外援局局长、铁道部物质总局高级总工程师。

刘茂德

武举人刘朝榜之十子。曾任中国人民解放军31军参谋、永安粮食局领导班子成员。

刘如佑

福建农学院毕业，高级农艺师，武汉市东山国营农场副场长，区政协委员。

除以上先辈贤达外，据《永安县志》，吉山还有以下几位高寿瑞人（寿数不低于94岁）：陈庆（明代），旧志称陈广，101岁；林瑶（清代），95岁；刘奇绥（清代），94岁。

附录 明万历至清朝学子名录

以《吉山刘氏族谱》（1949年重修）记载顺序排列，共649人。

刘朝鳝：副（拔）贡生，光绪十一年（1885年）生。
刘朝鳞：贡生，光绪二十年（1894年）生。
刘朝桢：副贡生，光绪四年（1878年）生。
刘朝梁：副贡生，光绪十一年（1885年）生。
刘朝彬：贡生，光绪十五年（1889年）生。

刘人珏：副贡生，道光二十三年（1843年）生。

刘人梅：副贡生，道光二十五年（1845年）生。

刘人林：贡生，道光二十七年（1847年）生。

刘怀璋：贡生，道光十七年（1837年）生。

刘人棶：副贡生，咸丰十年（1860年）生。

刘若周：贡生，光绪八年（1882年）生。

刘人朋：副贡生，同治五年（1866年）生。

刘人秉：增贡生，同治九年（1870年）生。

刘人兆：副贡生，同治十年（1871年）生。

刘元文：岁贡生，康熙十七年（1678年）生。

刘日炳：例贡生，道光二十一年（1841年）生。

刘宪程：副贡生，同治八年（1869年）生。

刘济川：恩贡生（光绪庚寅科），道光十四年（1834年）生。

刘文熙：例贡生，咸丰三年（1853年）生。

刘慕颜：岁贡生，道光二十年（1840年）生。

刘乾树：例贡生，道光二十六年（1846年）生。

刘其斌：例贡生，道光十五年（1835年）生。

刘文萃：贡生，乾隆三十四年（1769年）生。

刘鸿仪：例贡生，乾隆五十七年（1792年）生。

刘承铨：贡生，乾隆五十年（1785年）生。

刘家模：副贡生，道光十四年（1834年）生。

刘如宽：岁贡生（宣统庚戌科），咸丰六年（1856年）生。

刘存养：副贡生，光绪十三年（1887年）生。

刘如心：岁贡生（宣统己酉科），咸丰九年（1859年）生。

刘存中：贡生，光绪十年（1884年）生。

刘如梁：贡生，同治元年（1862年）生。

刘如鹏：贡生，同治四年（1865年）生。

刘如忻：贡生，同治十三年（1874年）生。

刘维纲：增贡生，嘉庆二十年（1815年）生。

刘攀柱：贡生，乾隆五十六年（1791年）生。

刘钟英：岁贡生（道光丁未科），乾隆五十八年（1793年）生。

刘菁英：岁贡生（元），道光己亥科，乾隆五十一年（1786年）生。

刘元宸：副贡生，康熙四十三年（1704年）生。

刘志仁：例贡生，嘉庆二十五年（1820年）生。

刘有敬：恩贡生（乾隆庚子科），雍正十三年（1735年）生。

刘锡智：岁贡生（雍正甲辰科），康熙三年（1664年）生。

刘国琳：贡生，咸丰八年（1858年）生。

刘庆詹：贡生，光绪十三年（1887年）生。

刘建猷：副贡生，嘉庆十九年（1814年）生。

刘国钦：副贡生，道光十八年（1838年）生。

刘望南：贡生，光绪十年（1884年）生。

刘国钧：副贡生，道光二十八年（1848年）生。

刘景澜：岁贡生，乾隆五十五年（1790年）生。

刘尚平：廪贡生，咸丰七年（1857年）生。

刘士瑜：恩贡生（咸丰辛酉科），嘉庆十五年（1810年）生。

刘定国：恩贡生，乾隆三十二年（1767年）生。

刘业修：贡生，同治六年（1867年）生。

刘邦基：贡生，咸丰三年（1853年）生。

刘国琛：廪贡生，道光八年（1828年）生。

刘家儒：贡生，道光二十四年（1844年）生。

刘国治：廪贡生，道光六年（1826年）生。

刘尔铭：岁贡生，同治六年（1867年）生。

刘汝霖：副贡生，道光十七年（1837年）生。

刘锡璋：监生，顺治十年生（1653年）。

刘鸿熙：监生，康熙五十八年（1719年）生。

刘　干：监生，乾隆八年（1743年）生。

刘大谟：监生，乾隆三十八年（1773年）生。

刘景昆：监生，乾隆五十九年（1794年）生。

刘家鸾：监生，嘉庆二十一年（1816年）生。

刘维周：监生，嘉庆二十三年（1818年）生。

刘如筠：监生，嘉庆十九年（1814年）生。
刘怀珍：监生，道光五年（1825年）生。
刘国清：监生，道光十五年（1835年）生。
刘景猷：监生，道光二十四年（1844年）生。
刘如璋：监生，咸丰十一年（1861年）生。
刘家骅：监生，同治元年（1862年）生。
刘家衡：武监生，同治元年（1862年）生。
刘存纪：监生，光绪十七年（1891年）生。
刘廷聘：国学生，嘉庆六年（1801年）生。
刘朝鲤：国学生，光绪二年（1876年）生。
刘　瑜：国学生，咸丰十年（1860年）生。
刘尚德：国学生，乾隆四十五年（1780年）生。
刘廷礼：国学生，乾隆四十九年（1784年）生。
刘学乾：国学生，光绪十五年（1889年）生。
刘若锦：国学生，光绪十五年（1889年）生。
刘高峦：国学生，康熙十八年（1679年）生。
刘震辉：国学生，康熙丁酉年（1717年）生。
刘震耀：国学生，康熙辛丑年（1721年）生。
刘朝柏：国学生，乾隆二十二年（1757年）生。
刘高峋：国学生，康熙三十七年（1698年）生。
刘辉泰：国学生，咸丰十年（1860年）生。
刘华云：国学生，乾隆二十四年（1759年）生。
刘萃英：国学生，乾隆三十七年（1772年）生。
刘松木：国学生，同治十二年（1873年）生。
刘钟麟：国学生，嘉庆二十一年（1816年）生。
刘高崧：国学生，康熙四十一年（1702年）生。
刘高泰：国学生，康熙五十一年（1712年）生。
刘元隽：国学生，生平无记载。
刘景镕：太学生，道光乙酉年（1825年）生。
刘培兰：太学生，光绪二年（1876年）生。

刘登龙：太学生，道光六年（1826年）生。

刘克增：太学生，光绪己卯年（1879年）生。

刘清昌：太学生，道光二十七年（1847年）生。

刘淑仁：太学生，咸丰己未年（1859年）生。

刘鸿馈：太学生，光绪十九年（1893年）生。

刘若梁：太学生，同治六年（1867年）生。

刘学周：太学生，光绪十五年（1889年）生。

刘若树：太学生，光绪十二年（1886年）生。

刘人铣：太学生，道光三十年（1850年）生。

刘若模：太学生，光绪四年（1878年）生。

刘人兢：太学生，咸丰二年（1852年）生。

刘人铨：太学生，同治十年（1871年）生。

刘若桂：太学生，光绪二十年（1894年）生。

刘人甡：太学生，同治十三年（1874年）生。

刘若颜：太学生，光绪十三年（1887年）生。

刘怀瑛：太学生，道光二年（1822年）生。

刘人骥：太学生，咸丰六年（1856年）生。

刘若波：太学生，光绪二年（1876年）生。

刘　菁：太学生，顺治十四年（1657年）生。

刘凤腾：太学生，乾隆二年（1737年）生。

刘有衡：太学生，康熙四十六年（1707年）生。

刘有标：太学生，康熙四十七年（1708年）生。

刘有权：太学生，康熙四十八年（1709年）生。

刘景运：太学生，乾隆八年生（1743年）。

刘有恭：太学生，康熙四十九年（1710年）生。

刘殿华：太学生，道光二十四年（1844年）生。

刘光文：太学生，光绪十六年（1890年）生。

刘振鳞：太学生，雍进士，乾隆十八年（1753年）生。

刘联升：太学生，乾隆四十七年（1782年）生。

刘郁文：太学生，道光二十九年（1849年）生。

刘象星：太学生，道光二十六年（1846年）生。
刘元登：太学生，康熙三十年（1691年）生。
刘有成：太学生，乾隆十年（1745年）生。
刘元吕：太学生，康熙三十四年（1695年）生。
刘瑞瑚：太学生，康熙五十九年（1720年）生。
刘瑞琏：太学生，雍正三年（1725年）生。
刘朝钤：太学生，乾隆三十年（1765年）生。
刘萃华：太学生，道光乙酉年（1825年）生。
刘腾骧：太学生，嘉庆七年（1802年）生。
刘宪汤：太学生，光绪元年（1875年）生。
刘庠华：太学生，咸丰五年（1855年）生。
刘宪文：太学生，光绪六年（1880年）生。
刘爵华：太学生，咸丰九年（1859年）生。
刘宪镐：太学生，光绪十七年（1891年）生。
刘宪庄：太学生，光绪二十一年（1895年）生。
刘宝华：太学生，道光二十八年（1848年）生。
刘宪唐：太学生，同治八年（1869年）生。
刘宪伊：太学生，同治十二年（1873年）生。
刘宪贤：太学生，光绪元年（1875年）生。
刘瑞凤：太学生，康熙六十一年（1722年）生。
刘元功：太学生，康熙三十八年（1699年）生。
刘正春：太学生，康熙五十九年（1720年）生。
刘鸿逵：太学生，乾隆二十六年（1761年）生。
刘济和：太学生，道光三年生（1823年）。
刘　璋：太学生，咸丰元年（1851年）生。
刘与立：太学生，光绪二十七年（1901年）生。
刘望岚：太学生，光绪元年（1875年）生。
刘彬华：太学生，嘉庆五年（1800年）生。
刘　湘：太学生，咸丰八年（1858年）生。
刘席珍：太学生，同治五年（1866年）生。

刘望达：太学生，光绪二十二年（1896年）生。

刘济澄：太学生，道光甲辰年（1844年）生。

刘旦华：太学生，嘉庆十五年（1810年）生。

刘济源：太学生，咸丰八年（1858年）生。

刘鸿来：太学生，乾隆三十一年（1766年）生。

刘见明：太学生，光绪十二年（1886年）生。

刘文山：太学生，道光二十六年（1846年）生。

刘见声：太学生，光绪元年（1875年）生。

刘卿华：太学生，道光六年（1826年）生。

刘文凌：太学生，同治四年（1865年）生。

刘见文：太学生，光绪十三年（1887年）生。

刘桂华：太学生，道光十五年（1835年）生。

刘见章：太学生，光绪九年（1883年）生。

刘璋华：太学生，道光十一年（1831年）生。

刘济行：太学生，同治六年（1867年）生。

刘汝泰：太学生，光绪二十五年（1899年）生。

刘济安：太学生，同治十三年（1874年）生。

刘一鸣：太学生，嘉庆五年（1800年）生。

刘肇虞：太学生，道光七年（1827年）生。

刘文彬：太学生，道光二十四年（1844年）生。

刘肇薇：太学生，道光十年（1830年）生。

刘　炬：太学生，光绪十三年（1887年）生。

刘肇遴：太学生，道光十二年（1832年）生。

刘　敬：太学生，光绪十九年（1893年）生。

刘文光：太学生，同治四年（1865年）生。

刘　熠：太学生，光绪二十五年（1899年）生。

刘文晖：太学生，同治十三年（1874年）生。

刘肇衡：太学生，道光十六年（1836年）生。

刘文豹：太学生，同治九年（1870年）生。

刘　秤：太学生，同治十二年（1873年）生。

刘声华：太学生，嘉庆十九年（1814年）生。

刘慕琨：太学生，咸丰四年（1854年）生。

刘一鹏：太学生，乾隆四十六年（1781年）生。

刘春华：太学生，嘉庆九年（1804年）生。

刘　翰：太学生，道光二十九年（1849年）生。

刘日华：太学生，嘉庆十二年（1807年）生。

刘　声：太学生，光绪七年（1881年）生。

刘清华：太学生，嘉庆十五年（1810年）生。

刘济舟：太学生，咸丰三年（1853年）生。

刘　达：太学生，光绪二年（1876年）生。

刘望鹤：太学生，光绪二十二年（1896年）生。

刘济滨：太学生，同治元年（1862年）生。

刘　枌：太学生，光绪六年（1880年）生。

刘　彬：太学生，光绪十七年（1891年）生。

刘　栋：太学生，光绪二十三年（1897年）生。

刘鸿章：太学生，乾隆五十三年（1788年）生。

刘济霖：太学生，咸丰五年（1855年）生。

刘　良：太学生，光绪六年（1880年）生。

刘登标：太学生，咸丰八年（1858年）生。

刘　桥：太学生，光绪三年（1877年）生。

刘棣华：太学生，道光十一年（1831年）生。

刘　保：太学生，光绪十年（1884年）生。

刘彩华：太学生，道光二十九年（1849年）生。

刘登云：太学生，光绪九年（1883年）生。

刘邦邻：太学生，同治四年（1865年）生。

刘济鳌：太学生，光绪四年（1878年）生。

刘济熙：太学生，光绪十三年（1887年）生。

刘家猷：太学生，嘉庆十六年（1811年）生。

刘植华：太学生，咸丰元年（1851年）生。

刘鹏南：太学生，雍正六年（1728年）生。

刘鸿翼：太学生，乾隆三十九年（1774年）生。

刘景祥：太学生，乾隆六十年（1795年）生。

刘榕华：太学生，道光十七年（1837年）生。

刘　溱：太学生，光绪十二年（1886年）生。

刘　洰：太学生，光绪十六年（1890年）生。

刘诏华：太学生，道光三年（1823年）生。

刘济美：太学生，同治九年（1870年）生。

刘廷健：太学生，乾隆二十五年（1760年）生。

刘九敬：太学生，同治十二年（1873年）生。

刘冠麟：太学生，道光壬午（1822年）生。

刘其义：太学生，咸丰四年（1854年）生。

刘兆相：太学生，生平无记载，刘元晖（进士）次子。

刘毓嵩：太学生，乾隆癸亥年（1743年）生。

刘云衢：太学生，乾隆乙巳年（1785年）生。

刘毓峒：太学生，乾隆戊辰年（1748年）生。

刘定湖：太学生，光绪十三年（1887年）生。

刘万卷：太学生，雍正戊申年（1728年）生。

刘孔辅：太学生，乾隆戊寅年（1758年）生。

刘德承：太学生，道光二十八年（1848年）生。

刘定匡：太学生，光绪二年（1876年）生。

刘云涛：太学生，嘉庆二年（1797年）生。

刘肇高：太学生，同治三年（1864年）生。

刘登名：太学生，嘉庆七年（1802年）生。

刘茂盛：太学生，咸丰四年（1854年）生。

刘耀名：太学生，嘉庆十五年（1810年）生。

刘鸿溶：太学生，咸丰六年（1856年）生。

刘毓汾：太学生，乾隆丙午年（1786年）生。

刘高泰：太学生，康熙五十一年（1712年）生。

刘威正：太学生，乾隆十六年（1751年）生。

刘元良：太学生，康熙辛巳年（1701年）生。

刘云瑝：太学生，道光十七年（1837年）生。

刘礼泰：太学生，光绪十一年（1885年）生。

刘有伦：太学生，乾隆戊午年（1738年）生。

刘元海：太学生，生平无记载，其妻康熙三十七年（1698年）生。

刘云吕：太学生，雍正庚戌年（1730年）生。

刘元台：太学生，康熙三十八年（1699年）生。

刘　萼：太学生，康熙五年（1666年）生。

刘树海：太学生，乾隆十年（1745年）生。

刘国材：太学生，嘉庆二十五年（1820年）生。

刘家修：太学生，道光十八年（1838年）生。

刘遇平：太学生，光绪二年（1876年）生。

刘国标：太学生，道光四年（1824年）生。

刘德淡：太学生，道光二十八年（1848年）生。

刘述诗：太学生，同治六年（1867年）生。

刘国雅：太学生，道光十三年（1833年）生。

刘德木：太学生，咸丰七年（1857年）生。

刘元锦：太学生，康熙三十七年（1698年）生。

刘子铭：太学生，光绪五年（1879年）生。

刘龙化：太学生，雍正甲寅年（1734年）生。

刘元钟：太学生，康熙五十七年（1718年）生。

刘人骅：太学生，乾隆九年（1744年）生。

刘人騊：太学生，乾隆十四年（1749年）生。

刘占标：太学生，嘉庆十八年（1813年）生。

刘国梁：太学生，咸丰十年（1860年）生。

刘国桢：太学生，同治九年（1870年）生。

刘人騄：太学生，乾隆二十二年（1757年）生。

刘树朝：太学生，乾隆四十一年（1776年）生。

刘建扬：太学生，嘉庆十九年（1814年）生。

刘国琦：太学生，道光二十四年（1844年）生。

刘　茂：太学生，康熙四十三年（1704年）生。

刘凤仪：太学生，雍正七年（1729年）生。

刘振生：太学生，咸丰六年（1856年）生。

刘维旺：太学生，光绪十五年（1889年）生。

刘清寿：太学生，道光十七年（1837年）生。

刘维馨：太学生，光绪十三年（1887年）生。

刘维测：太学生，光绪二十四年（1898年）生。

刘其珊：太学生，咸丰七年（1857年）生。

刘士伦：太学生，光绪五年（1879年）生。

刘俊扬：太学生，道光二十七年（1847年）生。

刘其琱：太学生，道光二十四年（1844年）生。

刘　葵：太学生，同治九年（1870年）生。

刘　鼎：太学生，光绪十一年（1885年）生。

刘俊猷：太学生，嘉庆十六年（1811年）生。

刘朝鸣：太学生，道光三十年（1850年）生。

刘梦祥：太学生，乾隆四十五年（1780年）生。

刘廷襄：太学生，乾隆二十二年（1757年）生。

刘梦麟：太学生，嘉庆二年（1797年）生。

刘维斗：太学生，光绪二十二年（1896年）生。

刘振炳：太学生，光绪十八年（1892年）生。

刘朝炳：太学生，乾隆六年（1741年）生。

刘士声：太学生，乾隆三十四年（1769年）生。

刘锦堂：太学生，光绪元年（1875年）生。

刘高谟：太学生，康熙二十八年（1689年）生。

刘家镛：太学生，道光二十三年（1843年）生。

刘家驹：太学生，道光二十六年（1846年）生。

刘文会：太学生，乾隆十三年（1748年）生。

刘家藩：太学生，嘉庆三年（1798年）生。

刘维垣：太学生，嘉庆七年（1802年）生。

刘攀麟：太学生，乾隆五十一年（1786年）生。

刘有桢：太学生，乾隆十年（1745年）生。

刘树声：太学生，乾隆四十年（1775年）生。
刘鸣丹：太学生，道光十二年（1832年）生。
刘树苞：太学生，乾隆五十二年（1787年）生。
刘鸣周：太学生，道光二十一年（1841年）生。
刘鸣书：太学生，雍正乙巳年（1725年）生。
刘　干：太学生，乾隆十一年（1746年）生。
刘肇清：太学生，道光十六年（1836年）生。
刘肇岐：太学生，嘉庆二十五年（1820年）生。
刘鸣春：太学生，咸丰九年（1859年）生。
刘肇周：太学生，道光十三年（1833年）生。
刘鸣玉：太学生，道光二十七年（1847年）生。
刘维熙：太学生，光绪五年（1879年）生。
刘鸣秋：太学生，咸丰元年（1851年）生。
刘如竹：太学生，光绪二十年（1894年）生。
刘鸣和：太学生，咸丰六年（1856年）生。
刘元璞：太学生，乾隆十二年（1747年）生。
刘朝英：太学生，嘉庆二十一年（1816年）生。
刘占熊：太学生，咸丰七年（1857年）生。
刘高仰：太学生，康熙四十一年（1702年）生。
刘元宽：太学生，康熙六十一年（1722年）生。
刘元运：太学生，雍正九年（1731年）生。
刘树勋：太学生，乾隆四十一年（1776年）生。
刘如锦：太学生，光绪十二年（1886年）生。
刘佛锡：太学生，道光二十八年（1848年）生。
刘尚如：太学生，同治八年（1869年）生。
刘彦修：太学生，康熙甲戌年（1694年）生。
刘金扬：太学生，乾隆三十五年（1770年）生。
刘庆华：太学生，嘉庆十三年（1808年）生。
刘宜珣：太学生，道光十五年（1835年）生。
刘庆馀：太学生，道光七年（1827年）生。

刘庆猷：太学生，道光十三年（1833年）生。

刘庆周：太学生，道光十六年（1836年）生。

刘庆芳：太学生，道光十七年（1837年）生。

刘志道：太学生，康熙壬寅年（1662年）生。

刘彦琏：太学生，康熙四十一年（1702年）生。

刘金华：太学生，道光五年（1825年）生。

刘鸣书：太学生，咸丰元年（1851年）生。

刘宜杰：太学生，光绪二十七年（1901年）生。

刘鸣阳：太学生，同治四年（1865年）生。

刘鸣和：太学生，光绪十三年（1887年）生。

刘彦飏：太学生，康熙四十八年（1709年）生。

刘培元：太学生，道光七年（1827年）生。

刘德璜：太学生，道光二十二年（1842年）生。

刘宜嘉：太学生，光绪二十年（1894年）生。

刘德瑢：太学生，道光二十五年（1845年）生。

刘德珩：太学生，咸丰二年（1852年）生。

刘宜福：太学生，光绪十四年（1888年）生。

刘德琅：太学生，咸丰八年（1858年）生。

刘朝琯：太学生，乾隆十四年（1749年）生。

刘会照：太学生，乾隆丙申年（1776年）生。

刘望华：太学生，嘉庆三年（1798年）生。

刘心谦：太学生，同治六年（1867年）生。

刘德珺：太学生，道光十八年（1838年）生。

刘日隆：太学生，光绪三年（1877年）生。

刘朝杰：太学生，乾隆四年（1739年）生。

刘志台：太学生，康熙六十年（1721年）生。

刘志鹤：太学生，乾隆十年（1745年）生。

刘通蛟：太学生，乾隆二十年（1755年）生。

刘连芳：太学生，雍正八年（1730年）生。

刘高勋：太学生，康熙三十三年（1694年）生。

刘朝龙：太学生，乾隆二十三年（1758年）生。
刘廷彪：太学生，乾隆五十二年（1787年）生。
刘庆怡：太学生，同治十三年（1874年）生。
刘高霖：太学生，康熙二十三年（1684年）生。
刘则椿：太学生，光绪元年（1875年）生。
刘国光：太学生，乾隆八年（1743年）生。
刘国猷：太学生，乾隆四年（1739年）生。
刘奋鸾：太学生，咸丰五年（1855年）生。
刘奋鸿：太学生，光绪二年（1876年）生。
刘高梓：太学生，康熙五十二年（1713年）生。
刘开俭：太学生，乾隆十一年（1746年）生。
刘国宓：太学生，乾隆四十七年（1782年）生。
刘鸣高：太学生，同治四年（1865年）生。
刘鸣盛：太学生，光绪二年（1876年）生。
刘高戴：太学生，康熙二十四年（1685年）生。
刘心仰：太学生，光绪十年（1884年）生。
刘心游：太学生，光绪十六年（1890年）生。
刘辉棠：太学生，同治九年（1870年）生。
刘廷璧：太学生，乾隆二十二年（1757年）生。
刘钟桂：太学生，道光二十一年（1841年）生。
刘辉宾：太学生，光绪二年（1876年）生。
刘辉照：太学生，道光六年（1826年）生。
刘廷澍：太学生，乾隆四十三年（1778年）生。
刘高华：太学生，康熙二十七年（1688年）生。
刘元相：太学生，康熙四十五年（1706年）生。
刘焕南：太学生，咸丰二年（1852年）生。
刘心广：太学生，光绪元年（1875年）生。
刘心贵：太学生，光绪十六年（1890年）生。
刘辉吉：太学生，同治元年（1862年）生。
刘肇基：太学生，道光六年（1826年）生。

刘松林：太学生，光绪九年（1883年）生。

刘波建：太学生，咸丰十一年（1861年）生。

刘元遴：太学生，乾隆十二年（1747年）生。

刘高铉：太学生，康熙五十六年（1717年）生。

刘世攀：太学生，乾隆七年（1742年）生。

刘绍德：太学生，光绪十年（1884年）生。

刘有翰：太学生，生平无记载。

刘振翼：太学生，康熙十二年（1673年）生。

刘有祺：太学生，乾隆八年（1743年）生。

刘光宙：太学生，康熙五十六年（1717年）生。

刘有嗣：太学生，乾隆九年（1744年）生。

刘振业：太学生，康熙十五年（1676年）生。

刘　鸾：太学生，雍正四年（1726年）生。

刘　鳌：太学生，乾隆三年（1738年）生。

刘景岳：太学生，嘉庆十四年（1809年）生。

刘映丹：太学生，道光十七年（1837年）生。

刘以成：太学生，光绪八年（1882年）生。

刘金声：太学生，道光三十年（1850年）生。

刘绍屏：太学生，光绪十二年（1886年）生。

刘以仁：太学生，同治十二年（1873年）生。

刘绍藩：太学生，光绪二十年（1894年）生。

刘　熊：太学生，乾隆十四年（1749年）生。

刘映曦：太学生，道光十七年（1837年）生。

刘光汉：太学生，康熙四十三年（1704年）生。

刘士标：太学生，乾隆四十三年（1778年）生。

刘梦元：太学生，同治三年（1864年）生。

刘海光：太学生，康熙四十七年（1708年）生。

刘士杰：太学生，乾隆二十六年（1761年）生。

刘映枢：太学生，乾隆三十四年（1769年）生。

刘孝铅：太学生，嘉庆十年（1805年）生。

刘映预：太学生，光绪六年（1880年）生。

刘振翾：太学生，康熙四十四年（1705年）生。

刘光乘：太学生，雍正三年（1725年）生。

刘建岐：太学生，道光九年（1829年）生。

刘景魁：太学生，嘉庆十年（1805年）生。

刘建韶：太学生，道光二十三年（1843年）生。

刘国桢：太学生，同治元年（1862年）生。

刘庆明：太学生，咸丰十一年（1861年）生。

刘庆周：太学生，同治九年（1870年）生。

刘建超：太学生，咸丰四年（1854年）生。

刘朝锡：太学生，同治九年（1870年）生。

刘占梅：太学生，乾隆四十三年（1778年）生。

刘元庆：太学生，雍进士，雍正八年（1730年）生。

刘浚溴：太学生，乾隆四十年（1775年）生。

刘士琛：太学生，嘉庆二十一年（1816年）生。

刘定侯：太学生，乾隆五十六年（1791年）生。

刘元皋：太学生，乾隆三年（1738年）生。

刘士琨：太学生，乾隆五十三年（1788年）生。

刘国璋：太学生，道光九年（1829年）生。

刘邦祯：太学生，道光三十年（1850年）生。

刘邦芬：太学生，咸丰二年（1852年）生。

刘瑞球：太学生，道光十一年（1831年）生。

刘仙安：太学生，同治五年（1866年）生。

刘　颖：太学生，光绪十四年（1888年）生。

刘业勤：太学生，光绪二十二年（1896年）生。

刘瑞璜：太学生，嘉庆二十五年（1820年）生。

刘连芳：太学生，雍正八年（1730年）生。

刘邦宾：太学生，道光十七年（1837年）生。

刘邦光：太学生，道光二十六年（1846年）生。

刘　缨：太学生，同治十三年（1874年）生。

刘　衮：太学生，光绪十一年（1885年）生。

刘　绎：太学生，光绪十六年（1890年）生。

刘邦昌：太学生，咸丰七年（1857年）生。

刘邦燃：太学生，道光二十二年（1842年）生。

刘邦簪：太学生，道光二十八年（1848年）生。

刘邦昇：太学生，同治二年（1863年）生。

刘朝宿：太学生，乾隆二十年（1755年）生。

刘景勋：太学生，嘉庆八年（1803年）生。

刘运明：太学生，光绪十二年（1886年）生。

刘尔涵：太学生，咸丰六年（1856年）生。

刘　桃：太学生，光绪八年（1882年）生。

刘维赞：太学生，光绪二十五年（1899年）生。

刘运长：太学生，光绪十八年（1892年）生。

刘灿堂：太学生，同治元年（1862年）生。

刘国瑛：太学生，道光二十八年（1848年）生。

刘尔猷：太学生，光绪二年（1876年）生。

刘运佑：太学生，光绪二十二年（1896年）生。

刘朝发：太学生，雍进士，乾隆二十八年（1763年）生。

刘尔绪：太学生，同治十年（1871年）生。

刘运秋：太学生，光绪十四年（1888年）生。

刘德珩：太学生，咸丰二年（1852年）生。

刘宜福：太学生，光绪十四年（1888年）生。

刘尔嘉：太学生，咸丰九年（1859年）生。

刘瑞渺：太学生，道光十四年（1834年）生。

刘邦兴：太学生，同治八年（1869年）生。

刘邦富：太学生，光绪九年（1883年）生。

刘士钦：太学生，光绪元年（1875年）生。

刘梦樟：邑庠生，道光十年（1830年）生。

刘　瑛：邑庠生，道光二十一年（1841年）生。

刘朝鳌：郡庠生，同治十三年（1874年）生。

刘朝楷：邑庠生，光绪二年（1876年）生。
刘　岑：郡庠生，咸丰元年（1851年）生。
刘　崇：郡庠生，咸丰九年（1859年）生。
刘士容：邑庠生，同治七年（1868年）生。
刘永和：邑庠生，乾隆壬辰年（1772年）生。
刘淑光：郡庠生，咸丰五年（1855年）生。
刘树贵：郡庠生，嘉庆十四年（1809年）生。
刘若春：文庠生，同治六年（1867年）生。
刘若伊：文庠生，同治八年（1869年）生。
刘若坤：郡廪生，同治十年（1871年）生。
刘若风：邑廪生，同治十二年（1873年）生。
刘奇才：邑庠生，明万历四十五年（1617年）生。
刘锡晋：郡庠入太学，明崇祯九年（1636年）生。
刘鹤飞：邑庠生，乾隆十九年（1754年）生。
刘国华：邑庠生，乾隆四十六年（1781年）生。
刘鹤翔：邑庠生，乾隆二十一年（1756年）生。
刘元第：邑庠生，康熙二十年（1681年）生。
刘道昭：邑庠生，康熙四十二年（1703年）生。
刘景烘：邑庠生，乾隆十三年（1748年）生。
刘桂华：邑庠生，道光二十七年（1847年）生。
刘　英：邑庠生，顺治十六年（1659年）生。
刘象山：文庠生，咸丰五年（1855年）生。
刘　芯：邑庠生，康熙十年（1671年）生。
刘元山：邑庠生，康熙三十六年（1697年）生。
刘瑞莲：邑庠生，康熙五十八年（1719年）生。
刘一枝：邑庠生，嘉庆十四年（1809年）生。
刘　鉴：邑庠生，咸丰五年（1855年）生。
刘一鸥：邑庠生，乾隆四十四年（1779年）生。
刘望扬：邑庠生，同治九年（1870年）生。
刘正兰：邑庠生，雍正五年（1727年）生。

刘剑标：邑庠生，嘉庆十五年（1810年）生。

刘高华：邑庠生，道光十六年（1836年）生。

刘鸿纶：邑庠生，乾隆四十九年（1784年）生。

刘文藻：邑庠生，道光二十八年（1848年）生。

刘叶吉：邑庠生，雍正七年（1729年）生。

刘鸿儒：邑庠生，乾隆十七年（1752年）生。

刘　煜：邑庠生，同治九年（1870年）生。

刘玉华：邑廪生，嘉庆十六年（1811年）生。

刘　稚：邑庠生，光绪五年（1879年）生。

刘慕璋：邑庠生，咸丰九年（1859年）生。

刘慕韩：邑庠生，道光二十六年（1846年）生。

刘鸿宝：邑庠生，乾隆二十五年（1760年）生。

刘　拥：邑庠生，乾隆三年（1738年）生。

刘鸿萃：邑庠生，乾隆四十七年（1782年）生。

刘光华：郡庠生，道光九年（1829年）生。

刘鸿年：邑庠生，乾隆五十八年（1793年）生。

刘朝华：邑庠生，道光七年（1827年）生。

刘珍华：邑庠生，道光二十四年（1844年）生。

刘见龙：邑庠生，康熙四十四年（1705年）生。

刘鸿猷：邑庠生，乾隆四十四年（1779年）生。

刘定国：邑庠生，生平无记载，其妻生于雍正年间。

刘占华：邑庠生，道光戊子年（1828年）生。

刘　蔚：郡廪生，顺治戊戌年（1658年）生。

刘孔肃：邑庠生，生平无记载。

刘　恺：邑庠生，康熙甲子年（1684年）生。

刘　荃：邑庠生，顺治庚子年（1660年）生。

刘一鸣：邑庠生，康熙壬辰年（1712年）生。

刘有誉：邑庠生，生平无记载，刘元晖（进士）长子。

刘毓华：邑庠生，乾隆辛酉年（1741年）生。

刘　标：邑增生，乾隆壬寅年（1782年）生。

刘有章：邑庠生，康熙庚子年（1720年）生。
刘云璈：邑庠生，乾隆壬子年（1792年）生。
刘毓岐：邑庠生，乾隆乙亥年（1755年）生。
刘毓峻：邑庠生，生平无记载，刘毓岐之弟。
刘有轼：邑庠生，康熙三十五年（1696年）生。
刘万春：邑庠生，生平无记载，其妻康熙乙未年（1715年）生。
刘　龙：邑庠生，咸丰十年（1860年）生。
刘先联：邑庠生，康熙乙酉年（1705年）生。
刘威显：邑庠生，生平无记载。
刘　夔：邑庠生，康熙十二年（1673年）生。
刘　炜：邑庠生，乾隆乙丑年（1745年）生。
刘　茛：邑庠生，康熙乙卯年（1675年）生。
刘绍高：邑庠生，乾隆十年（1745年）生。
刘元品：邑庠生，康熙丙戌年（1706年）生。
刘时化：邑庠生，康熙五十三年（1714年）生。
刘人骏：邑庠生，乾隆二年（1737年）生。
刘元勤：邑庠生，雍正三年（1725年）生。
刘树锦：邑庠生，乾隆四十七年（1782年）生。
刘鸿鸣：邑庠生，乾隆四十九年（1784年）生。
刘凤来：邑庠生，乾隆十二年（1747年）生。
刘凤翔：邑庠生，乾隆十八年（1753年）生。
刘　海：邑庠生，乾隆三十八年（1773年）生。
刘　缙：邑庠生，康熙四十八年（1709年）生。
刘凤起：邑庠生，乾隆五年（1740年）生。
刘燃藜：邑庠生，同治九年（1870年）生。
刘凤苞：邑庠生，乾隆十四年（1749年）生。
刘元音：邑庠生，康熙三十四年（1695年）生。
刘　护：邑庠生，康熙十七年（1678年）生。
刘一飞：邑庠生，乾隆七年（1742年）生。
刘景葵：邑庠生，嘉庆十七年（1812年）生。

刘其相：邑庠生，嘉庆十五年（1810年）生。

刘梦虹：邑庠生，乾隆五十年（1785年）生。

刘其瑛：邑庠生，道光五年（1825年）生。

刘际唐：邑庠生，咸丰四年（1854年）生。

刘凤鸣：邑庠生，生平无记载，其妻乾隆四十三年（1778年）生。

刘元虎：邑庠生，雍正十年（1732年）生。

刘震远：邑庠生，康熙六十一年（1722年）生。

刘文锦：邑庠生，生平无记载。

刘家楷：邑庠生，咸丰六年（1856年）生。

刘攀龙：邑庠生（武），乾隆四十三年（1778年）生。

刘高岑：邑庠生，康熙壬申年（1692年）生。

刘鸣珂：郡增生，乾隆五十九年（1794年）生。

刘树猷：邑庠生，乾隆三十六年（1771年）生。

刘肇邠：邑庠生，道光五年（1825年）生。

刘建英：邑庠生，咸丰八年（1858年）生。

刘占鳌：邑庠生，道光二年（1822年）生。

刘文杰：邑增生，乾隆十九年（1754年）生。

刘良璠：邑庠生，嘉庆二十一年（1816年）生。

刘树标：邑庠生，嘉庆三年（1798年）生。

刘宜瑛：邑增生，道光十三年（1833年）生。

刘心虔：邑增生，咸丰七年（1857年）生。

刘会习：邑庠生，乾隆二十三年（1758年）生。

刘朝宾：邑庠生，乾隆七年（1742年）生。

刘会贵：邑庠生，乾隆三十三年（1768年）生。

刘德球：邑庠生，嘉庆二十年（1815年）生。

刘德瑛：郡庠生，道光三年（1823年）生。

刘德瓒：邑庠生，道光十五年（1835年）生。

刘高恒：邑庠生入太学，康熙十七年（1678年）生。

刘志鹗：邑庠生，康熙五十五年（1716年）生。

刘震扬：邑庠生，康熙五十五年（1716年）生。

刘朝燮：邑庠生，生平无记载。

刘朝藩：邑庠生，乾隆十三年（1748年）生。

刘德辉：邑庠生，雍正三年（1725年）生。

刘朝英：邑庠生，乾隆十三年（1748年）生。

刘文湘：邑庠生，道光二年（1822年）生。

刘锡琪：邑庠生，顺治十五年（1658年）生。

刘梦鲤：邑庠生，乾隆三十年（1765年）生。

刘元亨：邑庠生，雍正元年（1723年）生。

刘廷阶：邑庠生，乾隆十四年（1749年）生。

刘廷仪：邑庠生，乾隆二十八年（1763年）生。

刘华国：邑庠生，乾隆二年（1737年）生。

刘廷佐：邑庠生，乾隆三十年（1765年）生。

刘元举：邑庠生，乾隆十六年（1751年）生。

刘锡哲：庠生入太学，顺治七年（1650年）生。

刘有斐：邑庠生，生平无记载。

刘梦钦：邑庠生，道光三年（1823年）生。

刘梦辰：邑庠生，咸丰五年（1855年）生。

刘光斗：邑庠生，康熙四十年（1701年）生。

刘　鸿：邑庠生，雍正元年（1723年）生。

刘以安：邑庠生，同治十年（1871年）生。

刘　骏：邑庠生，乾隆五年（1740年）生。

刘宏谟：邑庠生，康熙四十四年（1705年）生。

刘锡极：邑庠生，顺治十二年（1655年）生。

刘振德：邑庠生，康熙丙寅年（1686年）生。

刘光宝：邑庠生，康熙五十六年（1717年）生。

刘金标：邑庠生，乾隆二十九年（1764年）生。

刘振鹏：郡庠生，康熙四十九年（1710年）生。

刘正谊：邑庠生，康熙二十三年（1684年）生。

刘景元：邑增生，乾隆五十三年（1788年）生。

刘　鹏：邑庠生，乾隆三十四年（1769年）生。

刘建模：邑庠生，道光六年（1826年）生。
刘锡元：邑庠生，顺治十三年（1656年）生。
刘勔世：邑庠生，康熙二十一年（1682年）生。
刘定熛：邑庠生，乾隆五十一年（1786年）生。
刘士林：邑庠生，嘉庆十二年（1807年）生。
刘　种：邑庠生，光绪十年（1884年）生。
刘　鲲：邑庠生，同治六年（1867年）生。
刘景谟：邑庠生，嘉庆十年（1805年）生。
刘桂林：邑廪生，道光十年（1830年）生。
刘景骧：邑武生，嘉庆元年（1796年）生。
刘吉庆：郡武生，嘉庆十五年（1810年）生。
刘朝宾：邑廪生，乾隆七年（1742年）生。
刘曾贵：邑文庠，乾隆三十三年（1768年）生。
刘正兰：邑庠生，雍正五年（1727年）生。

二、抗战时期的共产党人

抗战时期，福建省会迁驻永安后，陆续来到永安的中共党员有60多人，其中曾在吉山工作、生活或与吉山有密切关联的有40多位。他们当中，部分同志是党组织派遣的，与党组织有联系；部分同志是到永安后开始与党组织有联系，以后中断联系的；大部分同志是暂时中断组织联系或失掉组织联系的。他们以教师、编辑、办报人、政府职员等公开身份参加永安的新闻出版、文艺创作、教书育人等活动。其中包括羊枣（杨潮）、骆何民、林鸿图、谭庆逢、尤民湘、徐学惠、陈国华（陈玉梅）等7位革命烈士，而福建音乐专科学校的许文辛、何雪飘、赵方幸、金村田（金希树）、何芸、陈宗谷等6位中共党员于2005年获得中共中央、国务院、中央军委颁发的"纪念中国人民抗日战争胜利60周年"纪念章。

胡允恭

1902—1985 年，又名胡邦宪，安徽寿县人。1923 年由瞿秋白介绍，在上海大学加入中国共产党。参加过广东革命政府的东征与北伐。1933 年，参加十九路军发动的"福建事变"。1937 年起，接受中共福建省委建议，先后出任福建省泰宁、明溪县县长。1941 年 5 月，调任同安县县长。1943 年 2 月调任福建省政府参议。中华人民共和国成立后历任福建师范学院院长、南京大学历史系教授。1983 年经中共中央批准恢复从 1923 年起的党籍，增补为全国政协委员，按照副部级待遇离休。有革命回忆录《金陵丛谈》一书传世。

何柏华

1911—1974 年，女，福建福清人。曾在福建省立女子师范学校学习。1926 年加入中国共产党。1927 年在武汉中央军事政治学校学习（与赵一曼同学）。参加过北伐战争和南昌起义（在纪念馆中列名的福建唯一的女性）。1928 年参加永定金砂暴动。其后，奉调福州参与领导福州工人维权斗争。1929 年至 1930 年先后任中共福州中心市委组织部部长和中共福建省委候补执委等职。1930 年奉调中共上海闸北区委工作，并任区委妇委书记，配合地下党组织开展工人运动。

何柏华

1932 年秋被捕，保释出狱后到广东宝安、东莞开展抗日救亡及统战工作。后在暨南大学文史系读书毕业。1941 年秋到省立永安中学教国文，1942 年 9 月转省立永安师范教历史，并引导学生从事进步活动。1943 年因被通缉逃离永安到闽南农村教书。后赴苏北寻找新四军，因交通受阻，遂留金华参加金华台湾义勇队少年团，任辅导员，在闽浙两省与日寇展开艰苦斗争，直至抗战胜利。

葛琴

1907 年生，江苏宜兴人。1926 年加入中国共产党，曾三次参加上海武装起义。1938 年任中共东南局文化工作委员会委员。1940 年 6 月，受到国民党浙江省保安司令部通缉,遂与其夫邵荃麟避往永安,主编《现代儿童》。1941年初离开永安赴桂林。曾任北京电影制片厂副厂长,中国作家协会会员。

邵荃麟

1906—1971年,浙江慈溪人,文艺理论批评家、作家。1926年加入中国共产党。1934年任上海反帝反战大同盟宣传部部长。"七七事变"后任中共中央东南局文化工作委员会书记。

1939年委托王西彦到永安创办《现代文艺》月刊,并亲自为创刊号组稿。1940年6月因受国民党通缉,与妻子葛琴撤离浙江南下福建永安隐蔽,进入改进出版社任《改进》半月刊编辑,并指导、协助王西彦编辑《现代文艺》月刊和"现代文艺丛刊",发表《麒麟寨》等作品。次年年初,由党组织安排撤离永安赴桂林。

葛琴

邵荃麟

谢怀丹

山东济南人。1926年赴莫斯科中山大学学习,22岁转为中共正式党员。曾任福建省委党报《福建红旗》编辑、中共厦门妇女支部书记、厦门青年战时服务团副团长。

1942年到永安,先后在《建设导报》《民主报》任职。1944年后,任省研究院社会科学研究所副研究员,协助羊枣编辑《国际时事研究》周刊。中华人民共和国成立后,任福建省妇联副主任、省政协常委、省人大代表。

谢怀丹

骆何民

1913—1948年,原名骆家骝。江苏江都人。1927年参加共青团,旋加入中国共产党。1929年2月，因叛徒出卖被捕。同年秋出狱后到上海，进浦江中学读书。1930年秋，到苏北参加红十四军，负重伤被护送到上海治疗。"九一八事变"后，因积极参加抗日宣传等革命活动而多次遭拘留，均被视作一般学生释放。1932年5月再次被捕，取保出狱后，化名何福林，担任共青团沪西区委组织部长。同年11月，在参加团区委会议时又遭逮捕，被关押4年余，1936年11月获释回家乡养病。1937年全面抗战爆发后，到上海参加抗日救亡工作。

上海沦陷后，先后到武汉、桂林、福建永安等地担任《国民日报》《阵中日报》编辑，《开明日报》的主编，参加共产党人羊枣等组织的东南出版社。1945年7月，国民党逮捕羊枣，他也受牵连遭捕。1946年9月，获释到沪。为《文萃》《评论报》撰写稿件。1947年3月，《文萃》转入地下出版后，开设友益印刷厂，承印《文萃》与其他进步书刊。7月19日，国民党当局查封文萃社，其于21日遭捕，在狱中组织难友开展斗争。1948年12月27日，被活埋于南京雨花台。

1949年12月27日，上海各界人士举行"《文萃》三烈士"追悼会，中共上海市委组织部作出追认骆何民党籍的决定，恢复并追认他自1927年以后的全部党龄。1950年12月27日，在虹桥公墓建立"《文萃》三烈士"衣冠冢。后移葬于上海龙华烈士陵园第二区第二排4号位。

羊枣

1900—1946年，原名杨廉政，投身社会后定名杨潮，常用笔名羊枣，湖北沔阳人。1914年考入北京清华学校，1919年因参加五四运动被校方开除。1923年毕业于上海交通大学机械工程科。曾供职于京沪、沪杭甬铁路管理局。"九一八事变"后，勤奋攻读《资本论》《共产党宣言》等马列著作，立志"绝对不离开中国共产党一步"。1933年初在上海加入"左翼作家联盟"，下半年经周扬介绍加入中国共产党。曾任"左联"宣传部负责人，在《太白》《申报》《中

羊枣

华日报》《月牙》《世界知识》等报刊上发表大量文章,宣传抗战。1935年至1936年到广西省立师范专科学校任教。1936年夏重返上海,在苏联塔斯社上海分社任职。1939年底,任香港《星岛日报》军事记者,以"羊枣"笔名在《星岛日报》《华商报》等发表军事评论和译文近百万字。1942年4月到衡阳主编《大刚报》。

1944年6月,经友人介绍到永安,先后被聘为福建省政府参事、福建省研究院社会科学研究所研究员、美国驻华大使馆新闻处东南分处顾问兼中文部主任,主编《国际时事研究》周刊,同时又兼《民主报》主笔。在永安一年多时间发表文章120多篇,70余万字。他的军事、政治评论文章《只有牺牲才有胜利》《人民的力量是伟大的》《太平洋战争新局势》《方兴未艾的欧洲政争》《人类命运在锻造中》《从柏林到东京》等,文笔犀利,预见性强,不仅在国内有重要影响,而且博得国际友人的赞赏。1945年7月15日在永安被国民党逮捕入狱。与羊枣差不多时间被捕的共产党人和进步文化人士有近30人。之后被捕人员先后获释,但羊枣却被押送往江西铅山,囚禁于国民党第三战区直属联络站,10月中旬再被押往杭州监狱。1946年1月11日被虐死于杭州狱中,时年46岁。葬于上海龙华烈士陵园第二区第二排12号位。

清华大学1989年所立的"清华英烈碑"上共刻有65人姓名,杨潮(羊枣)是其中之一。

卢茅居

1909年生,福建福州人。原名卢懋矩,又名卢念刚。1933年从福建协和大学政治经济系毕业后,在青年会中学任政治经济和英文教员,积极宣传马列主义革命真理。在福州组织"青苗社",出版文艺刊物《青苗》。主办《平凡》杂志,主编期刊《战友》,担任福州文化界抗日救亡协会宣传部副部长等。1938年7月加入中国共产党。1939年底由党组织派来永安,任改进出版社期刊《现代青年》主编。同时在《现代文艺》上用石滨等笔名发表了不少文章。1940年秋,任中共福建省委马列主义干训班教育长。1941年3月在武夷

卢茅居

山区不幸被捕，囚于三元"福建省战时青年训导营"，化名马蒙新。同年秋，被福建省保安处杀害。

叶康参

1916—1988年，福建建瓯人。1931年参加革命，1934年在建瓯加入中国共产党，后到建瓯、沙县、南平、金华等地从事抗日文化宣传和党的地下工作。1938年11月后，由党组织派往南平闽江工委任《老百姓》专职编辑。该报被国民党福建省党部勒令停刊后，他到长汀开展文化宣传工作，其间与党组织失去联系，但仍以"党外布尔什维克"自励。

叶康参

1943年秋到永安任福建省政府编译室编译，为《民主报》《建设导报》等撰写了大量宣传抗战、争取民主的社论和其他文章。1945年7月在"羊枣事件"中被捕。1946年2月被保释出狱后，到福州接任《民主报》副刊《新语》主编。

陈矩孙

1913—1987年，又名陈絮，福州人，陈宝琛之孙。1933年考入北平燕京大学国文系（后转历史系），担任校"学生自治会"和"北平学联会"领导。1934年冬，由姚依林介绍认识周小舟，参加中国共产党。次年起任中共燕京大学支部书记、中共北平西郊区委书记、北平学联党团书记和中共北平市委秘书等职。1936年，参加第三国际工作，因工作被错认为"越轨"，被开除党籍。1938年到延安向刘少奇汇报情况，刘少奇亲自为他恢复党组织关系，并安置在中共中央编译部任编译员。不久随刘少奇到河南参加中原局的筹建工作，任刘少奇秘书。1940年接受中共中央派遣，回燕京大学历史系读研究生。1941年12月，中共北平市委安排离开北平，此后脱离党的组织关系。

1942年回福建，担任福建省政府参议，参加羊枣等人在永安发动的抗日斗争，同时利用特殊的家庭关系和学历，动员省政府主席刘建绪反对内战，一致抗日。1945年抗战胜利后，接受中共闽浙赣省委书记曾镜冰指示，留在福建做统战工作。1946年重新入党，担任中共闽浙赣省委社会部部长，同时任中央军委福建情报处顾问。策动浙江省政府主席陈仪倒戈反蒋，同时参与福建民盟组织和民革组织的筹备工作和策反工作。1948年因福州"城工部"事件被开除党籍，转而参加民盟和民革的活动。1949年3月，联系潘汉年，策划和推动了"福建全省银行职工起义"。

中华人民共和国成立后，在福建省公安厅和有关统战团体工作。1954年被聘为福建师范学院历史系讲师。1957年后，蝉联福建省政协第二、三、四、五届委员。1983年12月，中共福建省委为其平反，恢复党籍（党龄自1946年1月算起）。

郑书祥

1912—1978年，福建永定人。1935年12月在厦门加入中国共产党。1938年5月厦门沦陷，他按党组织的指示转移到香港。先后在厦门《星光日报》、香港《大众日报》和香港中国通讯社任职。

1941年12月香港沦陷，郑书祥又按党组织的指示撤退到永安，任福建省立音乐专科学校历史、国文教员。在校期间，积极指导学生阅读进步书刊，组织成立学生自治会，向学生作时事报告，分析抗战和世界反法西斯斗争形势。

郑书祥

曾积极营救被捕的进步学生。1944年8月，任福建省研究院社会科学研究所秘书、研究员，撰写进步文章。抗战胜利后到福州工作。1955年起任福建省教育厅副厅长。

林鸿图

1912—1949年，福建大田人。1936年1月在河北省立农学院林学系读书时加入中国共产党，并建立该校第一个党支部，任支部书记。这期间，林鸿图一方面组织和领导河北省立农学院师生利用标语、传单、墙报、小型集会等形式，广泛开展抗日救亡宣传活动；另一方面不断给家乡大田县的进步青年寄宣传材料、照片传播革命道理，积极引导他们投身革命。1937年春，发展同乡林大蕃、林茂森入党,建立大田县第一个党支部——武陵小学党支部。"七七事变"后,河北农学院停办。1939年秋,林鸿图到广西柳州农学院继续读书。在此期间,仍坚持秘密活动。

1941年春到永安,任福建省农业改进处造林事务所技士,秘密从事党的活动。同年9月3日被捕,50天后由农业改进处保释。1942年9月10日再度被捕,关押在三元县的省保安处,于1944年1月获保释。1944年8月第3次被捕,被关押5年之久,于1949年4月在厦门被国民党特务杀害,时年37岁。1956年,福建省人民委员会追认他为革命烈士。安葬在大田县烈士陵园。

林鸿图

李达仁

1910—2011年,原名李品珍,笔名史任远,湖南宁乡人。1937年11月在长沙加入中国共产党。1938年2月由中共湖南省工委任命为宁乡县县委书记。

1943年10月经谌震介绍,到永安任《建设导报》主笔兼东南出版社首任经理。1944年7月入福建省研究院社会科学研究所任助理研究员,为《民主报》撰写社论七八十篇,并协助羊枣编辑《国际时事研究》周刊。李达仁在永安写的比较有社会影响的文章,一是《贾宝玉的出家》的序言,二是《方生未死之间》的序言,是一位笔锋犀利的多产作家。

李达仁

1945年7月15日因"羊枣事件"被捕,1946年4月获释。出狱后到上海、南京,不久到湖南参加游击队。

周左严

1912—1988年,原名周佐年,浙江松阳人。抗战初期到浙东从事抗战救亡工作。1938年1月在浙江丽水加入中国共产党。曾任浙江《民族日报》记者和驻金华通讯处主任。

1940年到永安,在福建省政府统计处任股长。1943年5月应聘为《建设导报》总编辑。他聘用进步人士参加编辑工作,把官办报纸办成进步刊物。1944年2月《建设导报》被迫停刊后,到福建省银行经济研究室工作。

柯咏仙

福建长乐人。曾用名嘉平,笔名戈音。福州师范学校毕业,1935年就读于北平师范大学,1938年加入中国共产党,在江西弋阳、遂川等地从事妇女工作。1941年到永安任《现代儿童》主编,1942年离开永安到长汀侨民师范、长汀中学任教。中华人民共和国成立后任厦门实验小学校长,并与其父柯凌汉同为省政协委员。

柯咏仙

余志宏

湖南醴陵人。1938年加入中国共产党。1944年12月,在永安福建省研究院社会科学研究所任助理研究员。曾积极为《民主报》、《国际时事研究》周刊、《社会科学》撰写社论、专论。中华人民共和国成立后历任湖南大学军代表、武汉大学临时党委副书记、武汉大学哲学系党总书记兼系主任等职。

余志宏

陈培光

1912—1982年,福建建瓯人。1933年毕业于省立建瓯中学高中师范科,同年考进北平师范大学教育系。求学期间加入中华民族抗日先锋队,参与"一二·九"学生运动。1937年大学毕业后到福建省教育厅任科员。1938年9月,由中共福州临时市委书记郭耘介绍加入中国共产党。

1938年秋,随省会内迁到永安,主持创办宣传抗日救亡的进步报纸《老百姓》，同时任《现代青年》主编，也是中共福建省委联络员。1940年底，离开永安到闽北武夷山任中共福建省委秘书长。1941年3月，向国民党当局自首。1942年，任福建省立建瓯初级中学（后易名省立建瓯中学）校长。1947年8月到美国留学，后在纽约联合国总部中文司任中文组组长，为美国密执安大学教授。

何若之

又名何正三，广西北海人。1938年10月加入中国共产党。1942年从广东艺术院转学到国立福建音专，毕业后往昆明粤秀中学任教。1949年曾组织乐队演出《白毛女》，1950年创作的《滇西农村组曲》《英雄进行曲》被评为二等奖。1953年调昆明军区军队任教员，谱写《人民当家万万年》。1982年离休。

卓如

1908—1983年，福建福州人，1933年毕业于北平民国大学，1935年至1937年留学日本东京中央大学。"七七事变"后，参加福建省抗敌后援会宣传部工作，主编《抗日丛刊》。1938年秋在福州加入中国共产党。

1940年5月到永安，经刘子崧介绍，到改进出版社编辑"改进文库"丛书和《改进》月刊，后受卢茅居委托任《现代青年》主编。1941年转入福建省干部训练团任教。1943年2月至1946年5月在暨南大学（建阳）商学院任国贸系主任，教授经济思想史。

卓如

许文辛

1921年出生，福建金门县人。1937年11月参加抗日救亡团体，1938年8月参加中国共产党。抗战时期就读福建音专，1945年7月离开国立福建音专后，任香港中华音乐院教师。1949年后，任厦门市文联秘书长、厦门市委宣传部副部长、厦门职工大学校长等职。编辑《厦门音乐》《厦门文艺》等书籍，撰文《真情的流露》等百余篇并发表，出版个人文选《心血留痕》。2005年，获中共中央、国务院、中央军委颁发的"中国人民抗日战争胜利60周年"纪念章。

何雪飘

广东番禺人。1938年参加中国共产党。1942年到国立福建音专学习，毕业后留校任助教。后回广东华英中学、香港培侨中学等校任音乐教员。中华人民共和国成立后，曾在北京《解放军歌曲》《歌曲》《儿童音乐》《音乐创作》等杂志的编辑部工作。1983年离休。2005年，荣获中共中央、国务院、中央军委颁发的"中国人民抗日战争胜利60周年"纪念章。

赵方幸

广东台山人。1939年参加中国共产党。资深音乐教育家，中央音乐学院作曲系教授，中国视唱练耳学会理事。1942年考入国立福建音专，在校期间因"羊枣事件"遭捕。后在广州市立艺术专科学校、私立培道女中教音乐。中华人民共和国成立后在广州音协工作。1951年9月1日起在中央音乐学院任视唱练耳教授，著有视唱练耳等方面多部著作。改革开放后，先后担任文化部直属艺术表演团体艺术人员应聘资格考评委员会委员、CCTV青年歌手电视大奖赛评委。2005年，荣获中共中央、国务院、中央军委颁发的"中国人民抗日战争胜利60周年"纪念章。

金村田

原名金希树，浙江长兴人。1939年参加中国共产党。1942年考入国立福建音专学习。1945年被囚于永安吉山监狱和崇安集中营。中华人民共和国成立后在上海军管会文艺处工作。1952年开始在上海音乐学院负责附中、民族音乐系和教务处工作。1984年离休。创作《过长江》《抗美援朝》等歌曲。2005年，荣获中共中央、国务院、中央军委颁发的"中国人民抗日战争胜利60周年"纪念章。

何芸

曾用名何雪馀、何雪瑜。1924年3月19日出生，广东番禺人。音乐研究所研究员，共产党员。1942年至1945年就读于国立福建音乐专科学校，1945年至1946年在山东大学文艺系学习，1950年至1951年在上海音乐学院音乐教育专修班学习。曾任山东大学剧团音乐股长、解放军某部音乐股长、中国艺术研究院音乐研究所副所长及研究生部研究生班音乐专业系主任、导师。主要成果有《从"全世界无产者联合起来"谈起——探讨民族化问题》《从实际出发探讨轻音乐问题》《缪天瑞传略》等。2005年，荣获中共中央、国务院、中央军委颁发的"中国人民抗日战争胜利60周年"纪念章。

陈宗谷

1920年1月出生，浙江宁波人。1938年投身抗日救亡活动。1941年考取福建音专。1945年12月进入山东解放区。先后在山东大学、山东省教育厅、志愿军政治部工作。1958年转业到杭州大学（今浙江大学）任教，任经济系副主任。获国防部颁发"三级解放勋章"。2005年，荣获中共中央、国务院、中央军委颁发的"中国人民抗日战争胜利60周年"纪念章。

杨桦

原名杨衍咏，广东南海人。1941年参加中国共产党。1942年考入国立福建音专，1946年毕业留校任教。中华人民共和国成立后，历任华南文联常委，中国音乐家协会广东分会副主席，广东省第三届人大代表，广东省第四、五届政协委员等，于珠影乐团任副团长兼首席指挥。1984年离休赴港定居。

杨炳维

作曲家，指挥家，国家一级作曲。1926年11月生，福建漳州人，中共党员。1944年就读于国立福建音专。系中国音乐家协会会员，中国合唱协会理事，上海音乐学院校友会理事，福建省合唱协会名誉会长，福建省音乐家协会、厦门市音乐家协会、厦门市文联顾问等。

杨炳维

何为

中国艺术研究院戏曲研究所研究员。1924年6月出生，江苏南京市人，中共党员。1942年考入国立福建音专，1945年参加新四军。1950年入中央戏剧学院学习和研究西洋歌剧，师从张庚、马可。1953年调中国戏曲研究院。曾担任过中国戏曲研究院音乐室主任、《戏曲研究》副主编、中国艺术研究院戏曲研究所领导小组成员、中国戏曲音乐学会会长、中国戏剧家协会理事、中国音乐家协会民族音乐委员会副主任、中国戏曲学会常务理事等。曾担任《中国大百科全书》戏曲曲艺卷音乐分支副主编，执笔有关戏曲音乐条目。担任国家重点科研项目《中国戏曲通论》副主编，执笔两章六节。担任国家重点科研项目30卷本《中国戏曲音乐集成》常务副主编兼总编辑部主任。

陈耀民

1927—2016年，福建福州人，中共党员。1942年到永安，1943年夏初中毕业后，因家贫无法继续读书，到省卫生事务所会计室当雇员。1943年至1945年间，用夏侯、梁楚等笔名在《民主报》副刊《新语》及其他报刊上发表进步文章60余篇。1945年7月因"羊枣事件"被捕，1946年获释后离开永安。

谭庆逢

1920—1948年，女，广东顺德人。1936年秋考入广东省立女子高中。1937年参加了党的外围组织"广东抗日少年先锋队"，投身抗日救亡运动。1938年参加抗日军训队伍，走上革命道路。1939年加入中国共产党。

1942年，广东地下党省委遭到国民党反动派的破坏；同年8月，经粤北特委批准，谭庆逢从粤北辗转到永安，进入国立福建音乐专科学校读书。当时，该校地下党员并没有组织，她联络广东来的党员余禄熙、江士骅、黎绍吉、赵方幸建立了一个五人小组，按党的组织原则暗地里参与学生活动。她常到永安东南出版社阅读或购买进步书籍和桂林、永安出版的

谭庆逢

进步刊物。她还团结进步同学，建立时事研究组、文艺研究组，创办《铁草》壁报，编写《纪念三八专刊》，召开鲁迅作品读书会，传阅毛泽东《在延安文艺座谈会上的讲话》等报道，并响应"白沙献金"活动，为前线战士献金、献物，将学生运动开展得轰轰烈烈。

1946年10月，鉴于历史情况和现实表现，谭庆逢经福建音专党支部书记王毅林介绍重新入党，随即被安排担任党支部委员，后接任福建音专党支部书记。1947年2月同时担任福州市学委委员、市委委员。因"城工部事件"牺牲于闽侯的一个山头，年仅28岁。现安葬在福州市文林山烈士陵园。

尤民湘

1946年国立福建音专建立党支部后，加入中国共产党，并任中共福建音乐专科学校支部委员。在校学习期间曾被国民党当局逮捕，后被派往浙江开展工作。1948年殉难于闽浙边区地委驻地。现安葬在福州市文林山烈士陵园。

徐学惠

1946年音专建立党支部后，加入中国共产党，并任中共福建音乐专科学校支部委员。在校学习期间曾被国民党当局逮捕。1947年底奉命到闽浙边区开展工作，后被派到浙江工作。1948年1月下旬，回到浦城，任上山知识分子党支部书记。因"城工部事件"罹难。现安葬在福州市文林山烈士陵园。

陈国华

又名陈玉梅、钱玉梅，女，1948年入党参加革命。后跟真树华（1923—1948年，闽浙边地委机关书记，因"城工部事件"殉难）到闽浙边，1948年9月因"城工部事件"殉难。现安葬在福州市文林山烈士陵园。

陈国华

在以上人员之外，当时福建音专在吉山时期的中共学生党员还有：邝惠娟、庚兆洪、何正三、黎绍吉、江士骙、余禄熙、梁耀燊（梁康耀）、谢特君、陈华学、李广才、宋军、苏克等12人。

三、抗战名士

抗战时期，吉山云集了一大批福建省军政与司法要员、抗战名人志士。其中有战时福建省会七大著名校长中的五位：福建省立音乐专科学校校长蔡继琨，国立福建音乐专科学校校长卢前，省立永安中学三任校长林天兰、廖祖刚、徐叙贤；三位中华人民共和国成立后荣获中国音协颁发的"金钟奖"终身荣誉勋章者：蔡继琨、缪天瑞、黄飞立；1980年被追认为"为中国人民解放事业贡献出生命的爱国人士"的陈仪等；以及六位外籍人士。

（一）军政司法人士

陈仪

1883—1950年，浙江绍兴人。1902年东渡日本，入士官学校第五期炮兵科，加入光复会。1917年，再次东渡日本，进陆军大学深造。1925年孙传芳主政浙江，陈仪被任命为浙军第一师师长，之后转任第一军司令、浙江省省长。1926年，陈仪投向北伐中的国民党，被任命为国民革命军十九路军军长。1934年闽变结束后，调任福建省政府主席兼绥靖主任，掌管福建军政，为国民党二级陆军上将。

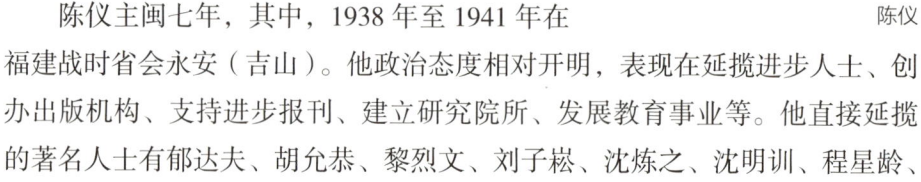

陈仪

陈仪主闽七年，其中，1938年至1941年在福建战时省会永安（吉山）。他政治态度相对开明，表现在延揽进步人士、创办出版机构、支持进步报刊、建立研究院所、发展教育事业等。他直接延揽的著名人士有郁达夫、胡允恭、黎烈文、刘子崧、沈炼之、沈明训、程星龄、董秋芳等，以上人士又吸收起用了一大批中共党员和非党的革命知识分子、爱国有识之士。

1941年后，陈仪调任国民党中央行政院秘书长、国民党党政工作考核委员会秘书长、陆军大学校长、国防研究院主任、中央训练团教育长等职。1945年8月日本投降后，到台湾受降，任台湾行政公署行政长官、浙江省主席等职。1948年，陈仪接受共产党让他起义并由他策反国民党京沪杭警备总司令汤恩伯的任务，还按照指示，在浙江释放过一百多名被军统特务毛森拘捕的爱国人士。由于汤恩伯的出卖，起义失败，1950年在台湾惨遭蒋介石杀害。

1980年6月9日，中共中央统战部、中共中央调查部在尊重历史、尊重事实的基础上，为陈仪作出了肯定的结论。并根据事实，报经中央批准，追认陈仪为"为中国人民解放事业贡献出生命的爱国人士"。

刘建绪

1892—1978年，湖南醴陵人。辛亥革命后就读于陆军第二预备学校，1914年入保定陆军军官学校第三期炮兵科学习。1916年毕业后回湖南，加入湘军，与北洋军作战，递升为团长。1926年随国民革命军北伐，历任旅长、师长、军长。1935年任第四路军总指挥，兼任闽浙赣边区绥靖公署主任，国民党第五届中央执行委员。1936年9月晋升为陆军上将。抗战全面爆发后，任第十集团军总司令，率部参加"八一三"淞沪抗战。不久，兼任第三战区副司令长官。

刘建绪

1941年8月接替陈仪任福建省政府主席。此时政治、经济形势日趋恶化，他既非蒋介石的嫡系，又与福建各派势力素无渊源，故在政治上力求安定：一方面注意搞好与地方士绅、海外华侨的关系；另一方面，则持开明的政治态度，暗中掩护一些中共地下党员和民主人士。具体举措包括聘请著名学者王亚南为社会科学研究所所长和中共地下党员、国际问题评论家羊枣为研究员；对中共地下党员余志宏和进步人士陈公培、马子谷等人以礼相待；出资支持创办《建设导报》和东南出版社、社会科学研究所等。抗战胜利后到福州继续主闽。1949年春，携家眷赴香港。1951年初去巴西定居。

程星龄

1900—1987年，湖南醴陵人。1921年考入北京大学。是在北平的地下活动中最早与共产党合作的国民党人士之一。1927年，任国民革命军第八军第一师政治部宣传科科长，参加北伐。1936年后，先后任福建省安溪、福安、莆田等县县长和福建省行政干部训练团教育长。曾任广西省政府顾问。主张国共合作，联合抗日。

1941年到永安，1942年任福建省政府顾问和秘书长。任职期间，抵制国民党当局反动措施，在福建实施并帮助刘建绪采取一些较为开明的措施。积极拥护共产党的全面抗战路线，与中共地下党员、著名国际新闻评论家羊枣，中共党员余志宏、胡邦宪（胡允恭）等关系甚密，又支持《民主报》从建瓯迁往永安出版，支持创办东南出版社，被蒋介石疑为"共产党分子"。1945年7月"羊枣事件"发生后被撤职，随即被软禁，经程潜、刘斐等保释，直至1948年解除软禁。1949年协助程潜在湖南起义。

程星龄

1949年10月，应邀参加中华人民共和国开国大典，受到毛泽东等党和国家领导人的亲切接见。中华人民共和国成立后，历任民革中央常委，湖南省委主任委员，湖南省人民委员会副主席、副省长，省文教委员会主任委员，湖南省第四、五届政协副主席和第五届政协主席。是第一、二届全国政协委员，第六届全国政协常委。毛主席称他为"党外的布尔什维克"。1987年10月病逝后，根据他的遗愿，中共湖南省委追认他为中国共产党正式党员。

谌震

1919—2014年，湖南长沙人。1937年至1940年先后任职于南京《早报》，湖南《观察日报》《国民日报》，国民党九战区《阵中日报》，衡阳《开明日报》，桂林国际新闻社。

1941年11月到永安，任福建省政府主席刘建绪的随从秘书、《建设导报》社长、东南出版社常务董事。谌震写材料的特点一是快，二是短，当年省政府一些重要文件如施政纲领、施政报告、全省行政会议总结等都由他起草。1945年7月与羊枣同时被捕。1946年3月获释后到福州。

谌震

郑祖荫

1872—1944年，字兰荪，原籍福州永泰，世居福州南台龙潭角。1902年成立益闻社，以宣传革命。1905年同邹燕庭、林斯琛等组织福建辛亥革命核心机构"汉族独立会"，并任会长。1906年后曾任中国同盟会福建支会会长，由于无法对外公开活动，设立丙午俱乐部，掩护革命，开展宣传组织工作。曾任福建省咨议局议员，兼常驻议员。

郑祖荫

1939年在永安任省临时参议会议长。其间，在各种报刊发表大量抗战文稿，省参议会会刊每期都有他的文章。1941年4月福州沦陷后，因病难以坚持工作，举家从永安迁居祖居地永泰葛岭，并于1944年在此病逝。抗战胜利后，归葬于福州第一公墓。

林希谦

1895—1966年，字志坚，福州人。日本早稻田大学政学士，早稻田大学外交史研究生毕业。1922年学成回国，曾短期担任私立福建法政专门学校教授，即赴厦门大学受聘为文科日文讲师，1924年转聘为法学讲师，1926年6月受聘为法政副教授，1929年9月受聘为政治学教授，1930年10月离开厦门大学。先后担任国立武汉中山大学、劳动大学教授，私立大夏大学政治学系主任兼教授。1935年返闽任私立福建协和大学教授、历史系主任、文法学院院长。

抗日战争全面爆发后，参加福建省抗日后援会，两年间发动各界捐献物资和现金估值200余万元。1940年2月参与筹备创办苏皖联立政治学院，被委任为该战区司令长官部顾问。1941年4月任福建协和大学总务长兼文科主任。1943年7月被选为福建省临时参议会副议长，1945年6月至1946年3月任代议长。1945年春至1946年8月担任福建省立师范专科学校校长。1947年3月为民盟福建省筹委会主要成员之一，负责联络和宣传工作，后因离闽受聘为江西中正大学法学院院长兼教授，退出筹委会。后来还担任过安徽大学教授。

1956年11月再次赴厦门大学，担任历史系教授。1958年离校，1966年因受冲击而自杀。1978年11月获得平反。

陈培锟

1877—1964年，字韵珊，号岁寒寮主人，福州人。其父陈海梅，字香雪。父子同科进士，同登翰林，传为佳话。清光绪二十三年（1897年）进士，授翰林院编修、国史馆协修。清光绪末年，赴日本法政大学学习。1912年起，历任漳龙、闽海、厦门道尹。1922年任省财政厅厅长，与刘鸿寿、林炳章并称"福建理财三杰"。1927年起，历任省府委员、省赈务委主任委员，代理省主席等职。

陈培锟

抗战期间，随省府内迁永安，任省府顾问、临时参议会副议长、省赈务委员会主任、省防空协会干事长、全省高等学堂监督、福建学院董事长。在此期间，他多次赴南洋筹募抗战资金。在永安的七年半里，心系教育，为创办学校倾注诸多心血，同时也留下许多的墨迹。"渔舟夜泊网收月，樵客晚归笠带云。"这首描述吉山美景的诗句被镌刻成楹联至今仍挂在文川溪畔的榕荫亭上。

中华人民共和国成立后，任福建省政协委员、省文史馆馆长。其书法被称为"翰林字"流传东南亚。

潘守正

1892—1984年，字子修，号蕴慈，福州人。1911年入福建法政学堂法律专科学习，毕业后参加省高等审判厅承审员考试，被派往闽侯地审厅学习，旋被派往邵武任承审员。1915年调南平任承审员。次年在福建制造局兼任秘书，参与修建洪山桥等。后任晋江县县长。1932年调省民政厅任秘书、主任秘书。

抗战时期，1942年在永安调省临时参议会任秘书、主任秘书，协助郑祖荫、陈培锟工作。中华人民共和国成立前夕，在省民政厅配合中共地下组织，妥善保存了民国时期省府绝大部分重要档案，并配合军管会对原旧省政府人员或遣散、或留用。

潘守正

中华人民共和国成立后，任陈绍宽副省长秘书20年。并在省政协文史、宗教、社会等组从事综合、协调工作，出席首届省政协大会。抗美援朝时期，参加福建省抗美援朝协会工作，当选为福州市鼓楼区第二届、第三届、第四届人大代表。1963年被聘为省文史研究馆馆员。

雷寿彭

1886—1952年，字肖籛，福建宁化人。自幼聪颖好学，考中清末最后一科秀才。光绪三十二年（1906年）从日本经纬中学毕业，升入日本明治大学专门部商科。毕业回国后，清政府授他为商科举人。1913年当选为福建省参议会参议员。1920年8月至1926年9月，选任省参议会副议长。1929年任福建省临时参议会驻会议员，还先后担任省政法专门学校校长、省政务厅代厅长、省府秘书、省禁烟委员会副主任委员及福州戒烟医院院长、云霄县县长等职。颇受当时省长萨镇冰、陈仪等人器重。辛亥革命期间，他和刘春海在福州合办《群报》，宣传革命，抨击时弊，为孙中山先生倡导的国民革命尽力尽责，多次当选省参议员之职。

他精书法，尤工行楷，擅写大字，当时福建商号招牌属他手迹者不少。著译有《统计学问答》《中国现行商法总论》等。曾集资重刊雷鋐《经笥堂文钞》、黄慎《蛟湖诗钞》等。1952年秋，病逝福州，享年66岁。

黄曾樾

1898—1966年，字荫亭，号慈竹居主人，福建永安虾蛤（现霞鹤村）人。1912年，14岁的黄曾樾考进马尾的福州海军学校，成绩优良。1919年2月，到南平省立第三师范学校任国文教员并兼任南平第四中学国文教员。1920年冬，获永安县政府津贴和亲友资助赴法国留学。1924年，从法国里昂工业专科学校毕业，获工程师职称。复入里昂大学文学系深造，攻读外国文学。1925年8月，从法国里昂大学文学系毕业，获博士学位。在法留学期间，与里昂市议员蓬皮杜（后任法国总统）结下了深厚友谊。

1925年10月回国后，曾任京汉铁路工程师、福建省建设厅科长、中央特种刑事临时法庭文书主任、交通部法规委员会委员、南京市社会局局长、后方勤务部秘书（编辑处少将副处长）、镇缅路监理委员会秘书等。

1942年6月离开重庆回到永安。次年5月，任省驿运管理处副处长，统筹管理全省粮盐运输事宜。倡议成立永安地方社会公益事业促进会，创办永安县立初级中学，亲任校长并到校任课。设立黄太夫人奖学金，奖励成绩优良的贫困学生。亲自设计永安翔燕大桥（即西门大桥）。

1944年12月，被任命为福州市政筹备处处长兼林森县（今闽侯）县长。1945年，出任福州市市长。1946年7月，辞去福州市市长职务。1947年4月，调任教育部督学兼参事。同年夏天，以国民党提名资格，从南京回原籍永安县，参加国民大会代表的竞选。

1949年8月到国立福建音乐专科学校（福州）任教，担任教务处主任，主讲中国文化史课。1950年10月在福建师范学院任教授。1957年1月，加入中国民主同盟。1962年，任中国人民政治协商会议福州市委员会委员。

1966年10月11日去世，终年68岁。主要著述有《老子、孔子、墨子哲学的比较》《慈竹居诗抄》《慈竹居丛谈》等。

1979年1月21日，福建师范大学召开为黄曾樾博士平反昭雪大会。《永安市志》有传。

朱玖莹

1898—1996年，人称玖公，堂号扫帚斋。朱尚同之父。湖南长沙金井人，近代学者、书法家。曾任第一任国民政府主席谭延闿秘书、蒋介石武昌行营秘书兼第一科科长，抗战时期任国民政府福建省建设厅长，1949年赴台湾，1996年逝世。

陆涤寰

1898—1956年，医学博士，辽宁沈阳人。曾担任福建省卫生处处长、天津市卫生局局长、天津第一医院院长、河北省立医学院教授。曾参与筹建福建省立医学专科学校，并在学校任教。抗战时期在浙江参与防范日军细菌战引发的鼠疫。为我国早期公共卫生教育和防疫工作的知名学者。

陆涤寰

伯力士

Robert Pollitzer，1885—1968年，奥地利人，毕业于维也纳大学医学系。1912至1932年，到中国东三省防疫事务总处工作。中国全面抗战爆发后，加入国际联盟卫生组织向中国派出的"国联援华防疫团"，国民政府聘任其为卫生署专员。侵华日军发动细菌战，造成中国内陆、沿海几省瘟疫流行，卫生署迅速派出以伯力士为专家代表的卫生防疫队前往各地防疫。1940—1943年，伯力士奔波在大后方几个

刘建绪题签的《福建十年》

省区，救治了许多鼠疫感染者。为了抵抗细菌战，每到一处即在当地举办"短期防疫训练班"培养防疫人员。他自己编写讲义，亲自主讲，为浙、湘、闽等地培养了一批防疫人才，有力地支援了中国战时的卫生防疫事业。刘建绪题写书名的《福建十年》记述：民国三十二年（1943年）9月底，卫生署派鼠疫专家伯力士、防疫第四大队长施毅轩来闽工作。

在中国多年防疫工作中，积累了丰富的实践经验，他的鼠疫防治理论研究已达到国际领先水平。1954年，出版《鼠疫》（德文版、英文版），这是一部鼠疫防治理论巨著，为其带来国际声誉。

钱履周

1894—1982年，名宗起，字履周，祖籍浙江绍兴，寄籍福州。福建法政专门学校毕业。勤奋好学，博览群书，通晓英、日两国语言，才思敏捷，下笔成文。北洋军阀据闽时任小学教员。北伐后，何公敢任福建省财政厅厅长，入财政厅工作。1933年"闽变"失败后，福建政局改组，陈仪任福建省政府主席，任钱履周为省政府秘书处秘书。

1938年，随省政府内迁永安。不久，擢任主任秘书，负责综核全部公文稿件，深受陈仪信任倚畀。1942年，陈仪改任行政院秘书长，亦随同前往陪都重庆，任行政院秘书。抗战胜利后，陈仪出任台湾长官公署长官，任命其为台湾救济分署署长。1948年，陈仪任浙江省政府主席，荐其为浙江省政府委员。翌年，陈仪准备起义，他从旁赞襄策划，因事机不密，陈仪被捕。得讯后，急避回榕。回福州后，经何公敢介绍，加入民盟。

1949年，何公敢任福建学院院长，聘钱履周为教授、副院长。1951年，福建学院并入福州大学，后改为福建师范学院，钱任中文系教授，讲授中国古典文学。在福建师范学院任教时，曾参与编写《中国文学史》，选辑《清诗选》等。1981年9月，受聘为文史馆员。曾任省政协委员。工诗文，遗诗于1983年由福建逸仙艺苑编印成帙。

林舒谦

福建福州人。1938年到永安任福建省教育厅戏剧委员会"战时国民巡回教育团"干事，后任"民众教育施教团"第一团团长。1941年1月起，相继任《剧教》《福建剧坛》编辑。中华人民共和国成立后，在福建省戏曲改革委员会工作，后转入福建省闽剧实验剧团任艺术研究委员会副主任、专职编剧，其创作、改编的《炼印》《六离门》曾轰动省内外剧坛。

林雨时

1881—1957年，原名景清，字祥云，闽县（今福州东部和闽侯东南部）尚干镇人，生于福州。早年考入英华书院，参加反清活动。1905年4月，创办"桥南公益社"，密谋举义，后该社作为福建同盟会机关。1908年6月，创办福州"闽南救火会"，任会长。同盟会福建支会成立后，参与党务，任机关报《建言报》社长兼体育会会长。辛亥广州起义时留闽，参与筹划福、厦两地响应，后组织体育会青年炸弹队参加福州起义。福州光复后，出任福建军政府保安会会长。1919年，任福建靖国军总司令部参议、广州元帅府大本营建设部顾问、福建省长公署特派员、福建禁烟委员会常务委员。1932年11月，任国民政府秘书。

林舒谦

林雨时

抗日战争期间，与陈培锟同住吉山，任福建省赈济会委员、华侨难童教养院院长，后任中央赈济委员会委员。

中华人民共和国成立后，以"辛亥革命老人"之名，被聘为福建省文史馆馆员。

翁敬棠

1885—1957年，字剑洲，福州琅岐人。光绪三十年（1904年）秀才，后至日本法政大学留学，回国后考取法政举人。为官秉公执法，尤在"金法郎案"中不畏权势，公开检举外交总长和财政总长等人出卖国家利益的罪行，大义凛然，正直无私，受到民众赞扬，而自身反遭迫害。

抗战时期，任最高法院闽浙赣分庭庭长。抗战胜利后，任中央公务员惩戒委员会委员长。1948年膺选司法院第一届大法官。1949年后，被选为福州市第一届人民代表大会代表，任福建省文史研究馆副馆长。

李午亭

1886—1967年，原名炳年，字学定，福建建阳人。在京师法律学堂毕业后，到广西任桂林地方法院检察官。1916年调回福建，任福建省审判厅厅长等职。北伐战争开始后，调任最高法院推事。1928年7月加入国民党。1942年回福建，任福建省高等法院第二分院院长。抗日战争胜利后，改任福建省高等法院首席检察官。1948年被选为国民大会代表，出席全国的国民代表大会。中华人民共和国成立前夕，福建省特别刑庭移送政治犯200余人到省高等法院，特将这批政治犯全部释放，并关照他们及早离开福州，以免再遭逮捕。建国后，受聘为福建省文史馆馆员。1967年8月病逝于福州。

柯凌汉

1896—1985年，字梅初，福建长乐人。1916年毕业于福建法政专门学校法律系，由学校择优资助，赴日本留学。1919年毕业于早稻田大学法律系。1941至1945年先后出任福建高等法院检察处检察官、尤溪第三分院检察处首席检察官、福建高等法院庭长，1945年9月抗日战争胜利后，任厦门地方法院院长、南京最高法院民事庭推事。

中华人民共和国成立后，任福建省政协委员、省法学会名誉会长。他与长女柯咏仙（抗战时期任《现代儿童》主编，地下党员）同为省政协委员，所谓"父女双委员"。

（二）教育人士

郑贞文

1891—1969年，字心南，幼名幼境，乳名伊哥，晚年号龙山砚叟，福建长乐人。著名化学家、编译家、教育家。12岁时考取秀才，15岁赴日本留学。1909年他在日本加入中国同盟会。1915年入日本东北帝国大学攻读理论化学，1918年毕业。回国后到商务印书馆编译所任编辑，后任编译所理化部主任，负责主持化学及其他自然科学图书的编审工作，是我国化学教科书的奠基人。1920年10月任厦门大学教务长，负责厦门大学的筹备工作。1932年6月，任南京国民政府编译馆编审兼自然科学部主任和译名审查委员会主任。

郑贞文

1932年底，郑贞文任福建省教育厅厅长。1938年5月随省政府内迁永安，即将福建省立师范学校（后改为省立永安师范学校）、省实验小学迁到永安，协同创办省立永安中学、省立音乐专科学校、省立师范专科学校、省立高级农业学校和省农学院，大大改善了福建的教育状况。为适应抗战形势，他提倡"笠剑学风"，要求学生学农民戴斗笠去从事劳动生产，学士兵拿起枪剑去杀敌人。在教育厅内成立戏剧教育委员会，组建剧团，演出抗日话剧，并出版《剧教》《福建剧坛》等定期刊物。亲自创作了《保卫中华》《保卫福建》《笠剑学风》等十多首抗战歌曲。支持出版《福建教育》《福建教育通讯》《现代青年》《现代儿童》《战时民教》等刊物。

郑贞文原留学日本专攻化学，但他的文学造诣也极深，在吉山期间，编辑出版了《闽贤事略初稿》、《笠剑留痕》诗词集、《郑所南谢皋羽诗文年谱》，他还介绍郭沫若翻译的歌德名著《浮士德》《少年维特之烦恼》到永安东南出版社出版。介绍郭沫若著作《先秦学说述林》在东南出版社首次发行，该书成为当时永安的畅销书。

郑贞文为人开明，在厅内容纳中共地下党员和进步文化人士，推荐作家、翻译家黎烈文来闽任视导员。黎烈文之后任永安改进出版社社长。1943年底，郑贞文卸任教育厅厅长。1944年2月至6月，任国民政府党政考核委员会第五室主任（在重庆），病中就职，旋因病辞职。1944年7月至1945年8月，在永安吉山寓所养病。抗战胜利后，1945年9月举家迁回福州市。

徐箴

1899—1949年，字士达。辽宁省兴京县（今新宾满族自治县）人。1916年在小学任教，后留学日本，攻读电气专科。1923年毕业回国，历任奉天市政公所事业课长、电车三厂厂长。尔后，担任吉林至海龙铁路建设总工程师兼任工程处处长和总务处长。完成任务后，受到张学良的表彰，被任命为省长公署"主稿"，同时兼任东北大学社会学教授、东北警官学校教官。1928年12月，转任建设厅主任秘书，同时兼任东北交通委员代委员长的秘书。1929年，成立哈满电信局，任局长。"九一八事变"爆发后，积极支持抗日活动，曾捐资两千元，支援哈尔滨保卫战。哈尔滨沦陷前夕，被委任为北平电话局长兼东北党务办事处委员。其致力于抗日宣传、组织工作，发起创办知行及竞存中学，组织过东北民众救国会等一系列群众抗敌团体，一度影响很大。

1937年以后，被委派担任浙江省第六区行政督察专员兼保安司令，福建省政府委员兼教育厅长（接任郑贞文，在吉山时间较短）。后又受任民国辽宁省政府主席，1948年辞职，南迁沪杭。1949年除夕夜，乘太平轮去台湾，客轮驶离上海不远，即与货轮相撞，他与夫人及一子二女全部遇难。

林天兰

1887—1960年，福建闽侯人。留学美国普林斯顿大学，获硕士学位，后美国西南大学授予他荣誉法学博士衔。回国后任浙江大学教授，福建省教育厅督学。1938年9月，林天兰调省立永安中学担任首任校长，成为战时福建省会七大著名校长之一。为树立良好校风，同年秋，林天兰创作《永安中学校歌》（邓锦屏作曲）和《励志歌》（黄骢作曲），对学生提出殷切的期望。他的教育方法可以称作"爱的教育"，循循善诱，诲人不倦，以身作则。他著文指出，地方要摆脱贫困和落后状况，一定要从振兴教育着手。他号召本地青少年都要争取入校学习，学好文化和科学知识，希望家长们支持子弟上学。学校设奖学金鼓励穷苦学生上学。

林天兰

林天兰精通英语，经常辅导初学英文产生畏难情绪的学生。他还把自己的指导体会和经验编成《英文锁钥》一书，由立达书店出版，很受欢迎。1939年2月，林天兰离校任浙江大学龙泉分校教授、教导主任。1943年9月于永安创办《英语锁钥》（月刊）。这是东南地区唯一的英语自修读物，由林天兰任主编，英语锁钥出版社出版。1945年底《改进》迁福州编行，林天兰任主编。1947年至1949年，任福建师范专科学校（福州乌石山）校长。

廖祖刚

1939年2月，继林天兰后省立永安中学第二任校长，是战时福建省会七大著名校长之一。教育学生，语重心长。对学习基本功要求严格，从黑板示范到作业本练习都一一查阅，一丝不苟。关心学生的生活，注重教育的功能，让许多学生终身受益，体现真善美的教育观和人生追求。

1940年冬，由于日机不断滥炸永安县城，学校为保证学生安全而又不影响学业，将全校师生疏散至文川溪对岸1.5千米之遥的蝙蝠洞上课。师生黎明即起，日落方回，虽警报阵阵，机声轰轰，而诵读不辍。持续数日，始终秩序井然，师生精神饱满，足见当时的学校管理和精神面貌。廖祖刚接手学校于初创，经过筚路蓝缕的苦心经营，在后山扩建校舍，成立高中部。随着规模的扩大和学制的完善，一所完全中学活跃在吉山一角，备受瞩目。

1943年2月离开省立永安中学，到福州三山中学、福建学院附中任教。

徐叙贤

1943年2月，接替廖祖刚任省立永安中学第三任校长，是战时福建省会七大著名校长之一。时值抗战后期，生活条件异常艰苦，单身住校，和学生们一起在饭厅吃糙米饭。每星期六下午放学，他和许多学生一起，提着衣物从吉山步行到城里家中。无论刮风下雨，不管严寒酷暑，他总在星期天晚上赶回学校，从无例外。治学严谨，刚正无私，积极宣传抗战，注重以身示范。每周至少向全校学生做一次报告，说国事，说教育，说将来，内容生动，语言流畅，感情充沛。为了让学生掌握演说本领，规定每天早上师生集合完毕，要有一位同学上台演讲，题目自定，时间5到10分钟，由高年级带头，依次轮流。这个别开生面的举措，锻炼了一大批人。

1945年8月，离开省立永安中学，不久到台湾任教。他曾表示，在永安中学的时光是一生中最有意义的时段之一，他热爱那块土地，也曾盼咐要把骨灰撒在文川之滨、吉山冈峦。

黄慕周

1945年8月，任省立永安中学第四任校长，在吉山的时间短暂（约半年）。1946年初省立永安中学搬离吉山，迁到永安城区的东坡，与县中学合并为现在的永安一中。

林浩藩

1910—1994年，福建福州人，字孟屏。幼时家道贫困，但他人穷志坚，刻苦好学，以优异成绩考入师范学校。后又考入上海大夏大学。大学期间，他依旧保持勤奋学习的好习惯，成绩名列前茅。此外，他还兼职在上海证券业小学教书，并介绍地下党员杜星垣到该校任教。在两人交往过程中，林浩藩加深了对共产主义的认识。不久，经杜星垣引荐，林浩藩参加了沈钧儒、史良等"七君子"发起的抗日民主运动。

抗战时期，林浩藩随福建省政府内迁永安。当时永安中学有不少兼任教师都是大学毕业不久的教育厅科员，他们怀着抗日救亡的爱国热情，在学校开展抗日宣传。1938年10月，林浩藩与省立永安中学兼任教师、当时的共产党人陈培光等一起自费创办通俗报纸《老百姓》，宣传抗日，披露国民党的阴暗面，揭开了永安抗战文化活动的序幕。1939年初，林浩藩加入"中华民族解放先锋队"，并参加中华职业教育社、生活教育社等进步组织。同年11月，《老百姓》报因纪念孙中山诞辰发表了题为《拥护联俄、联共、扶助农工三大政策》的社论，被国民党福建省党部认为是替共产党说话，勒令停刊。仅出版1年4个月的《老百姓》就这样被扼杀了。没有了宣传抗战的"喉舌"，林浩藩等骨干教师就转为组织话剧演出，宣传抗日思想。1940年，林浩藩被任命为省立龙岩师范学校校长。1945年9月，抗战胜利后，他回到福州从事教育工作。中华人民共和国成立后，先后担任福州市民政局局长，民革福建省委会秘书长、副主委，民革中央委员、中央监委常委等职。

沈炼之

1904—1992年，浙江温州人。1926年大学毕业，后赴法国留学，研究历史，1933年获法国里昂大学博士学位。1938年到永安，编辑与主编《改进》半月刊，先后任省教育厅秘书、福建省中等学校师资养成所所长、福建省研究院教授。1942年5月，沈炼之任社会科学研究所所长。其间翻译了10余部进步论著，还撰写了大量论文，大多在永安改进出版社出版。1941年在永安出版《法国革命史讲话》。1943年8月，到闽北建阳暨南大学任史地系主任、文学院院长。

沈炼之

吴秋山

1907—1989年，福建诏安人，现代作家、书法家。其父吴梦丹、叔父吴梦沂都是清代贡元，学识渊博，均有诗文行世。吴秋山四岁入私塾，九岁能作韵语，著诗文，16岁中学毕业后，入厦门集美高等师范学校深造，19岁考入上海复旦大学中文系学习。是时，他投身新文学运动，写了不少散文、诗歌，在上海报刊发表，并于1934年及1937年出版新诗集《枫叶集》《秋山草》与散文集《茶墅小品》等，他的散文具有清新隽永的独特风格。吴秋山生前长期在高等学校从事古典文学教学与研究，先后在复旦大学、协和大学、海疆大学和福建第二师范学院等校任教，擅长古典诗词创作，精通音韵格律之学，曾著有《白云轩诗词集》。抗战期间，先后在福建音专、永安师范学校任教，当时写有一首诗《吉山小景》。

唐守谦

1905—1998年，福建莆田人，中华民国教育家。自厦门大学毕业后，留学美国哥伦比亚大学师范学院，获硕士学位，后再获博士学位。回国后历任厦门大学、安徽大学、福建协和大学教授。抗战时期，任福建省教育厅第三科科

唐守谦

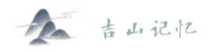

长,后任省立师范专科学校首任校长。

(三)音乐人士

蔡继琨

1912—2004年,祖籍台湾彰化,生于福建晋江金井镇塘东村,先后在集美高级师范学校、东京帝国高等音乐学院学习,是知名的作曲家、指挥家、音乐教育家,旅菲爱国华侨。

抗战时期,他在福州创办了福建省中小学音乐师资训练班和福建省会音乐教育研究会,举办抗敌音乐演奏会,到闽南前线进行抗战宣传演出,率"福建省政府南洋侨胞慰问团"赴菲律宾马尼拉等地进行慰问演出。

蔡继琨

1938年随省会搬迁到永安。1939年10月,在永安续办第二期福建省中小学音乐师资训练班。1940年4月2日,福建省立音乐专科学校在永安郊区上吉山成立,蔡继琨为首任校长,也因此成为战时福建省会七大著名校长之一。他是将西方古典音乐引入福建教育的第一人,广为接纳国内外躲避法西斯迫害的音乐家和进步文化人士乃至中共地下党员,支持师生开展抗战文化活动。在永安期间,创作了《捍卫国家》等多首抗战歌曲及《雨后吉山》钢琴独奏曲等。1941年1月,带领"福建省立音乐专科学校巡回演奏团"到全省各地进行演出。

1942年7月26日,蔡继琨请辞福建省立音乐专科学校职务赴重庆,在教育部任职并兼中央大学教授、国立音乐学院顾问等职。在他的努力下,是年8月,教育部批准将福建省立音乐专科学校改制成国立福建音乐专科学校。

1994年3月,82岁高龄的蔡继琨从菲律宾回国,在福州自费创办福建音乐学院。2001年,荣获中国音协颁发的"金钟奖"终身荣誉勋章。2006年3月,福建音乐学院所编的《祖国情——蔡继琨教授音乐生涯》一书由海风出版社出版。

缪天瑞

1908—2009 年，浙江瑞安人，我国著名的音乐教育家、理论家、翻译家。1926 年毕业于上海艺术师范大学音乐科，曾在温州艺术学院、上海艺术师范大学、武昌艺术专科学校等大专院校和多个小学、中学任音乐教师。1933 年起，在江西省音乐教育委员会任中小学音乐教育视察员，并担任教育部音乐教育委员会主办的《音乐教育》月刊主编。1939 年到重庆，任教育部音乐教育委员会《乐风》双月刊主编。后受音乐家蔡继琨邀请，于 1942 年到福建永安，任省立（后改国立）福建音乐专科学校教授兼教务处主任，并教和声学、曲式学、对位学、音乐欣赏、音乐教学法等课程。

缪天瑞

1946 年去台湾，任台湾省交响乐团编辑室主任、副团长，主编《乐学》季刊。1949 年 5 月回到大陆，先后任中央音乐学院研究室主任、教务处主任、副院长，天津音乐学院院长，中国艺术研究院音乐研究所研究员等。2001 年，荣获中国音协颁发的"金钟奖"终身荣誉勋章。

黄飞立

1917 年 6 月出生于广州。指挥家、音乐教育家。自幼师从上海工部局管弦乐队副首席吉绍夫斯基学习小提琴演奏。1943 年至 1945 年在国立福建音专任教。1948 年赴美国耶鲁大学音乐学院留学，师从音乐大师保罗·亨德米特学习理论作曲。1951 年毕业回国，在中央音乐学院先后担任管弦系系主任，指挥系创系系主任、教授。任舞剧《红色娘子军》《鱼美人》的首演指挥。有多位学生在国际指挥比赛中获奖，并在国内外重要乐团任指挥、总监。1986 年获美国耶鲁大学音乐学院颁发的"在音乐领域作出杰出贡献"功绩证书。2001 年，荣获中国音协颁发的"金钟奖"终身荣誉勋章。

卢前

1905—1951 年，江苏南京人。毕业于南京东南大学，曾先后于金陵大学、河南大学、成都大学、暨南大学、光华大学、四川大学、中央大学等近 20 所

大学任教,讲授文学、戏剧、音乐等。一生著作丰富,并搜集、整理、刊印了大量古籍,是著名诗人、散曲作家、戏剧史论家、剧作家和古籍整理者。抗战时期,面对日本帝国主义的侵华行径,卢前撰写了大量宣传抗日救国的韵文作品。1942年10月至1943年3月,在永安吉山担任首任国立福建音乐专科学校校长,是战时福建省会七大著名校长之一。寒假期间曾带领演出团到南平、福州演出,筹募"音专号"滑翔机的捐款支持抗战。

卢前

萧而化

1907—1985年,江西萍乡人。音乐理论家、教育家。1929年毕业于国立杭州艺术专科研究院。1933年留学日本,就读于上野音乐专科学校作曲科,攻读音乐理论与作曲。1937年日本大举侵华,萧而化愤而回国,投入抗日阵营,在江西推行音乐教育委员会工作,并主持音乐师资培训班,后任教于广西桂林。1943年7月6日接卢前代理国立福建音乐专科学校校长,不久继任校长。萧而化德艺均高,为人忠厚正直,培养良好校风学风,发展民主进步思想,受到师生的尊敬,使福建音专进入兴盛时期。1944年12月卸任。

萧而化

梁龙光

1907—2010年,又名雪予、披云,福建永春人(梁灵光之兄,梁灵光改革开放初期任广东省省长)。著名诗人、国学大师、书法家、教育家、社会活动家。早年就读于武昌师大英文系和上海大学中文系,后到日本早稻田大学经济系留学。20世纪30年代在泉州创办黎明高级中学,任校长。以后历任国立福建商业学校、福建省教育厅厅长及国民党

梁龙光

福建省党部书记长等职。1944年12月，任国立福建音乐专科学校第三任校长，1945年2月改任国立海疆学校校长。后到南洋游学教书，1966年迁居澳门，任华侨联谊会总会会长、《华侨日报》董事长、澳门特区筹委会委员。书法得于右任亲授，作品被多家博物馆、艺术馆、纪念馆收藏。主编《中国书法大辞典》等。曾任全国政协委员、全国侨联常委。

张兆焕

福建仙游人。毕业于莆田十中，留学日本，回国后在国民政府教育部工作。1944年5月，国民政府决定创办国立海疆学校，由教育部派蒙藏教育司科长张兆焕等3人来闽筹备。筹备处设于仙游县，借私立金石中学旧址为校舍，办理该校招生诸事宜。10月，教育部聘张兆焕为该校校长。1945年1月调任国立福建音乐专科学校任第四任校长，至1945年8月离任。

唐学咏

1900—1991年，江西永新人。1919年就读于上海师范专科学校，曾为李叔同《世梦》词谱曲，成为李叔同认可的再传弟子。1921年，赴法深造，攻读音乐。1929年获"桂冠乐士"称号，同时以管弦乐曲《忆母》获得该院博士学位。1930年学成归国，受聘南京中央大学教育学院艺术系教授兼音乐系主任，执教八年，培育出许多乐坛优秀人才。1945年8月任国立福建音专第五任校长，直到1950年。

唐学咏

唐学咏创作了许多艺术水平很高的作品：留学期间，创作《怀念北伐无名将士》《闻孙逸仙博士死耗之余》《咏怀》《烟火》等钢琴曲和《凤凰来兮》洞箫与竖琴合奏曲；回国后，创作钢琴组曲《正月十五元宵节》、大型合唱赋格《山居引》《牧童操》、清唱剧《神曲》以及用秧歌为素材的《弦乐四重奏》等。其中四声部赋格《山居引》，其严谨的赋格织体为当时国内作品所罕见。

唐学咏首次在我国音乐院校中，介绍和推行"固定唱名法"。在福建音专任职期间，他将视唱练耳课定为重要的基础课，并身体力行，亲自授课。

陆华柏

1914—1994年，祖籍江苏武进，生于湖北荆门，是著名的作曲家、音乐教育家。1934年毕业于武昌艺术专科学校，1937年冬创作了著名的抗战歌曲《故乡》（张帆词，1943年改编成合唱），1938年创作其姊妹篇《勇士骨》，1942年创作《战士之歌》（范争波词）、清唱剧《汨罗江边》（伍禾词）。1943年末到永安任国立福建音乐专科学校教授。先后创作清唱剧《大禹治水》（缪天华词，1943）、《白沙献金》（陆华柏词曲，1944），创作声乐作品《血肉长城东海上》（卢前词，1943）、《八百孤军》（卢前词，1943）、《抗战山歌》（汪子美词，1943）、《从军三部曲》（1944）等。并与王佩伦合作，为刘天华的10首二胡独奏曲编配钢琴伴奏。其抗战时期创作的歌曲旋律斗志饱满，具有地方民族音乐特色。陆华柏教学和创作之余还常写杂文，以隐喻而辛辣的手法痛斥当局，具有代表性的是他在《民主报》副刊发表的《虫豸篇》一文。1945年9月3日，被福建省国民政府"驱逐"，被迫离开永安。

陆华柏

甘宗容

1925年生，广西龙州人，壮族，音乐教育家。1943年至1946年在国立福建音专选修声乐兼任图书管理员。1949年后，先后执教于中央戏剧学院音乐系、华中师范学院音乐系，任广西艺术学院教授、院长。曾任中国音乐家协会理事、广西音协副主席。

谢投八

1902—1995年，福建漳州人。著名美术家，毕业于菲律宾大学美术院，留学于法国巴黎朱利安美术学院。1940年在福建省立音乐专科学校任教。曾任福建师范大学艺术系教授兼系主任、中国美术家协会理事、福建美术家协会主席等职。

叶葆懿

1915—1974年，福建漳浦人。1934年，她从集美幼稚师范毕业后，考入国立杭州艺术专科学校音乐系，师从俄籍教授马森（Prof. Alexander Maschin），主修声乐。毕业后，仍然跟随马森教授专攻声乐。1938年，返闽任尤溪县进德高中音乐教师。1939年应邀到福州蔡继琨主持的音乐师资训练班任专任讲师，并开始向蔡继琨学习作曲和指挥。1940年开始，受聘为福建省立音乐专科学校讲师、副教授，担任声乐组主任兼音乐师资训练班主任。1940年7月初，和蔡继琨在永安上吉山结婚。1941年1月26日，参加蔡继琨带领的福建音专巡回演奏团，开始了历时1个月的全省巡回演出。演出的诗剧有《悲壮的别离》《佛门动员》《招魂曲》等，蔡继琨作曲、指挥，叶葆懿主唱。叶葆懿协助蔡继琨开展福建音专校务工作，对音专的建设与声乐教学作出了很大的贡献。1945年到台湾任台湾交响乐团合唱队声乐指导兼指挥、台湾省立师范学院音乐系教授。

叶葆懿

曾雨音

1909年出生，籍贯福建龙岩。音乐教育家、理论家，福建省音乐界泰斗。1932年就读于上海国立音乐专科学校，1944年在国立福建音专任教。曾任福建师范大学艺术系副主任、福建省音乐家协会首任主席。主要作品有《牧羊歌》《我们是钢铁的一群》《庆祝土改大胜利》等。1945年12月创作《再会吧！吉山》，仅存手稿。

奥斯卡·曼哲克

1881—1963年，德国犹太人，曾侨居维也纳。德国格林华士斯佳温音乐学院毕业，担任大提琴演奏员35年。1940年9月，他应福建省立音乐专科学校校长蔡继琨之邀，与夫人克拉拉·曼哲克同行从上海到永安上吉山，任大提琴副教授。曼哲克不仅技艺精湛，而且教学认真负责，对学生关怀备至，师生相处融洽。他得意的学生杨炳维、王连三、朱永宁、陈鼎臣、陈华珍等均成为中华人民共和国第一代大提琴家。1943年5月2日，曼哲克在音专举行大提琴独奏会，演奏勃拉姆斯的e小调大提琴奏鸣曲、巴赫的G大调大提琴鸣奏曲和拉罗的大提琴协奏曲等，取得很大成功。1946年2月，福建音专迁往福州，他与夫人随之离永赴榕。

克拉拉·曼哲克

1876—1953年，德国犹太人，曾侨居维也纳。德国普鲁士柯尼斯堡音乐学院毕业。1940年9月，应福建省立音乐专科学校校长蔡继琨之邀，与其夫奥斯卡·曼哲克一起从上海到永安上吉山，任钢琴副教授。偏重教授德、奥作曲家的作品，演奏典范，指法严谨，教学有很高的素养，教学特点是示范。她关心、爱护学生，学生有微小的进步，她都及时给予鼓励。她的学生王鼎藩、郑曙星、杜琼英等后来成为著名钢琴家。

马古士

1900年生，奥地利犹太血统的音乐理论家和钢琴家。曾任维也纳多所大学音乐教授，合唱团、管弦乐团及歌剧院指挥，上海合唱团及歌剧指挥。1940年，应聘为福建省立音乐专科学校的理论作曲和钢琴教授。到校不久，即在师生同乐会上，满怀对中国人民英勇抗战的钦佩和对纳粹的痛恨，激情演奏了他的作品《新中国在成长》。在教学上，他用黎曼的功能体系讲解里姆斯基科萨科夫的《实用和声学》，简明扼要。课外，常到教室巡视辅导，以弥补课堂上因语言差异学生理解不透的不足。其作品五声风格的钢琴曲《小品》，被作为教学示范教材。1942年1月26日，随蔡继琨赴福州及闽南巡回演出，历时1个月，不怕辛苦，每场不缺。1942年8月，蔡继琨请辞校长一职离永赴渝，马古士也随之离开永安赴上海任教。

尼哥罗夫

1906年生，保加利亚籍小提琴家。1923年考入捷克国立音乐学院，1928年以特优演奏家文凭的优异成绩毕业，并留院任世界著名的小提琴教育家舍夫契克教授的助手。1930年起，他以独奏家的身份在欧美及亚洲巡回演出。第二次世界大战时，他与弦乐四重奏小组到日本，后因时局变化回不了欧洲，转赴上海。1940年9月，应聘到永安上吉山福建省立音乐专科学校任小提琴教授。受音专师生的热烈欢迎和永安优美山水的感动和启发，创作了富有东方风格、中国气派的小提琴独奏曲《永安之夜》，后又将其改编成重奏曲、管弦乐曲，受到音乐界的广泛赞誉。师训班的卢

1941年1月，蔡继琨（前）与尼哥罗夫（后左）、奥斯卡·曼哲克（后中）、马古士（后右）合影

禹昌和国立福建音专第一任校长卢前为《永安之夜》填词，在永安广为传唱，流传至今。学校每有外出演出，他都积极参加，常演奏《永安之夜》、《中国花鼓》（克赖斯勒曲）、《流浪者之歌》（萨拉沙蒂曲）等。抗战胜利后，尼哥罗夫随校离开永安到福州继续任教。

福路

1914—1990年，美国钢琴家，毕业于美国奥柏林音乐学院。1936年来到中国，相继在华南女子学院、福州协和大学、国立福建音专教授钢琴。1953年离开中国，前往菲律宾诗里曼大学任教。他不仅带来了西方音乐，更带来了对中国音乐事业的一片热忱之心，为福建音乐、福建钢琴事业的发展作出了很大贡献。

（四）文化人士

李由农

1903—1974年，湖南醴陵人。曾任醴陵师范学校校长，有湖南才子之称。李由农是刘建绪同乡，曾在上饶第三战区司令部任秘书，1941年随刘建绪入闽，到永安任福建省政府编译室主任。

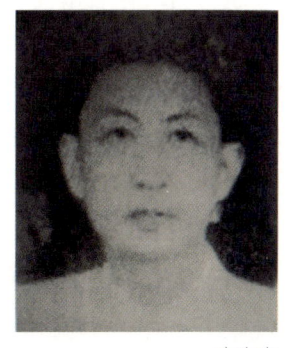

李由农

他政治倾向比较开明，能容纳如董秋芳、赵家欣、叶康参、钱念文等进步文化人士在编译室工作，并同意以编译室名义与社科所合出由羊枣主编的《国际时事研究》周刊。抗战胜利后到福州，创刊政府机关报《福建时报》，并任报社社长。

赵家欣

福建厦门人。20世纪30年代开始从事新闻、文学工作。1942年夏，到永安任《现代青年》主编。后任福建省政府编译室编译，主编《新福建》月刊。1945年汇编出版羊枣的《太平洋战争新局势》等书。中华人民共和国成立后曾任福建省政协常委、民盟福建省委副主席、中国作协福建省分会顾问、福建新闻学会副会长等。

赵家欣

陈启肃

1911—1975年，福建福州人。1936年毕业于厦门大学，后进入福建省教育厅工作。1938年到永安参加进步报纸《老百姓》的编辑工作。1939年任战时国民教育巡回教学团团长。不久，调任省教育厅戏剧教育委员会委员兼总干事，领导该委员会下辖的3个战时民众教育巡回施教团，巡回闽北各县开展抗日宣传活动。1940年1月，《剧教》《福建剧坛》相继创刊，陈启肃担任《福建剧坛》主编、《剧教》

陈启肃

编辑，充分利用合法的戏剧宣传阵地，开展进步的戏剧活动。这期间创作有《好汉子》《第二号汉奸》《徘徊着的女人》等十余种话剧本。1944年，转入南平福建省立师范专科学校任教。

高时良

1912—2015年，福建福州人。1937年厦门大学教育系毕业后，到福建省教育厅工作。1938年随厅到永安，其间参加了《老百姓》报的编辑工作，曾任《福建教育通讯》主编，兼任省立永安中学国文课教师。所著以民族解放运动和反法西斯斗争为主要内容的《第二次大战中的近东与远东》《亚洲风云》《欧洲风云》均在永安出版。抗战胜利后返回福州，任福建省教育厅研究室主任、福建省立师范专科学校副教授，后在福建师范大学任教授。

章振乾

1907—2005年，又名姜雨平，福建连江人。广东中山大学毕业后赴日本东京帝国大学农学部研究院深造。回国后曾任《新福建日报》编辑、《国光日报》总编辑。1938年随福建省会内迁永安，任福建省银行董事会秘书。其间，与省教育厅职员地下党人陈培光等自费创办《老百姓》报，任发行人。1942年至1944年到广州中山大学任经济系教授。1944年下半年再到永安，任福建省研究院社会科学研究所研究员，在王亚南离任后接任所长，兼经济研究组组长。曾在《社会科学》季刊上发表有关中国土地问题及租佃制度等内容的多篇论文。1945年7月"羊枣事件"发生后，积极营救被捕同志。同年10月随省会回迁福州。

徐君梅

1911—1966年，福建福州人。1936年厦门大学毕业后留校任教，继而进入福建省教育厅任编审工作。1938年随省会内迁到永安，参加《老百姓》初期编辑活动。在永安创作和编辑的战时国民读物有《抗战诗歌十九首》《抗战歌谣选》《抗战声律启蒙》《中华好儿女》《我们家乡——福建》等十余种，又翻译了多种文艺作品在报刊上发表，宣传抗日救亡。他还主编过《中等教育》月刊，为《现代青年》和

高时良

章振乾

徐君梅

《现代儿童》撰写大量稿件。抗战胜利后随省会回迁到福州。离开吉山时，写下《再见吧，吉山》。

徐君藩

1914—1997年，福建福州人。1937年厦门大学毕业后，曾在福建省教育厅工作。1938年到永安，参加了《老百姓》报的编辑工作，还主编《民教指导》半月刊，并在《现代青年》等报刊上发表大量进步作品。1941年起，先后在福建省立师范专科学校和国立海疆学校任职。1943年7月至12月，《现代青年》月刊由改进出版社移交福建省教育厅编辑出版时，徐君藩曾任该刊主编。抗战胜利后随省会回迁到福州。

徐君藩

潘希逸

1903—1989年，字樵云，号月笙，南安罗东炉山人，诗人。家境清寒，10岁始入私塾，但秉性聪敏，勤学好问，尤爱好诗词，深得师长器重。14岁在南安县立丰州小学读书，20岁进泉州省立第十一中学学习。出校后，长期从事教育工作，致力于诗词和书法研究。1942年在永安工作时，结识江、浙、皖、赣、湘、桂、粤、闽等诸省名人，经介绍加入南社为社员。1936年到晋江南侨中学任教，1966年退休。20世纪80年代期间，参加福建省逸仙艺苑诗社、刺桐吟社，被聘为清源诗社顾问。1982年成为南安县第四届政协委员。抗日战争时期，在福建省政府社会处任科员，当时写有一首诗《春日登永安吉山北陵殿》。

姚勇来

福建莆田人。抗战时期在永安任《老百姓》《联合周报》编辑，《战时民众》主编，《中央日报（福建版）》记者和副刊编辑。其间以笔名姚隼在《现代文艺》《联合周报》发表大量进步文章和文艺作品。

姚勇来

姚勇来与其妻沈嫄璋都是抗战话剧运动的活跃分子，常是姚勇来当导演，沈嫄璋饰主角，在各地巡回演出《放下你的鞭子》《麒麟寨》等抗战救亡话剧，受到各界好评。"羊枣事件"发生后，姚勇来于1945年7月16日被捕。同年10月获释，到福州《中央日报（福建版）》当记者。1946年秋，携妻赴台湾，任《新生报》《台政月刊》编辑。

沈嫄璋

女，福建福州人。抗战时期随其夫姚勇来到永安，曾任《老百姓》编辑、《中央日报（福建版）》记者，并在改进出版社主编《现代儿童》。在《改进》《战时民众》《现代青年》等刊物上发表进步文章。在永安和福建各地巡回演出《放下你的鞭子》《麒麟寨》等抗战救亡话剧，是抗战话剧运动的活跃分子。1945年7月16日在"羊枣事件"中被捕，后获释。1946年秋与姚勇来同往台湾当记者。

沈嫄璋

朱鸣冈

1915—2013年，安徽凤阳人，原籍江苏宜兴。著名版画家、美术教育家。1934年就读于苏州美术专科学校国画系，学习山水、花鸟画。1936年在家乡当小学教师。1938年春，逃难至武汉，考取教育部第二巡回戏剧教育队，任美术干事，辗转于赣、浙、皖、闽等诸省宣传抗日，后因公开宣传共产党言论被开除。1939年参加"中华全国木刻界抗敌协会"，从此致力于木刻创作。1940年3月，到永安福建抗敌后援会画宣传画，8月到改进出版社任《战时木刻画报》编辑，参加版画运动。1941年春开始从事美术教育工作。1943年秋，由永安歌林出版社出版《鸣冈木刻画集》第一集、第二集。该画集的出版也丰富了永安抗战文化内涵。

朱鸣冈

卓克淦

1914—2017 年，福建福州人。1937 年毕业于上海大夏大学美育学院。在校期间，担任福建同学抗日救国会总干事，参加了"一二·九"学生运动，曾作为大夏大学学生代表，组织学生赴南京请愿。1937 年到福建，任福建省教育厅股长、视导员。1938 年到永安参加创办《老百姓》报。1942 年 1 月任省立莆田初级中学校长。抗战胜利后，任台湾省行政长官公署接管委员会委员，并任淡水区区长。后回福建，任民革福建省委常委、顾问等职。

卓克淦

黎烈文

1904—1972 年，又名六曾，湖南湘潭人。1922 年任上海商务印书馆助理编辑，曾参加文学研究会。先后在日本、法国留学，1931 年获法国巴黎大学研究院文学硕士学位。1932 年春回国，担任法国哈瓦斯通讯社上海分社法文编辑。后应申报馆总经理史量才之邀，任《申报》副刊《自由谈》主编，经常在刊物上刊登鲁迅、瞿秋白、巴金、茅盾、郑振铎等进步作家的文章。1936 年，在上海创办《中流》文艺半月刊，从事抗日救亡文化运动。1938 年春，

黎烈文

应福建省教育厅厅长郑贞文之邀到福州，任福建省公报室编辑。后随福建省会内迁到永安，组建改进出版社，并任社长。他先后创办和出版了《改进》《现代儿童》《现代青年》《战时民众》《战时木刻画报》《现代文艺》六大进步期刊，力主"对抗战和建国两重工作都能有些许贡献"。他还创作和翻译了《第三帝国的兵士》等大量进步文学作品。抗战胜利后返回福州，1946 年春去台湾。

四、从吉山走出的优秀人士

抗战时期，吉山除了上述这些曾在此工作、生活的名人志士外，也还有一大批的学子在吉山的省立永安中学、国（省）立福建音乐专科学校，以及省立永安实验小学吉山分校等学校就读。他们完成学业后，事业精进，成就辉煌。吉山当时的这些学校走出了许多科学家、音乐家、著名学者，其中包括曾在省立永安中学读书的中国科学院院士田昭武、著名国际问题专家薛谋洪，以及曾在福建音专就读过的王连三等一批著名音乐家。

（一）省立永安中学学生

田昭武

著名物理化学家、教育家，我国现代电化学奠基人之一，中国科学院院士，全国五一劳动奖章获得者，全国优秀教育工作者。

1927年6月出生于福州。抗战时期，就读于省立永安中学。1949年毕业于厦门大学化学系并留校任教，1978年受聘为厦门大学化学系教授，1980年当选为中国科学院学部委员（院士），1984年获英国威尔士大学名誉博士学位，1996年当选第三世界科学院院士。曾任国际电化学学会副主席、国家教委化学教学指导委员会首届主任委员、中国化学会理事长、福建省科协主席、厦门大学校长、固体表面物理化学国家重点实验室首届主任、中国化学会电化学专业委员会首届主任、《电化学》创刊主编、*Electrochimica Acta*

田昭武（永安市博物馆提供）

副主编，第六届全国政协委员，第七、八、九届全国政协常委。

他毕生致力于物理化学的研究和实践，是科学源头创新及学科交叉的提倡者和实践者，在电极过程动力学、电化学研究方法、谱学电化学、能源电化学、光电化学、电化学微加工技术等方面取得了系列原创性重大成果，形成了"原理、仪器方法和应用"三驾马车的科研理念，在国内外学术界产生了深远影响，曾获国家自然科学奖、国家发明奖以及省部级以上奖励近20项。他是我国自主科学仪器事业的先行者，1974年成功研制并投产了我国第一台大型综合性"电化学综合测试仪"。田昭武长期坚守教学一线，出版的《电化学研究方法》是中国电化学科学最经典的专著之一。他率先并多次举办全国性电化学培训班、研讨班，为我国培养了一大批电化学学科带头人、科研教学骨干。1995年成功承办国际电化学会第46届年会并担任年会主席，推动了中国电化学科学的国际化。2017年国际电化学学会设立了唯一以中国人姓名命名的"田昭武能源电化学奖"。在1982年至1989年任校长期间，全面推进厦门大学改革创新，成立了30余个院系和科研机构，使厦大成为全国首批研究生院试办院校，率先推行"三学期制"和"双学位制"的人才培养模式等。

2024年10月1日在厦门辞世，享年98岁。

黎念之

液膜技术创始人。湖南人。1933年出生于上海，1939年随叔父来永安与父亲黎烈文相聚。于1944年到1945年在吉山省立永安中学初中部读书，1946年初赴台湾。1954年毕业于台湾大学化工系，后留学美国，先后获得化工硕士和博士学位。他在美国从事石油工业与化学产品研究，曾多次主办国际性分离科学与工程会议及讲座，并主编分离科技书籍13册，发表研究论文80余篇，获美国国家专利权5项，曾任美国登月球火箭顾问。曾任美国EXXON（埃克森）公司资深研究员，美国UOP（环球石油）公司之"分离科学与工程"研究所所长，后任美Allied-Signal（阿理德-西格诺）公司"工业产品与技术"研究所

黎念之（永安市博物馆提供）

长，全美化学协会常务理事，北美洲夜膜协会会长。

薛谋洪
著名国际问题专家。福州人。1939年在省立永安中学就读。1948年参加民主青年联盟。1949年加入中国共产党，同年毕业于北京大学政治系。先后兼任北京大学、复旦大学、清华大学教授，国际政治学会中国理事，驻肯尼亚大使兼驻联合国环境规划署常任代表。

沈念慈
著名疟疾专家。1942年8月，在省立永安中学高中部读书，1945年毕业。1950年升学福建医学院，毕业后参加人民解放军，是上海第二军医大学教授、专家组成员，抗疟药研究室主任，曾任国家卫生部科学委员会疟疾专题委员会委员，曾获国家科技进步奖二等奖、军队科技成果一等奖。

蒋同泽
享受政府特殊津贴。1942年从省立永安中学高中毕业，高中毕业会考成绩名列福建省第一。1946年考入浙江大学。毕业后留校任助教。曾任西安军事电讯工程学院、重庆通信工程学院教授，解放军通信工程学院及通信指挥学院教授、研究生导师。

冯瑞集
福建永安小陶人。福建省劳动模范，享受政府特殊津贴。1946年省立永安中学高中毕业，同年入福建省立农学院农艺系学习。1951年毕业后留校任助教。他培育了甘薯系列品种，为福建的甘薯增产作出了很大贡献，获福建省科技进步奖。

罗联添
福建永安槐南人。1948年从省立永安中学高中毕业，随即考入台湾大学中文系，毕业后留校任教四十年，曾担任台湾大学中文系主任、中文研究所所长，两度获杰出研究奖。他对重点研究的唐代文化多有创见，贡献甚大，影响遍及日韩欧美。

张兰生

我国环境演变研究和环境教育的主要倡导者和推动者之一。抗战时期，在吉山就读于省立永安中学。先后担任北京师范大学地理系主任、北京师范大学教务长、资源与环境科学院首任院长、环境教育中心执行主任，曾任中国地理学会理事长、中国地理学会地理教育专业委员会主任、国际地理学会中国委员会主席、《地理学报》副主编等。主要著作有《环境演变研究》《全球变化》等。

潘潮玄

1941年至1945年在省立永安中学就读。20世纪50年代初毕业于福州大学教育系，后赴复旦大学哲学系攻读研究生。曾在福建师范大学、厦门市委办公室、厦门大学工作。1985年后在福建省原人事局工作，曾任副局长。

潘潮玄（潘亮提供）

黄海

黄曾樾长子。永安中学高中毕业后，考入当时内迁长汀县的厦门大学电机系，毕业后到台湾任电气工程师，曾赴美国留学。

黄河

黄曾樾次子。永安中学高中肄业。回福州补习后，考入清华大学农艺系，为中国科学院微生物研究所研究员。

黄梅

黄曾樾女儿。永安中学初中毕业，后回福州上高中，就读于北京大学生物系，后成为河南郑州大学教授。

倪国相

福建永安人。少年就读于福州开智小学，小学毕业后升入南平读初中，1939年春转入省立永安中学初一（甲）班，次年被录取为中央军校步兵第十七期学生。后任远征军新308师89团7连少尉排长，在反攻回国途中，到达缅甸北部的密支那时，壮烈牺牲。牺牲后不久，倪家获政府颁发的"为国争光"牌匾和抚恤金。1945年3月，福建省民政厅将镀金雕花的倪国相牌位送往永安忠烈祠安置。

《永安市地名志》记载，永安忠烈祠原址位于燕西街道桥西村松仔岭半坡处。始建于1940年5月，占地1.14亩。每年7月9日举行公祭。该祠祀奉的灵位牌有三种类型：一是在广州起义中牺牲的黄花岗72烈士灵位牌；二是福建省政府转发的内政部要求全国各级忠烈祠入祀的抗日牺牲的将领灵位牌；三是在抗日战争中牺牲的永安籍官兵灵位牌，计51位（含1位北伐时期烈士）。该祠在20世纪90年代初因干休所扩建而被拆除。

陈大镛
永安安砂人。1938年，升入省立永安中学读书，后考入南昌中正医学院。1948年10月参加工作，同年12月入党。建国后，一直在教学岗位上工作。

严增学
1938—1945年就读于省立永安中学，后任翻译、编辑、助理研究员、副研究员等职。

陈炳铮
1939年到省立永安中学就读，后任中国国际文化传播中心诗词演唱团艺术指导。

王本儆
1939—1943年就读于省立永安中学，后任福安一中校长、宁德师专党委书记等。

陈葆煊
1939—1940年就读于省立永安中学，后任福建省作协秘书长、福建省音乐文学学会会长。

林英

1939—1942年就读于省立永安中学，后任世界宗教研究所副所长兼研究生院宗教系主任。

陆鉴三

1939—1943年就读于省立永安中学，后为中学语文特级教师、浙江省劳模、浙江省中语会会长。

唐人亨

1939—1943年就读于省立永安中学，后成为北京邮电学院教授，任电信工程系主任、研究生部主任。

丁斌曾

1941—1943年就读于省立永安中学，后成为画家，在上海人民美术出版社任职。

（二）福建音乐专科学校学生

当年的国（省）立福建音乐专科学校治学严谨，培养了大批音乐人才，他们创作了许多优秀的抗战歌曲。当年，曼哲克教授还特意将杨炳维、王连三、朱永宁、陈鼎臣及陈华珍五位学生组织在一起，悉心教授大提琴演奏技巧。这五位学生在大提琴演奏上颇有造诣，被同学们称赞为"大提琴五虎将"，后来他们都成为中国大提琴界举足轻重的领军人物，为中国大提琴艺术的发展奠定了坚实的基础，而他们培养的学生则遍及海峡两岸暨香港等地区。

建国后，福建音专的许多校友颇有建树。百余位音专校友在中央音乐学院、上海音乐学院等各大院校或交响乐团工作；另有百余位校友在台湾省任职，许多校友成为台湾省著名音乐家，为台湾音乐事业的开拓与发展作出了贡献。

王连三

1926—1986年，福建省清流县人。中央音乐学院教授。中国大提琴教育、教学开拓者之一，大提琴音乐民族化创作奠基人。1946年从福建音专毕业。同年赴台湾省交响乐团任大提琴首席，兼任台湾师范大学音乐系讲师和台湾广播电台特约演奏家。1948年任香港永华电影公司大提琴首席，兼香港音乐学院讲师和香港电台特约演奏家。1949年参加香港赴广州慰问中国人民解放军劳军团。1950年即参加中央赴朝慰问团。1952年创作了中国第一首大提琴乐曲《采茶谣》。1956年倡导并组建了中国第一个"红领巾"乐队（现中国青少年交响乐团）。

清流县王连三音乐广场上的王连三铜像

1954年调入中央音乐学院，从事大提琴教学、创作达32年，编写出大量大提琴练习曲，创作了大量精品名作，这些作品成为当今中国音乐院校中国作品大提琴教学的选用教材。为我国培养了一大批音乐骨干人才，为中国大提琴事业发展作出了不朽的贡献。

王连三创作有《采茶谣》《风雨少年》《相逢在北京》《往事》等百余部独奏、重奏和交响乐曲。其中根据清流客家民歌《茶山竹板歌》创作的《采茶谣》，具有鲜明的福建地方色彩和浓郁的生活气息，经常被作为国际大提琴比赛的中国作品曲目，曾受到周恩来的高度赞扬和国际同行的一致赞誉。

朱永宁

1923—1996年，浙江青田人。著名大提琴教育家、演奏家，中央音乐学院管弦系教授。1943年考入国立福建音专，师从曼哲克教授学习大提琴，1947年毕业留校任教。1950年分配到中央音乐学院乐团工作。1951年参加中国青年代表团出席"柏林世界青年联欢节"，并访问东欧八国，后回中央音乐学院任教。培养陈圆、朱亦工（其长子，曾任西德音乐学院乐队大提琴首席）、朱亦兵（其次子，著名大提琴演奏家、中央音乐学院大提琴教研室主任）等多位大提琴名家。

陈鼎臣

大提琴演奏家。1925年5月出生，福建漳州人。1943年到国立福建音乐专科学校学习。曾任上海交响乐团大提琴首席，上海音乐学院大提琴教授、管弦系大提琴教研组组长，全国大提琴学会副主席。主要著述有《巴赫大提琴组曲的演奏分析》《德彪西大提琴奏鸣曲的演奏》等，译著有《皮尔蒂大提琴随想曲》。

陈华珍

上海人。1944年考入国立福建音乐专科学校。1947年毕业后任广东佛山华英中学专职钢琴教师。建国后任广州市文工团、华南歌舞团大提琴演奏员。1956年任广州乐团交响乐队首席大提琴。1960年调入广州音乐专科学校（即现在的星海音乐学院前身）任大提琴副教授。1982年退休。

张慕鲁

国家一级作曲家。1921年元旦出生，江西南丰人，1943年至1945年在国立福建音专学习。1949年后在前线歌舞团任乐队指挥、作曲、乐队队长。作品多次获全军、全国创作优秀奖。舞蹈音乐《江南三月》获维也纳"世青节"银奖，配器的歌剧《芳草心》获国务院文化部歌剧制作一等奖。参与创作大型音乐舞蹈史诗《东方红》。

杨碧海

国家一级作曲家。1921年出生于杭州，籍贯福建漳州市。1940年4月，考入福建音专，师从外教尼哥罗夫学习小提琴，随萧而化学习作曲；跟克拉拉·曼哲克、李嘉禄、福路学习钢琴。1945年，毕业留校任教。1949年后，在中央戏剧学院、中央民族歌舞团任作曲。主要作品有舞剧《和平鸽》（合作）、《苗岭山上》、《凉山巨变》，钢琴曲《彝族民歌六首》，钢琴协奏曲《草原牧歌》。2013年，中国人文出版社出版《杨碧海钢琴作品集》。

王鼎藩

著名的钢琴演奏家,中国音协北京分会理事。1929 年 5 月出生,福建泉州人,从小在缅甸仰光长大。1941 年 12 月,太平洋战争爆发,日军侵入缅甸,跟随父母逃难来到龙岩安家。1942 年,考入国立福建音专,当时年仅 13 岁,是班级年龄最小的学生。师从克拉拉·曼哲克学习钢琴,1947 年毕业后留校任教。1949 年到上海向马古士学习钢琴并在中华音乐学院任教。先后在中央戏剧学院乐队、中央民族歌舞团、北京舞蹈学校工作。并借调在中央乐团美国、意大利声乐专家班,担任声乐、器乐伴奏。退休后受聘于中国音乐学院钢琴系,编著有《钢琴乐理知识入门》。

陈暾初

福建南安人。1940 年考入福建省立音专。1945 年毕业,赴浙江省湘湖师范任教。1946 年到台湾省交响乐团担任小提琴手。1967 年任台北市立交响乐团副团长兼指挥。1973 年升任团长。任期内创办台北市立国乐团和儿童资赋优异音乐班,为台湾的表演艺术奠定了深厚基础。

邓汉锦

祖籍江西,生于福建泰宁。1942 年考入国立福建音专,毕业后赴台湾从事音乐教育工作。1950 年获台湾"中华文艺奖金委员会"作曲奖。曾任台湾文化中心评议委员等职。1971 年派任国立交响乐团团长。

汪培元

1919 年生,浙江江山人。1940 年考入福建音专,1944 年毕业后留校任教。在台湾省编译馆及多所高校工作,后任上海音乐学院作曲系教授。1983 年获匈牙利柯达伊证书和证章。主要论文有《改良国乐管见》《作品分析往何处去》等,创作《中国民歌主题小赋格曲集》,编写《和声学讲义》《曲式学讲义》《作曲理论基础》《复调音乐纲要》等。

片冰心

1923 年生,籍贯福建东山。歌唱家、声乐教育家。1944 年就读于福建音专。1952年受聘于福建师范大学音乐系，曾任声乐教研室主任、教授，培养出了一支出类拔萃的"片家军"，其中包括厦门大学艺术学院院长吴培文教授、福建师大音乐学院副院长严凤教授、全国青年歌手电视大赛金奖得主孙砾等。

沈炳光

福建诏安人。1945年毕业于国立福建音专。1947年到台湾，为台北师范学院、台北艺专筹创音乐科系，并担任教授，兼任台北市多个合唱团指挥。1974年，应聘到新加坡教育学院任教，并担任新加坡国家剧场作曲组导师，任新加坡作曲家协会名誉会长，被誉为"新加坡音乐艺术开拓者和播种者"。创作管弦乐曲《中华组曲》《金胡姬》，歌曲《冬夜梦金陵》《借问流云》等大量音乐作品，出版《沈炳光作品集》等歌集。2000年入选"对台湾乐艺、乐教贡献最大、影响深广的10位音乐大师"。

张修明

钢琴家。1944年就读于福建音专，主修钢琴，师从李嘉禄、福路教授。1953年入美国肯萨斯州伯森尼大学和印第安纳大学音乐学院进修。曾担任肯萨斯州立大学、新泽西州西顿大学音乐系钢琴教授。在美国多次举办钢琴独奏音乐会，与福路先生合著《钢琴合奏乐曲评论集》。

蔡丽娟

福建漳州人，1920年1月出生。1940年考入福建音专，主修声乐。曾担任大合唱《永安之夜》领唱。毕业后到台湾，在台湾省政府交响乐团任独唱。先后担任台湾防务主管部门政工干部学校音乐系讲师、台湾艺术专科学校音乐科讲师。

叶林

1922年出生于广州。中共党员。1943年在国立福建音专学习。历任中央文化部艺术局办公室副主任、音乐舞蹈处处长、艺术局专员、文化部艺术委员会委员、中国舞蹈家协会书记处书记等职，分管音乐舞蹈工作40余年。

1984年参加创作并演出大型音乐舞蹈史诗《中国革命者之歌》。曾任《人民戏剧》副主编。发表理论研究文章600余篇，著有《舞蹈散论》《音乐审美欣赏》。《中国当代名人录》《中国当代音乐界名人辞典》等收有其相关词条。

（三）省立永安实验小学吉山分校学生

当年设立在吉山的省立永安实验小学吉山分校，十分重视教育教学质量，学生成绩优良。许多当时在吉山及附近工作的名人志士的适龄子女都在该校就读。

黄炎

黄曾樾三子，曾就读于省立永安实验小学吉山分校，后毕业于上海同济大学。高级建筑师。

黄骝

黄曾樾四子，曾就读于省立永安实验小学吉山分校，后于北京大学物理系毕业，曾赴美国进修。北京工业大学博士生导师。

谢孟雄

谢东闵之子，曾就读于省立永安实验小学吉山分校，后曾任台北医学院校长，实践大学校长、董事长等。

辑五 艺文杂记

吉山有它独特的文化底蕴。不仅有前朝先辈们留下的宝贵诗词作品，也有抗战时期众多爱国进步文化人士留下的厚重的抗战进步文化遗产，还有许多故人回忆和重访吉山的记叙和体现文化传承的当代文学佳作。

一、古诗联额

吉山自古重教兴学，人文荟萃。先辈们留下了许多诗词佳作，体现出对家乡故里的情怀。

刘元晖《山居》诗

永安第一位进士刘元晖的《山居》诗十首。

（一）
问我山中趣，春来又一番。
乾坤嘘气暖，桃李缀英繁。
谷鸟传新韵，园蔬佐小餐。
醉眠无不适，此意问谁论？

（二）
问我山中趣，山中好是春。
寻芳皆胜友，分韵况佳晨。
井臼惟安旧，衣巾不逐新。
水流花片片，莫认避秦人。

（三）
问我山中趣，百凡与性宜。
远峰青霭霭，新柳绿丝丝。
卷帙呼童检，花留趁雨移。
柴门常不闭，旦暮任风吹。

（四）
问我山中趣，临溪卜筑幽。
滩声喧似雨，竹籁爽疑秋。
耽卧松云老，浑忘甲子周。
太平真可乐，不是效巢由。

（五）
问我山中趣，山中乐事饶。
明来倾竹叶，兴至写芭蕉。
帆影过窗疾，钟声度岸遥。
行藏吾自了，深悔踏尘嚣。

（六）
问我山中趣，茅椽信可居。
鼓声欢社会，米价减村墟。
着雨在须护，穿阶笋不锄。
从无车马到，樵牧自相于。

（七）
问我山中趣，山深别有天。
秦香分雨后，果熟数樱先。
地僻盟猿鹤，身闲友屋全。
分明造物意，何用买山钱？

（八）
问我山中趣，轩窗对碧岑。
岭云多变态，林木渐成阴。
曲涧泉鸣玉，平畴莱布金。
悠然恣览眺，殊觉惬清襟。

（九）

问我山中趣，拖筇放脚行。
草铺山径软，永涨石桥平。
篱落闻缫坊，陇头见牛耕。
得闲良不易，肯复恋浮名？

（十）

问我山中趣，山中景物奢。
平安千个竹，鼓吹一池蛙。
采药云粘屐，钩鱼艇泊花。
自知疏懒性，只合老烟霞。

诗咏北陵

举人刘高青有诗九首。

石阙笔烟

石门传谢句，兹地又钟灵。
岭树环连幄，山花列作屏。
台空留丹照，刹古认云停。
知隔红尘远，侧源欲扣扃。

岩泉漱玉

何处泉声响？泠泠彻翠微。
源从芳涧浚，瀑挂绿阴飞。
漱玉寒侵齿，跳珠湿溅衣。
汲来烹活火，高咏更忘归。

春山环翠

屏山环几席，高阁挹春晖。
翠拥峰三面，青连树四围。

踏来应染屐,滴处欲沿衣。
暮霭岩扉合,深林鸟自归。

秋壑涵清

晴光辉绝顶,高洁一秋天。
左界河边回,西风爽气浮。
为穷千里目,不尽回山幽。
呼吸由来近,飘然问斗牛。

云梯

盘空石磴俯云齐,始信凌虚别有梯。
已见琼楼高处现,不愁云海望中迷。
携来星斗三霄近,隔断尘寰万壑低。
好与洪崖期汗漫,几回鸾驭共攀跻。

霞洞

一抹晴岚丽彩霞,洞门深锁夕阳斜。
紫凝望气占关尹,石炼流形记女娲。
棋局半枰消岁月,丹炉九转驻年华。
几回探访浑忘倦,绮散遥天噪暮鸦。

鸿桥

隐隐飞桥百尺悬,兮明鸿渡趁秋烟。
嵌空断续峰回转,编壁钩连树补偏。
自是洞深虹乍饮,休疑河阔鹊难填。
重来不隔青云路,响听西风欲暮天。

镜沼

一脉溶溶泛碧池,菱花新向此中窥。
半奁潋滟烟销后,几片玻璃月照时。

活泼生机参不息，空明意象悟为斯。
微波荡漾清风起，涤笔冰瓯为赋诗。

山居偶吟
幽斋无事日如年，世事浮云任变迁。
兴到拖筇探古迹，明来分韵赋新篇。
猿啼鸟语来窗下，水色山光接眼前。
敢谓昨非今觉是，疏才只合老林泉。

传奇人物刘高恒有北陵十景诗。

飞鸿桥
隔断长虹涧上悬，凝眸俯眺觉悠然。
岩犹突兀凌霄起，树更苍茫补地偏。
会喜鹤联寒雪候，未湏鹊架暮云边。
逍遥似插双飞翼，翘首才离咫尺天。

石门
岩扉莫讶五丁开，造化天然对待来。
夕景斜临云作幔，清阴环护石为台。
霞明类岭攒红树，雨积连崖绣绿苔。
造语征奇选胜者，门前景致细徘徊。

紫霞洞
寻从石窦数回斜，长抹晴空一片霞。
向夜直疑光射斗，凌晨多见灿如花。
蓬莱是处行应近，函谷他时望独奢。
缥缈几人会到此，恍疑骑气陟幽遐。

吐碧

嶙峋峭壁郁苍苍，何处分来一涧长。
喷沫离离珠有泪，浮光滟滟玉流香。
漫寻幽响通云窦，细引灵源到竹房。
数缕茶烟煎石髓，薿薿高枕梦偏凉。

惊人

巉岩千仞逼穹苍，共托神功匪易量。
怒拔鲸牙撑叠嶂，横开鸟道跨飞梁。
扪萝缓步心犹怯，搔首长吟兴倍狂。
更拟问天登绝顶，奚囊得句不寻常。

环翠

遥挹清阴履薜萝，晴空滴翠郁嵯峨。
屏开叠岫横眉黛，笏柱千峰拥髻螺。
望云苍烟粘树重，飧来秀色拂衣多。
此间收拾云霞气，谁拟诛茅筑涧阿。

天高气清

混茫开处矗层霄，一气澄涵净沉寥。
远上晴云犹未敛，适来尘墟却全消。
空虚真欲餐霞液，呼吸时能接斗杓。
会得山中清洒意，凝眸胸次觉陶陶。

容月池

莫嫌浅水暗成池，常引清光入夜时。
镜里偏宜冰镜合，壶中恰受玉壶垂。
蟾蜍皎洁流辉近，桂树婆娑落影迟。
坐待更深风转后，微澜荡漾索新诗。

云梯

峻嶒石磴与天齐，俯视尘寰万壑低。
行处逶迤凭仗履，看束层折隐虹霓。
若寻月窟阶偏近，欲问天根路不迷。
薄暮踌躇吟望久，风回鸾驭共攀跻。

旷观

最是层台缥缈间，凭高一望顿开颜。
烟迷村墅浮犹敛，风引江帆去复还。
濑水西缠双涧合，旗山南占五峰环。
每逢初雾狂登眺，千里云峦纵目闲。

此外，还有北陵诗抄 14 首。

峭壁凌空
贡生刘钟英

一度仙岩隔谷嚣，天然绝壁锁山腰。
凌虚巧琢千寻玉，傍涧高临百尺桥。
白雨飞来悬瀑布，青松倚处拂尽霄。
云中兰若知何在，出谷钟声听转遥。

巉岩伏虎
贡生刘钟英

虎原枢宿化，石亦禀星精。
苔点斑文炳，山光电眼明。
有时号竹籁，凝是啸风声。
养晦长林下，将军箭不惊。

险崴惊人
贡生刘钟英

何处飞来石，巍峨势欲倾。
悬崖千仞耸，断壁半空横。
径险无人到，林深有鸟鸣。
宣城如过此，句又座中惊。

望北山有怀
举人陈枢

北山山上抹轻烟，中有幽人枕石眠。
兴发寻崖歌伐木，闲来倚树听流泉。
饱经世事还疑梦，谢绝尘缘便是仙。
我欲携琴来作伴，石门如隔碧云天。

秋游北陵
进士刘元晖

摄衣直上讲经台，万壑松涛作雨猜。
远听山猿啼石洞，近看野鸟啄苍苔。
推窗放出钟声去，排闼收将黛色来。
此际尘俗都不到，游人何必羡蓬莱。

更登
刘光邦

万木云深望欲迷，中藏曲折有攀跻。
休疑济胜浑无具，更整芒鞋倩杖藜。

环翠
刘光邦

千峰列峙势崔巍，极目菁葱控四周。
雾绕烟横疑泼黛，俄惊翠滴欲侵衣。

题北陵
海峙景澜

扶舆清淑此山钟,探胜时时杖履从。
径走秋蛇疑脱兔,藤缠马蓼泛游龙。
烟云秋霁千重岫,风雨涛奔万壑松。
好景流连归不得,更扪石壁陟巉峰。

登北陵访静斋叔
介圃如筠

地迥尘嚣远,幽人矢弗谖。
烟云头上起,星斗手中扪。
山拱青排达,溪流绿绕樽。
开怀恣览眺,对酒两忘言。

游北陵
辅卿建谟

人间何处不蓬莱,即此超然绝俗埃。
画阁高悬天咫尺,彩虹斜跨路纡回。
云移半岭千峰回,石锁重门一窍开。
胜境尽多佳句纪,好寻残碣剔苍苔。

游北陵
崑田士瑜

一笑穿云去,芒鞋镇日随。
扪萝探胜境,剔藓读残碑。
入耳松涛壮,当头竹影垂。
廿年隅坐处,风雨萦思回。

游北陵
楚山文湘
北陵风雨壮秋声，怒吼松涛两涧鸣。
怪石空嵌高阁耸，悬崖泉落霁虹横。
难穷境界双眸豁，无限烟云万壑生。
选胜更宜登绝巘，晴霞一抹远山明。

北陵杂咏
刘燃
（一）
北陵殿阁与云浮，千里迢迢便豁眸。
景物是非今视昔，依稀容我话从头。

（二）
曲折行行傍小溪，北陵初步即幽蹊。
登临算得崎岖未，石级攀登似上梯。

诗题萃园书院

题萃园
空谷云深处，名园绝俗喧。
虽然邻梓里，却是隔溪村。
古树斜当户，清流曲绕门。
此中多士萃，诗酒细重论。
（贡生刘钟英）

乌帽凌风立，青旗夹道来。
千峰寻翠色，十里起红埃。
人尽登龙客，诗皆吐凤才。

莫觞酬令节，旗皂漫相催。
（赖光前）

仙令飞凫至，名国载酒来。
千峰含蕴藉，一雨洗尘埃。
座迩传经席，人怜作赋才。
叨陪须酪酊，莫待菊花催。
（陈春潮）

为客他乡异，登高令节同。
烟云千嶂外，风雨一园中。
豪饮难辞醉，微吟不计工。
最宜倾耳处，松韵蒲长空。
（练湘）

胜境何须蜡屐寻，幽居转处即园林。
绿云匝野通幽径，黄叶填门办足音。
满架古香熏藻思，一池清水涤尘心。
碧筩风味当前是，徙倚阑干好醉吟。
（崑田士瑜）

其他诗歌

进士刘元晖有诗一首：

秀山高峰自不群，双标健笔望中分。
横挥浓雾轻烟篆，仰点疏星列宿文。
插汉千层描瑞彩，凌虚五色绘祥云。
相摩直逼江为岸，江水长流翰墨芬。

贡生刘菁英有诗《依韵漫赋》一首：

葫芦惭愧画年年，潦倒惊心岁月迁。
运甓肯将虚白昼，分藜犹自守残篇。
何时武克还绳祖，几度光期勿遏前。
仕版未登终是隐，羞随巢许说林泉。

邑诸生赖光前有诗一首：

千寻秀气欲凌云，咫尺嶙岣两笔分。
高压峰峦撑地势，横排烟雾写天文。
江边谁赠青镂管？日里常描锦绣文。
莫恨有诗题不得，借渠健笔扫千军。

楹联

刘氏宗祠大门有楹联：宗枝奕叶长，世代源流远。院门两侧有：丰沛传千古，彭城大一家。横批：名播中华。大厅两侧有两副楹联：碧水环门龙起舞，丹山绕室凤飞鸣；脉从南剑分支钟祥济美，源兴东平合派乐善贻芳。横批：紫微照瑞。

萃园书院门牌楼楹联为：吉水泽兰草松竹聚萃，山风鼓莲荷桃李满园。该楹联首尾巧妙嵌入了"吉山""萃园"二词。厅堂有两副对联：读天下文章当精半部论语，修世上道德应行百善之先；工诗文守仁义修身报君国，垦山田种五谷齐家续祖荫。两横匾：耕读济世、堂沐文曲。

云栖山房厅堂有两副楹联：卷帘为白水，隐几亦青山；山静鸟谈天，水清鱼读月。

大夫第中堂有楹联：雨遇琴书润，风来翰墨香。厅头两侧有：读书千载业，孝友一家春；横批：翕乐天伦。厅尾有柱联：善真可乐遵先训，德才能馨佩昔铭。

榕荫亭有楹联：渔舟夜泊网收月，樵客晚归笠带云。

太保亭两侧有：一斧举起妖魔伏，两指点来士庶安。横批：保我黎民。

二、抗战文化

抗战时期，吉山云集了来自全国各地的爱国人士和进步文化人士，他们用酣畅的文字、高昂的乐章、革命的激情将抗日救国的种子从吉山撒向全国各地。同时，也给吉山留下了一份厚重的文化遗产。

（一）歌曲

抗战时期，吉山的音乐界人士创作了大量的歌曲，产生了以《永安之夜》为代表的许多优秀作品。

《永安之夜》
《永安之夜》又名《永安秋夜》，尼哥罗夫作曲，卢禹昌、卢前作词，1942年创作于吉山。

> 燕溪水，缓缓流，永安城外十分秋。月如钩，勾起心头多少愁。潮生又潮落，下渡照孤舟。吹南管，长夜何漫漫，有人正倚栏。明月好，明月好，好月共谁看？一笑回头问吉山，山中流水几时还？萧萧落叶袖生寒。山不语，水向东流去，写出愁人句。写出愁人句，愁人句，今宵没个安排处。

据海峡文艺出版社出版的《弦歌相承——国立福建音专纪念文集》，汪培元先生（1940年考入福建音专，1944年毕业后留校任教）回忆：永安的青山碧水给尼哥罗夫留下美好的印象，乐思萌发，即以中国的五声调式谱写了小提琴曲《永安之夜》，并在1940年9月19日举行的师生同乐会上演奏，优美的乐声和鲜明的东方风格旋律博得阵阵掌声。福建音专师训班的卢禹昌为

《永安之夜》填词，词曲很快在音专传唱开来。1942年卢前校长到任后，特别欣赏《永安之夜》，称赞乐曲富有中国气韵，将原词"初秋"改为"十分秋"，并添写了第二、第三段。经卢校长加工添彩，《永安之夜》迅速在全省传唱。尼哥罗夫教授还编写了三首五声音阶的练习曲。这在20世纪40年代，可以说是小提琴民族化的先驱。

当时永安的燕江两岸，吉溪上下，歌声处处可闻。歌曲古风浓郁，曲调舒缓略带伤感，流淌着绵延无尽的思乡之情——孤独的南管呜咽低吟，清冷的月光更增添国破山河碎的万千愁绪。《永安之夜》的意境之美及艺术价值可与同为抗战时期创作的马思聪小提琴独奏《思乡曲》、张寒晖的《松花江上》、贺绿汀的《嘉陵江上》等相媲美。

《永安之夜》记录并反映了抗战时期永安人民苦闷而不颓废的生活，有着很深的时代印记，对听众深入了解、熟悉这段历史具有深远的意义。

《血肉长城东海上》

卢前作词（《念奴娇·八月十三日感怀》），陆华柏作曲，1942年创作于永安吉山。

那年今日，问将军眼底：跳梁何物？血肉长城东海上，是我铜墙铁壁。寸土黄金，头颅宁惜？战地飘红雪。大场埋骨，可怜年少英杰！遥想毅魄归来，无名墓道，茂草芃芃发。不见瓯宛身早死，不见倭奴摧灭。三峡淹留，两京未复，白了元戎发！也应含恨，吴淞江外残月，残月。

《我是中国人》

张志智作词，蔡继琨作曲。

我是中国人，我爱中国，不怕死不贪生，爱国要奋斗，爱国要牺牲，勇往直前，为国求生存。我是中国人，我爱中国，不推诿不敷衍，爱国要真诚，爱国要力行，自身做起，为国求生存。

《中国好比一团火》
高时良作词,黄骢作曲。

中国好比一团火,日本好比一只蛾,看它狂扑火光,只是自投罗网。今天中国已燃起正义之火,来消灭东方的恶魔,为民族解除压迫,为世界惩处桀骜。正告日本军阀,你不知道中华儿女的英豪,你有猛烈炮火,我有血肉城壕。看,中国将是你的坟墓,中国将是你的监牢。中国好比一团火,日本好比一只蛾,看它狂扑火光,只是自投罗网。

《抗战的旗影在飘》
唐守谦作词,蔡继琨作曲。

抗战的旗影在飘,抗战的号声响了,这是民族生死的关头,这是我们献身的时候。奋起不犹豫,前进不逗留,誓雪国耻,誓报国仇,收复我国土,保卫我神州。抗战的旗影在飘,抗战的号声响了,这是民族生死的关头,这是我们献身的时候。

《捍卫国家》
唐守谦作词,蔡继琨作曲,创作于永安。

拿起枪,上前线,捍卫国家,是我国民的责任。我们不要贪生怕死,我们只要志决心坚,誓把满腔热血,洗涤大地一片腥膻。争取最后的胜利,保护我美丽的山河,写成中华历史的新篇,这才算尽了国民的责任。

《保卫中华》
郑贞文作词,蔡继琨作曲,创作于永安。

中华是我们的家乡,四亿五千万的斗士,守着这千二百万方公里的地方。敌人来吧,杀!把铁血安定我河山。瞧,那奔放的江河,巍峨的山岭,正等着吮吸敌人的血肉,可别想在这里有半点儿猖狂。来吧!我们四亿五千万的斗士，不怕死，不怕伤，守着这千二百万方公里的地方，保卫国土，保卫我们的家乡。

《保卫福建》
郑贞文作词，蔡继琨作曲，创作于永安。

福建是我们的家乡，一千三百万的斗士，守着这十二万方公里的地方。敌人来吧，杀！把铁血安定我闽疆。瞧！那蜿蜒的江水，奇崛的山脉，正等着吮吸敌人的血肉，可别想在这里有半点儿猖狂。来吧！我们一千三百万的斗士，不怕死，不怕伤，守着这十二万方公里的地方，保卫福建，保卫我们的家乡。

《福建青年》
郑贞文词，邓锦屏作曲。

山苍苍，水泱泱，绿榕丹荔是吾乡。鱼盐利溥，竹木材良，果熟茶香粳稻香，更饶煤铁地中藏。青年，青年，今日何日，复兴民族伊谁任，快起来，努力生产，增进富强。

山嶙嶙，水粼粼，海滨邹鲁数吾闽。理学名世，气节超伦，歼倭抗虏正义伸，血溅黄花十九人。青年，青年，今日何日，复兴民族惟我责，快起来，促进文化，振作精神。

《福建少年》
郑贞文作词，邓锦屏作曲。

武夷北，太姥东，汀漳西南闽江中，山川灵气钟。蔚起我少年，三民主义共遵从，三民主义共遵从。好学以求智，力行以求仁，知耻以求勇，惟诚能贯通。至诚无息，积健为雄，抗战建国进大同，抗战建国进大同。

《福建儿童》

郑贞文作词，邓锦屏作曲。

武夷北，太姥东，汀漳西南闽江中，山川灵气钟。蔚起我少年，三民主义共遵从，三民主义共遵从。活泼以求真，整洁以求美，友爱以求善，惟诚能贯通。至诚无息，积健为雄，抗战建国进大同，抗战建国进大同。

《励志歌》

林天兰作词，黄骢作曲，章良猷整理。1938年创作于永安。

这里的水声风声，请你听听，这里的书声歌声，请你听听！这一切人和自然的声音，都在表现我们心窍的共鸣。也许你是个高级的学长，也许我刚到进修的年龄，也许你的家乡迢迢千里，也许我的住宅近在比邻。不同的身世、家乡、学级、年龄，都汇在永安母校第二家庭。朋友，珍重这难逢的机会，珍重我们相亲互助的热情。同心学春天桃李的向荣，同心学冬天松柏的长青。为亲爱的同学争个令名，为亲爱的母校留下余馨。这里的水声风声，请你听听；这里的书声歌声，请你听听！这一切人和自然的声音，都在表现我们心窍的共鸣。

《知识青年从军歌》

陆华柏于1944年作词作曲。

一切在前线，一切在胜利，战争决定一切。一切在前线，一切在胜利，战争决定一切。新青年，新战士，保卫祖国上前线。新青年，新战士，保卫祖国上前线。没有国家，知识何用？没有国家，职业何存？放下书本，背上枪炮，丢下职业，跨入军营。消灭敌人，再回学校，先保国家，后谈职业。一切在前线，一切在胜利，战争决定一切。一切在前线，一切在胜利，战争决定一切。新青年，新战士，保卫祖国上前线，上前线。

《民众动员》
郑贞文作词，蔡继琨作曲。

  中华有四万万民众，保卫国家靠民众，大家起来组织吧，臂指相使，守望相助。不论男女老幼，士农工贾，要一致动员抗敌，雪耻御侮，使满盘散沙，凝结成三合土。
  中华有四万万民众，保卫国家靠民众，大家同来训练吧，辛苦共赏，艰危共赴。不论男女老幼，士农工贾，要晓得侦探游击，防空救护，使东亚病夫，磨炼成千钧弩。

《抗敌》
郑贞文作词，林啸徐作曲。

  轰，轰，轰，赶敌长城，砰，砰，砰，杀敌护滨。有力的拼铁血，有钱的输金银，四万万人同一心。轰，轰，轰，砰，砰，砰，一举收平津，再举复辽宁，台湾朝鲜旧恨平。中华国耻雪，世界正义伸，东亚狮吼第一声。

《上战场》
郑贞文作词，蔡继琨作曲。

  上战场，杀气冲天，下操场，纪律森严，杀敌仗胆壮，卫国要心坚。敌人敢来吧，要杀他个一干二净，流血成川。

《救护》
郑贞文作词，黄骢作曲。

  来，背起布床，走进前方，冒着敌人的弹雨，救回我们卫国的儿郎，（抬起他们，背起他们，）救回我们卫国的儿郎。治好他们的创伤，再赴战场，再赴战场。

《募寒衣》
郑贞文作词，林啸馀作曲。

北风紧，北雪在飞扬。天气冷了么？冷得非常。你们睡着暖和的被窝，穿着温厚的衣裳，可知道，守在壕里的战士皮肤欲裂，手脚冻僵。烈风大雪，无力抵挡，(怎么能)怎样能打破强敌，保障民族的生存？快，快，赶快募得钱来，制得寒衣，送给忠勇的战士，使他们能够前进，杀敌救亡。

《收复金厦》
郑贞文作词，蔡继琨作曲。

金厦，是福建门户，金厦百姓，是福建同胞。(现在怎样了？)豺狼据了我们的门户，鹰隼攫了我们的同胞。(赶快来驱逐吧！)军队再接再厉，民众不屈不挠！郑成功起金厦，将明社保；俞大猷据金厦，把倭寇剿！同胞同胞！要步武前贤，拿起刀枪向前跑！向前跑！

《推行音乐教育》
唐守谦作词，蔡继琨作曲。

兴于诗，成于乐，音乐为用何其宏！我国由来重乐教，旋宫乐府久传名。到如今，俗乐凌杂，雅颂已无声。愿同志，齐努力，推行音乐教育，促进现代文明。移民风，易民俗，音乐感人何其深！锦绣河山沦夷狄，执戈卫国仗热忱。况如今，民族抗战，力量在精神。愿同志，齐努力！推行音乐教育，团结万众一心。

《科学化运动》
郑贞文作词，黄穗作曲。

机在天上飞，艇在海底走，穿山过岭，有轨行车不稀奇，传信通话，有线打电不算巧。体内输血救死人，空中取氮制肥料。科学创造了现代的文明，夺天工尽地利，造福人生功不小。朋友，朋友，快破除迷信，努力科学，增生产，固国防，用脑兼用手，向前走，向前走，迎头赶上莫落后！

《同胞们奋起》
李英词，曾雨音曲。

同胞们奋起！同胞们奋起！炮声隆隆警钟在告急。这是历史的大斗争时期，这是民族争取生存的时期。来！来！来！来！我们快来组织自己，我们快来武装自己。擎起我们的大旗，把我们的步伐整齐朝着万人一个方向去，坚持全民抗战到底。同胞们奋起！同胞们奋起！奋起！奋起！快奋起！

《本事》
作者卢前，抗战时期传唱全国。

记得当时年纪小，我爱谈天你爱笑。有一回并肩坐在桃树下，风在林梢鸟在叫，我们不知怎样睡觉了，梦里花儿落多少？

《故乡》
张帆作词，陆华柏作曲，创作于1937年冬。

故乡！我生长的地方，本来是一个天堂，那儿有，清澈的河流，垂杨夹岸；那儿有，茂密的松林，在那小小的山冈。春天新绿的草原，有牛羊来往；秋天的丛树，灿烂辉煌。月夜我们曾泛舟湖上，在那庄严的古庙，几次凭吊过斜阳。现在一切都改变了，现在，已经是野兽的屠场。故乡，故乡，我的母亲，我的家呢？哪一天才能回来你的怀里？那一切是否能依然无恙？

《再会吧！吉山》

1945年8月20日，省政府召开临时会议决定将省会迁回福州。9月，省政府开始迁返福州。11月15日下午，永安各界在县体育场（民权路）召开大会，欢送省会各机关迁返福州。12月，省政府正式迁回福州办公。

当年在福建音专任教，建国后成为福建省音乐界泰斗的曾雨音，于1945年12月专门创作了《再会吧！吉山》，现仅存不完整的手稿。

曾雨音当年创作的《再会吧！吉山》手稿（永安博物馆提供）

（二）戏剧

抗战时期，在永安创作的戏剧，与吉山密切相关的作品主要有以下这些。

《白沙献金》

新闻清唱剧，陆华柏于1944年5月18日至19日作词并谱曲。该剧反映了当时在重庆白沙镇，由冯玉祥将军组织并发表演说的为支援抗战的献金大会上，所出现的爱国学生动员有钱人和资本家大亨为抗战献金的真实生动场面，由3个乐章共36段合唱曲组成。作者是从一条新闻中得知此信息而即兴创作的，创作完后即在学校合唱团进行排练，并在永安城献金音乐会上对外演出。

《大禹治水》

清唱剧，缪天华词，陆华柏曲，1943年创作于国立福建音乐专科学校。内容包括《洪水滔天》《三过家门不入》《劳民伤财罪当戮》《水平功成》四个乐章。同年4月5日至6日，为庆祝音乐节，在永安中山堂举行首次公演，陆华柏亲自指挥校合唱团与管弦乐队联合演出，获得广泛好评。

《徘徊着的女人》

独幕剧，作者陈启肃，福建省教育厅戏剧教育委员会编印。剧中仅出现两个人物，一个是抗日游击队员，一个是某都市伪政府官员汉奸的独女。二人通过对白、旁白和形体语言展开故事。某晚，游击队员潜入汉奸的家，欲窃取日伪军剿灭抗日游击队的军事计划书，正巧遇见刚回家的汉奸女儿。她刚遭受了日本人的凌辱，身心俱疲，十分痛恨日本鬼子。但对游击队员指责、批判她父亲的卖国行径，要拿走她父亲保存的军事计划的事，一时无法接受。游击队员站在民族和国家的立场，对她说明利害关系，动之以情，晓之以理。她最终决定与父亲决裂，让游击队员拿走军事计划书，去打击日本侵略者，替受侮辱死难的同胞报仇。

《岭上梅》

独幕剧，陈启肃改编自《抗战文艺》29、30期合刊中徐仲发表的《岭上梅》。抗战时期，在离上海三四百公里的江南乡村梅庄，苏浙某区游击队总司令徐松寿伪装身份，取得日伪的信任，被日军大佐许诺封为伪督政专员。徐松寿用苦肉计在梅花盛开的岭上宴请冈木大佐、伪县长邓国雄、伪公安局局长史可忠、伪教育局局长殷赞勋及日本宪兵。其间，徐松寿与化名老张的仆人暗中配合，把蒙汗药混入酒中，将冈木大佐等一干人等一网打尽，另又派游击队袭击县城里群龙无首的日伪军，攻克了县城。剧中，徐松寿因"汉奸卖国"行为遭到爱国正义的妻子徐霭芸、女儿徐淑英的误会，被痛骂乃至掌掴。后经老张说明真相，皆大欢喜。

《风雨金门》

三幕话剧，陈启肃、陈学英、林舒谦集体创作，陈启肃执笔。1938年3

月初版，福建省抗敌后援会抗敌剧团发行，总代售处正中书局。故事讲述的是 1937 年 10 月，福建金门县的热血青年和爱国志士郑恩来、江汉声等决定组织群众抵抗日军的故事。此时战争已开始，日军即将登陆，汉奸吴天寿带着特务拦截他们，要江汉声交出计划。江汉声严词拒绝，于是吴天寿绑了江汉声的女友白眉姑，并肆意侮辱她。此时白眉姑认出特务中有一个是她小时候的玩伴王寿荫，希望他能帮助他们出逃，但王执意"公事公办"。后经江汉声劝诫，王寿荫终于转变过来了。危机之中，郑恩来带着几个同志绕开敌特，冲进来解救他们。最后大家一起参加了抗日队伍。

《抗战声》

三幕歌剧，作者林天兰，刊载于《闽政月刊》1 卷 8 期。第一幕，《紧急的钟声》。背景是抗战期间后方附近战区的一个乡村，民众合唱、男声独唱、女声独唱，共 7 个唱段，激励民众在国家民族危亡之际，勇上战场，打击日寇，保家卫国。第二幕，《猛烈的枪声》。在某个战场之夜，男声独唱、合唱，女声独唱、合唱，共 13 个唱段，描述战争的残酷，赞扬士兵们的英勇杀敌，思念为国牺牲的抗日将士。第三幕，《欢愉的歌声》。在某个旧战场的早晨，全体民众合唱，男四声合唱，女四声合唱，男女二声合唱，全体合唱，共 5 个唱段，歌颂伟大的祖国，歌颂伟大的人民，歌颂抗战的胜利。

《放下你的鞭子》

街头剧，由剧作家陈鲤庭执笔写成。该剧讲述了"九一八事变"之后，从中国东北沦陷区逃出来的一对父女流离失所、以卖唱为生的故事。剧本运用街头卖艺形式演出，演员与观众打成一片，借以揭露"九一八事变"后，东北人民在日本帝国主义残暴统治下的悲惨遭遇，使观众认识到必须团结抗日才有生路。在抗日战争初期曾广泛演出，久演不衰。

《放下你的鞭子》剧照

1941年秋，日机向永安城狂轰滥炸，造成人民生命财产重大损失。为揭露和控诉敌人的暴行，鼓舞抗战斗志，省立永安中学学生利用星期天，徒步到县城街头演出该剧。那天适逢圩日，赶圩的农民很多，大家重重围住演出场地观看。学生演得认真，观众看得投入。该剧的成功演出，也表达了青年学生的拳拳赤子心。

《生命之花》

三幕剧，作者系厦门大学王梦欧。剧本描述抗战时期的上海女青年白玲舍生忘死，机智勇敢，与心上人安东尼配合炸毁日本军列军火而英勇牺牲的故事。剧情惊心动魄，感人至深。永中剧社演出该剧，由学生叶永辉、林君英饰酒店服务员，魏良炎饰日本军官，赵震饰青年志士，沈鼎旌、刘宏业、林雄等饰酒客，获得广泛好评。

《落日》

独幕剧，作者林舒谦，刊载于《现代青年》新1卷第5期。抗战时期，在陷落的某个县城，张大毛开了一家客栈，请了个伙计刘七。刘七是个无赖，专恭维日本人，百般献媚。日本兵吉田三天两头来客栈找老板收捐。张大毛觉得客栈没生意，还要受日本人的气，不想开店了。刘七受吉田的蛊惑，劝张大毛开赌场、卖鸦片，遭到张大毛的严词斥责。刘七居然企图自己开客栈，卖鸦片、开赌场，并千方百计讨好吉田，想得到吉田的庇护。但吉田看到刘妻颇有姿色，却兽性大发。刘七出来阻挡，吉田大怒，竟然枪杀了刘七夫妇。张大毛目睹一切，义愤填膺，毅然用匕首从吉田的背后将他刺死，拿了吉田的枪参加游击队抗日去了。

《好汉子》

独幕剧，作者林舒谦，刊载于《剧教》1卷6期。故事讲的是抗战时期，土匪头洪大山将乡村姑娘秦春宜抢上山来，威逼利诱她当压寨夫人。秦执意不肯，洪令其亲信杨清生看守，并要杨劝秦春宜同意嫁给他。秦的小学老师王校长也被土匪抓来，他劝杨清生不要当土匪，要做个打日本鬼子的好汉子，救救秦春宜。为了搭救秦春宜，也为了解救自己，王校长让秦同意嫁给杨，制造洪杨矛盾。当洪回来时，得知情形有变，令杨枪毙秦，杨掏枪突然对准洪，并指示王缴了洪的枪。洪、杨扭打一起，危急之中，王校长开枪打死洪大山。杨清生表示好汉子要打日本人，当兵去！

《茅店秋月》

独幕剧，作者林椿，刊载于《剧教》1卷6期。抗战时期，8月的一个夜晚，在某个游击队活动区，被汉奸刘彪抢来的村姑兰秋音被迫在茶店卖茶，实际是监视夜间出来活动的游击队。当晚，游击队员兰士谷来到这偏僻的茶店。他其实是秋音的哥哥，只因汉奸烧杀抢劫，弄得家破人亡，参加游击队去了。二人分别12年，相互已认不得了。后来，从言谈中秋音听出这个游击队员就是她哥哥，只是在敌人眼皮底下不敢认亲。刘彪叫秋音用毒酒害死士谷，秋音没那样做，并一再叫士谷赶快离开。此时，士谷也意识到秋音就是自己的妹妹，但为了安全，只好先行离开。刘彪知道秋音放走士谷时，朝她开了一枪，又追出去抓士谷，却反被士谷打死。受伤的秋音见状，拿了刘彪的手枪，也冲出去参加游击队了。

《母亲》

独幕剧，作者万章，刊载于《剧教》1卷9期。讲的是抗战时期，一个当汉奸的伪警长为了个人升官发财、吃喝玩乐，不听慈母的反复开导劝阻，为虎作伥，杀害抗日民众，最终遭敌后抗日锄奸团追杀而死的故事。伪警长的母亲是个善良、爱国的老太太，当打死她儿子而自己也受伤的敌后抗日锄奸团团员跑到她家躲避汉奸队和日本鬼子的追捕时，她勇敢地将这个抗日战士藏起来，使他躲过一劫，保住了性命。

《喷火口》

独幕话剧，作者林舒谦，刊载于《戏剧》2期。故事讲的是全面抗战初期，在抗日前线战场的一角，战斗间隙，坚守在沙包后的士兵、给士兵送水送干粮的农妇和从战斗中撤下来的伤兵，

《喷火口》

一起控诉日本鬼子的惨无人道，其罪行罄竹难书。士兵们义愤填膺，表示要像早年抗倭英雄戚继光杀倭寇那样杀敌报仇。被鬼子打死丈夫、孩子的农妇也勇敢地拿起武器跟士兵一同上前线参加战斗。大家坚信中国一定不会亡，抗战一定会取得最后胜利。

《昙花一现》

独幕剧，作者王澧泉，刊载于《剧教》1卷3期。抗战第4个年头，沦陷后的某县知事（伪县长）当汉奸卖国求荣，赌博，抽鸦片，欺诈老百姓，刚上任3天就与秘书密谋发国难财，但面子上还要无耻伪装成"热心教育，提倡文化"的"清官"以混淆视听，笼络人心。最终，被埋伏在知事家的佣人阿三、王妈和装扮成艺术家的锄奸团团长发现，逮了起来。他当县长犹如昙花一现。

《抓壮丁》

三幕讽刺剧，写的是四川抢抓壮丁当兵的故事。该剧原是四川旅外剧人抗敌演剧队1938年创作演出的幕表戏。1939年6月，福建省教育厅戏剧教育委员会下辖的战时国民教育巡回剧团到永安演出该剧。1943年由吴雪、丁洪、陈戈等人集体改写，吴雪执笔。1947年由开明书店出版。

《抓壮丁》剧照

这部剧的背景是抗战初期，在四川某乡村，借着抗日的招牌，国民党反动派乘机买卖壮丁，敲诈勒索，鱼肉乡里。主管抓壮丁队的卢队长，向地头蛇王保长要壮丁。王保长则向地主李老栓勒索壮丁费。丧尽天良的李老栓买通王保长，把善良老实的农民姜国富的独生子抓去做替身，姜国富万念俱灰，自尽身亡。

不久，李老栓在外面当国民党团副的大儿子回来了。于是，王保长、卢队长又串通一气，企图敲诈李老栓，发生了一场狗咬狗的闹剧。争吵之后，他们在蒋介石的一纸"委任状"下达成协议，联合起来大抓壮丁，从农民身上榨取钱财。农民们无法生存下去，忍无可忍，揭竿而起，并最终获得了胜利。

（三）著作文章

《第二次大战中的近东与远东》

作者高时良，永安改进出版社 1942 年出版发行。全书包括：前言《两个新的战场》、第一章《伊拉克的动乱》、第二章《烽火燃烧叙利亚》、第三章《伊朗风云》、第四章《动荡中的阿富汗》、第五章《关岛的陷落》、第六章《再会吧新加坡》、第七章《战争在吕宋岛上》、第八章《夏威夷与美日战争》、第九章《澳洲披上了战甲》、第十章《美英合作与新西兰》、第十一章《众目睽睽的印度》等章节内容。

《第二次大战中的近东与远东》

《太平洋战争新局势》

作者羊枣，该书是其关于太平洋战争政治军事问题的报道、评论的结集，1944 年 12 月由永安战时中国出版社出版，福建省政府印刷所印刷。1944 年 6 月，羊枣应邀到永安主编《国际时事研究》周刊，兼《民主报》主笔。其间，他撰写了许多关于欧洲和太平洋战事的文章。时任福建省政府编译室编译、《新福建》月刊主编赵家欣将羊枣到永安三个月来在《国际时事研究》上发表的有关太平洋战争的军事论文编辑成书，就是这本《太平洋战争新局势》。内容包括罗斯福访问夏威

《太平洋战争新局势》

夷后的太平洋战场、箭在弦上的太平洋新攻势、战栗新攻势前的敌国、粉碎敌寇的救命攻势、英国与太平洋战争、战神降临敌帝国、返回菲律宾、决定意义的大海战、太平洋战争新局势等9个专题33篇文章。

《欧洲纵横谈》

作者羊枣，该书是其关于欧洲政治军事问题的报道、评论的结集，1946年6月由上海世界知识社出版。在永安一年多时间里，羊枣发表文章120多篇70余万字，有系统地撰写了许多关于欧洲情势的文章。羊枣逝世后，由《世界知识》杂志主编、国际问题评论家金仲华将他所发表的相关文章编辑成单行本，定名为《欧洲纵横谈》，并为其写了序。该书包括方兴未艾的欧洲政争、欧洲现实政治与英国、理想主义与现实主义、从莫斯科看欧洲、歧路上的法兰西、德意志的悲剧、

《欧洲纵横谈》

黎明的欧洲、欧洲的现实问题、解决欧洲问题的关键等9个专题57篇文章，全面地分析了当时的国际形势及其发展、趋向，是研究国际问题者最需要的一本参考读物。

《从柏林到东京》

评论，作者羊枣，刊载于永安《国际时事研究》第35期（1945年5月21日）。文章针对二战后期盟军战胜德国后准备攻击日本的战略转移进行了分析，内容包括开始东调的美军、登陆中国和大陆反攻、英国的任务、苏联参战吗、最后胜利的日期等部分。其中，在分析登陆中国和大陆反攻问题时，羊枣指出，盟军登陆中国的目的是"找到最广大最适当的基地，不仅对敌加强封锁，并准备组织对敌国的最后入侵"；"另一方面，它将打开由海上通达中国的道路，使盟国的物资可以运入中国，加强我们对大陆敌军最后的反攻的力量"。对于最后胜利的日期，羊枣认为，"如果苏联参战，则在全面总攻发动后，至多三四个月日本便可能完全崩溃"。"包括许多财阀贵族的所谓稳健派，则十分可能为了保全自己的财产，而宁让国家无条件投降"。事实表

明，羊枣的判断是正确的，日本于1945年8月15日宣布无条件投降。

《三年的太平洋战争》

评论，作者羊枣，刊载于永安《联合周报》第2卷第16期（1944年12月）。文中，羊枣从"相持阶段""从塔拉瓦到雷以泰""全局改变""争取联合作战""反求诸己"五个方面，对太平洋战争爆发三年来战局的态势、美军的胜利、日军的溃败、战争的前景等方面作了精辟的分析。特别指出，在太平洋战事取得重大胜利的情势下，与日本法西斯的决战固然需要美国、盟军和苏联团结一致的联合打击，但最后的决战将在中国大陆上进行。因此，在文章的最后一段"反求诸己"中羊枣指出，"我们必须反求诸己：必须泯除畛域，团结一切抗战力量共同杀敌；我们必须实现民主，发动全国民众从事民族解放的战争；我们必须改变过去的一切不良作风，每一个人在自己的岗位上作诚实的努力和坚韧的奋斗"。

《我的爸爸》

杨潮（羊枣）在杭州狱中的译作，原作者是美国作家克拉伦斯·戴，由生活书店于1946年出版发行。全书有《跟爸爸去耍》《爸爸骑马》《爸爸和病斗争》《爸爸买冰》等30个短篇，名作家夏衍为中译本写了前言。书中讲的是一个美国家庭的小故事，主要描写这家的小男孩对父母亲，尤其是对当老板的父亲的思想、个性、言谈举止、生活细节的认识和感受，也描写了他对社会不同阶层、不同职业乃至不同性别、不同国度、不同肤色人群的认识和感受，淋漓尽致地刻画了小男孩天真无邪、无忧无虑的生活。

《我的爸爸》

身陷囹圄的杨潮，在精神高压和肉体折磨下，再难以像过往一样对国民党顽固派口诛笔伐，只得借助《我的爸爸》，以孩童纯真的所思所想来表达他对自由、民主的渴望与追求。

《积极建设福建文化》

评论，作者陈培光，刊载于永安《福建教育通讯》第 23、24 期合刊（1938 年 6 月 14 日），其时福建省政府刚内迁永安。文章指出，"福建的文化基础是相当的薄弱"，"尚缺乏一两家材料特别丰富、论断特别精确的报纸，缺乏多种对象不同而且内容充实的杂志，缺乏大量印行而且富有参考价值的学术著作，缺乏能阐发总理遗教和三民主义而不作皮毛介绍的书籍和刊物，缺乏大量印行而且适合民众兴趣及需要的通俗读物和报纸，缺乏浓厚的学术研究空气，缺乏蓬勃的文化活动，缺乏真正有贡献的文化团体"。为抗战救国，要"发动一切的文化人，有决心、有涵养、有计划地发动一场轰轰烈烈的文化建设运动，齐心协力，为积极建设福建文化而奋斗"。

《发展内地文化》

评论，作者高时良，刊载于永安《福建教育通讯》第 23、24 期合刊（1938 年 6 月 14 日）。文章指出，当时的抗战，只见军队在前方打，少数紧邻战区民众协同工作，但大多数的内地民众对前方抗战毫不关心，一切都没有呈现战时状态。此种现象，若不谋补救，对于抗战前途，实在太危险了。所以发动内地民众的潜存力量该是支撑长期和全面抗战的主要工作之一。希望每一个文化人，每一个教育工作者，都能持其毅力，奋起勇气，一齐手执民族救亡的火炬，燃起民众火热的情绪，组织民众，训练民众，照耀他们走上民族救亡的大道。

《现代青年与抗战建国》

作者郑贞文，发表于永安《现代青年》第 1 卷第 1 期（1939 年 1 月 31 日）。文章指出，"青年为民族之活力，国家之新生命，未来文化之创造者"，肩负着抗战建国的重大责任。文章还指出，青年们要实践知、仁、勇三者，必须具备科学的精神、牺牲的精神，尤其需要发自至诚，则抗战能成功，建国能完成。

《冰雹的午夜——一个女郎的手记》

短篇小说，作者钱今昔，刊载于永安《公余生活》。小说讲述抗战时期我方一个特工人员与日本间谍斗智斗勇，终将敌人消灭的故事。主人公范士音是反间谍组织的一名特工，以商人的身份在香港活动，其间与一个叫林琳的时髦小姐结婚。后来范士音发现林琳原名秋子，是日本间谍。事情败露后，林琳举枪威胁范士音，范士音迅速反击，击毙林琳。日方知名间谍山义泽化名金逸鹏以林琳亲戚的名义跟踪范士音来到桂林，企图窃走林琳搜集到的关于我国第九战区要塞的情报。范士音最终将山义泽制服交给侦缉队，除了祸害。

《我走到西山的面前》

作者陈明，刊载于抗战时期永安出版的《现代儿童》上。这是一首儿童诗，主人公把西山的松涛比作海上的波涛，威力巨大无比，自己化作波涛，奔腾澎湃地打到日本去，把敌人沉到大海里；又把西山的松涛比作千军万马，自己率领千军万马冲到前线，杀尽来犯的侵略者，再用全力来建设新中国，创造中华民族的新辉煌。这首诗歌反映了包括少年儿童在内的全民族的抗战精神和抗战必胜的信念。

《今天——为卅年儿童节而作》

作者黄联辉，1941年发表在永安《现代儿童》。在儿童节到来之际，诗人告诉孩子们日本鬼子的凶残、汉奸的无耻和将士们的英勇抵抗。"许许多多的血债，需要倭寇用更多的血来清偿！"教育孩子们"抗战才是生路，妥协只有灭亡"；"今天，我们是斗争着的一群，明天，是国家的主人翁，继往开来的重任，要我们来负担"。鼓励孩子们"我们大踏步，挺起胸，向着摧残人类的恶魔进攻"；"在祖国争自由的斗争中，我们成长，坚强"。

《东南文化建设运动颂》

作者孙用，发表在永安《联合周报》第3卷第3期。作者对《联合周报》和东南出版社传播抗战文化的进步作用表示了肯定："我爱读《联合周报》，她是进步的期刊"，"东南出版社也正是一家新兴的书店"，"她们原是文化堡垒，联合了的力量更大"。作者希望"期刊不断进步，作者也永不落伍"，在东南一隅推动声势壮阔的文化建设运动。

《我并不悲观》

作者穆木天，1944年发表在永安《联合周报》第2卷第15期。诗人原籍东北吉林，抗战时期流离辗转于昆明、广州、桂林、上海等地，面对日本帝国主义的野蛮侵略，其家国之忧转变成一种烦躁苦恼："我知道朝雾越发浓，朝雾越发久，午后天会更加晴朗，可是，等得不耐烦了，心里却非常郁闷……我永远不会悲观，我永远也不会消极；我感到了空前的烦躁，也许正因为我怀着热烈的憧憬！我希望光明早早地来到，因为我急于要看到我们的美满收获……"诗中所提的烦躁和苦闷既是一个流亡诗人苦苦等待家国复兴的个体愁烦，也反映了当时普遍性的群体情感。诗人准确地捕捉到了此种情绪，并将其升华成对"美满收获"的期待，盼望胜利早日到来。

《信念》

作者姚奔，1945年1月发表在永安《联合周报》第2卷第19期。这首诗发表时欧洲反法西斯战场已取得了决定性胜利，中国人民的14年抗战也胜利在望，但也是日本侵略者做垂死挣扎的时刻，是黎明前最黑暗的时刻。诗人看到光明的前景，充满信心地指出，"没有过不完的黑夜，没有永不放晴的阴天"，"冰冻有溶解的日子，春花有开放的日子，理想有结果的日子"，奉劝朋友们"殷勤而耐心地工作吧，心里有灯脚前有路"，"光明将照遍人间，不要烦恼不要焦躁"，抗日战争的胜利终将到来！

《十骂汉奸》

街头诗，作者李坊国，抗战初期发表在永安《战时民众》上。"一骂汉奸不是人，丢了祖宗帮敌人"；"二骂汉奸死走狗，愿替敌人做马牛"；"三骂汉奸死奴才，只图自己发洋财"；"四骂汉奸黑良心，出卖土地和人民"；"五骂汉奸真不肖，帮助敌人托枪刀"；"六骂汉奸坏东西，淫人子女奸人妻"；"七骂汉奸是豺狼，欺骗同胞入火坑"；"八骂汉奸卖国贼，暗订密约卖祖国"；"九骂汉奸不是人，傀儡组织骗国民"；"十骂汉奸是禽兽，附和敌人做走狗"。历数汪伪汉奸投降卖国的罪恶行径，深刻地刻画了汉奸的丑恶嘴脸，语言直白，形象生动，表达了国人对汉奸的痛恨与不齿。

《青年的胸襟》

作者陈仪，发表在《现代青年》第 1 卷第 3 期，系 1940 年元旦改进出版社黎烈文先生所约。要求青年公正、认真、有勇气，勉励青年不说谎、不懒惰、不浪费，培育青年增进社会道德、养成民主思想和发挥科学精神的修养，希望青年在大时代的洪流中，扫尽过去所有落伍不合时代性的思想习惯，锻炼出伟大纯正的胸襟。

《访问陈仪先生》

通讯，作者秋江，刊载于永安《改进》第 1 卷第 8 期。秋江系著名战地记者，他 1939 年 7 月 30 日由黎烈文陪同，到永安郊区上吉山省政府主席官邸拜访了时任福建省政府主席陈仪。陈仪侃侃而谈，涉及福建的教育、妇女、经济、干部及民主政治和抗战前途等问题，访谈前后近两个小时。该文对这次访谈进行了记录。

《欢迎侨胞领袖陈嘉庚先生》

通讯，作者文迪，刊载于永安《现代青年》第 2 卷第 6 期（1940 年 10 月 10 日）。1940 年，陈嘉庚率领南洋华侨回国慰劳视察团，回国慰劳抗战将士，视察抗战形势，前后达 10 个月之久。作者赞扬了 67 岁的陈嘉庚先生冒着敌机轰炸的危险，沿着崎岖公路，遍历四川、甘肃、青海、宁夏、陕西、山西、河南以及福建等省，慰问前方英勇将士和后方受难同胞的行为，认为这提高了全国军民的抗战热情，更加坚定了抗战必胜的信心，对国内统一团结作出伟大贡献。陈嘉庚先生还到吉山见了福建音专校长蔡继琨。

《牢记血的仇恨》

通讯，作者石林（王一帆），发表于永安《建设导报》（1943 年 11 月 6 日），是对日机轰炸永安造成人民生命财产巨大损失的揭露和控诉。1943 年 11 月 4 日下午 1 时，16 架敌机狂炸永安，丢下炸弹、燃烧弹百余枚，市中心变成火海。全市精华，付之一炬，死伤近 200 人。血写的事实，会在我们同胞的心里，牢牢地生长起来。我们受难的同胞，会永远记得他们所受的苦难，一直到他们的子子孙孙。法西斯强盗在人道和正义的面前逃不了最终的审判。

《铁蹄下的北平学生》

通讯，作者郑庭椿，发表在永安《现代青年》第 2 卷第 1 期（1940 年 5 月 10 日），控诉了日本侵略者的罪行。该文描写的是卢沟桥事变后，北平（北京）沦陷，在日军铁蹄下，北平学生处在水深火热之中。大学生"沸腾着热情，紧握拳头，向恶势力进攻"，表示"此时算是借了全国同胞的血债，躲此求学；他日磨利武器，总得好好清偿这一笔血债，才对得住全国的同胞"。中学生则必修日语，被强迫游行，"庆祝"南京沦陷，反抗者往往被抓到地牢受饥饿、寒冷、闷热、黑暗的煎熬，还要挨辱骂、打掌心、掌耳光和被审问。小学生是在"死去的城和腐臭的池水里"活着，看的是行尸走肉的人们和横冲直撞的敌人铁蹄，受的训练是奴化的朝会和汉奸式的新民操。但他们并没有忘记祖国，更没有忘记敌人的可恨，随时准备举起手向着敌机瞄准射击。

《怒蛙的毁灭——论日寇崩溃的必然性》

作者赵家欣，发表于永安《现代青年》第 5 卷第 6 期（1942 年 4 月 15 日）。文章分析，日本帝国主义侵略中国，又野心勃勃地侵略东南亚的菲律宾、印度尼西亚、越南、缅甸等国，偷袭美国珍珠港，发动太平洋战争，侵占西南太平洋多个岛国，甚至觊觎印度、澳大利亚。战线拉得很长，已达到它扩张能力的饱和点了，其国力严重不足，日本已如同一只"怒蛙"。而中国是不可征服的，从退却到相持，现已进入局部反攻阶段，大大地消耗了日本的力量。"一旦同盟国反攻准备就绪，反攻队伍从四面八方发动起来，这肚皮鼓蓬蓬的青蛙必将切腹而死。""我们相信正义的永远存在，而正义是属于我们这一方面的。"

省（国）立福建音乐专科学校师生除了创作音乐作品外，还有不少文字作品。《音专通讯》第四期就有刊登有蔡继琨的《神剧和交响曲》、马古士的《你有灵敏的耳朵》、奥斯卡·曼哲克的《从来没有这样美的声响》、克拉拉·曼哲克的《你将成为很好的伴奏家》等。学生发表的文字作品则有：汪培元的《改良国乐管见》（刊登在桂林《音乐与美术》杂志），谢家群的《开展旧历年节日新演唱运动》、石庚军的《怎样组织儿童歌咏戏剧队》、林有条的《谈音乐艺术与修养》、卢禹昌的《中国战胜之歌》、陈曒初的《尼哥罗夫先生漫记》、周铿冰的《音专的夜晚》（以上刊登在《音专通讯》）等。

（四）吉山文荟

抗战时期，在吉山工作、生活的文化名士书写了许多与吉山相关的精彩文章、诗词，至今墨香留存。

《上吉山典乐记》

卢前著，全文三万余字。以时间为线索，用纪实的手法，记录了他从重庆接受国立福建音专校长之聘到离开永安的过程。字里行间细述了在福建音专工作、生活的方方面面，还收入了多位民国报人有关音专的报道，是重要的文献资料。原文登载于《中央周刊》1946年第8卷。

作者在《上吉山典乐记》中回忆了在吉山担任国立福建音专校长的感受：

> 在名义上，我任音专校长一年，实际只有几个月，而在几个月中，要不是李简斋兄的帮助，我定弄得焦头烂额。"学生总是好的。""办教育要有热情！"在我这一次出任校长所得的结论是如此。没有把音专办得像样，这是我对于全体员生至今抱愧的。

《吉山盛会——记卢冀野校长招待新闻界茶会》

卢前就任国立福建音专校长后，1942年圣诞节前夕，在该校"练存轩"举行招待新闻界茶会，本文记述了茶会的情况。作者陈石安，发表于《中央日报》1942年12月24日。摘录部分文字如下。

> 在冬雨胜景中，国立音专校长卢冀野（即卢前，字冀野）先生，特选定这圣诞节的前夕，在该校练存轩举行招待新闻界茶会。
> 练存轩，建于音专礼堂右面小山坡上，为卢先生办公室。卢先生在我们从苍松夹道的石阶上结队而来的时候，他就含笑地站在门前，款款点首向我们表示欢迎。
> …………

练存轩傍山而立，窗外翠松绿茵，远处可望燕溪，风景极为秀丽，而最引人入胜的，是山下时时传来琴音弦声，如断如续，如隐如现，置身其中真有卢先生所说"万里浮流，不知此身何托"之感。练存轩筑构特精，为前校长蔡继琨先生得意的住处，卢先生因取蔡中郎琴歌中"练存"之句，用以为名，并悬匾室中，雅室佳名，恰到好处。

…………

卢先生首报告接任以来，关于校务整理的经过："……过去本校对器乐特别着重，最有成绩者，也只有器乐。所以今后在器乐之外，更要注意到作曲与理论方面，因为音乐学校是要培养民族音乐的人才，作曲作词可说是最主要的一个部门，学校方面，正在努力延聘作曲理论方面的教授，现在已请到的有福建音乐前辈林璇先生。此外，声乐也很重要，此次在重庆也和几个声乐教授接洽，大约下学期在声乐方面便可以加强了。至于校内已设立的乐章组，这是为求音乐与文学配合起见而设立的，要使研究文学的人，也能有音乐的修养，同时使学音乐的人，也有文学的修养。"

其次，卢先生报告的是关于这次元旦的演奏，音专为庆祝三十二年（1943年）的元旦，特举行演奏会，卢先生说："这次演奏会与过去所举行的稍有不同，过去多是器乐的演奏，这次则以国乐为中心，因为预备演奏的乐章，都是本人的作品，所以又名冀野乐章演奏会，节目大约有……"

"关于这次的演奏，除本校的合唱团之外，并有同学自动组织的中兴合唱团，不过，这次演奏是预备门票的。"卢校长说到这里，笑了笑继续说，"当然，卖门票的意义，可以说是对听众是含有选择作用的，因为这样，我们可以对观众负一点责任，而观众也对我们负一点责任。"

最后，卢先生说到关于寒假学生活动方面，他说："在这次寒假之中，同学们自动要求组织旅行演奏团，大约分两队，一路是出发闽南，一路是向沙县南平这条公路出发，他们预备在这次旅行演奏中能够募捐到一架'音专号'滑翔机。"卢校长接着说："这是比较困难的工作，因为人员要分散，准备也很匆促，不过这完全是同学们自动的要求，现在各种计划还在审核之中。"

卢先生在笑容可掬之中,结束了三方面的报告,在诚挚的掌声中坐下。接着,我们便相继提出几个问题,卢先生逐一答复……

《吉山丝竹一番新》

本文记述的是1943年3月3日国立福建音专举办的一场演奏会的情形。作者中固,发表于《中央日报》1943年3月4日。摘录部分文字如下。

福建音专创设已有三年,改为国立却仅是去年秋季后的事,校长卢前莅位之后,为时虽短,校务却已蒸蒸日上了。

很早就听到卢前校长是中国有数的文学家,词曲学的权威,对于音乐文学是有独步造诣的,这是东南学子可以庆幸的一件事。今年元旦,永安城里曾举行过一次"冀野乐章演奏会",盛况堪称极时。

…………

寒假里,音专的同学自动分组了二个旅行演奏团,第二队去闽东的,已于开学前返校,第一队去闽南的,刚于昨日赶回。留校同学也在寒假里练习了一些节目,碰巧今天(三日)又是校长卢冀野先生的诞辰,遂决定今天下午六时在校里举行一个演奏会,并加入新来教授们的节目以表示贺寿与迎归。卢校长留我听一听这一次节目。其实,他不留客,我也要客自留了。

…………

晚上六时,音乐会在校礼堂准时举行。节目一共有十三个,六个是留校同学演奏的,其余是先生们的。不论先生们和同学们演奏的,可说是开音专演奏会以来首创的第一次精彩,西洋音乐都是名闻世界的大作品,极其深奥难懂,因为听奏的对象是自己同学,为提高水准起见,演奏的节目是与对外含有普及意义的演奏所不同的。

开首的合唱与结尾的合唱是寒假留校合唱队唱的,在黄飞立先生指挥下,成绩有惊人的进步,《上战场》《八百孤军》《佛曲》《满江红》都唱得很可以。尤其是Couno作曲的《凯旋歌》,中间变调很多,情绪变化很复杂,他们唱得恰到好处,一忽儿激昂、慷慨、奋发、蓬勃,一忽儿女情长,怀国思远;又一忽儿,追怀先烈忧泣唏嘘,终至浩浩荡荡,征胜返归。也似乎唱此歌,为二个寒假旅行演奏团歌凯旋。

留校同学的钢琴独奏、钢琴联弹,是贝多芬的《第五奏鸣曲》和《第一交响曲》,都是不易演奏的纯音乐作品,弹得很不错。

值得注意的是国乐节目的演奏和新来教授的西洋名曲演奏。

今日中国音乐需要确立一种体系。它不是全盘西洋音乐的搬移,也不是简单的沿袭中国古有音乐就能了事,而是科学地整理中国固有的音乐精华,撷取西洋音乐之进步处、优长处,它要合乎中国民族的风俗习惯,适合中国民族音乐发展的需要的。而这个艰重的担子,正落在现在一代的音乐工作者肩上。卢校长正是以此来办音教工作的,因此,这次特别请了顾西林先生来主持国乐组,希望在这一门好好的有所建树,有所贡献。

《别了矣,永安!》

卢前在本文中记述了离开福建音专之前几日的琐碎事务和离愁别绪,还附上了他到衡阳时给学校写的一封信。发表于1946年8月的《中央周刊》。

诸位先生,诸位同学:

前以十七日晨六时离永安,在第一桥始遇同学代表,闻呼声作于道旁,急挥帽示别意,不知曾见及否?午饭朋口,回时抵长汀,应郑秀翁约,宴罢,赴厦门大学讲演,归中南社已深夜矣。明日破晓登车,午止云都,在瑞金换车,抵赣县才三时,憩励志社。中正大学任教授和声鹄待中正桥,与十六年不见之老友欢叙竟夕。又明早七时出发,越大庾岭至梅关,饭于南雄。下午二时即达曲江,极为迅便,堪以告慰。然迢迢北上,车行日迟,此心固无时不绕吉山间也,在曲江巡视市场,知中国乐器颇充斥,琵琶、二胡、月琴、笛、箫无不备,所缺者凤笙耳。幸语西林先生可托运输公司设法为校购置。前当晚登粤桂联运车,因过此须待一周。上车后解衣酣寝,三日来疲劳略减。顷已至衡阳。爱就车厢,书寄草草。同车有浙赣长吏,谈次,甚称许今年之音专。吾校得此声誉,皆诸位先生之功也,愿同学益自奋勉,俾实副其名,教化日广,不独吾校幸,亦我邦国之福。

迳祝健康安乐。

卢前
三月二十日衡阳车站发

《再见吧，吉山》

曾在吉山工作与生活七年的福建省教育厅编审、《老百姓》报编辑徐君梅先生，在省政府回迁福州之际，写下了《再见吧，吉山》，抒发他对吉山的深刻感情。发表于1945年12月仙游《现代》月刊1卷2期。因该文对吉山风土民情介绍详尽到位，使人身临其境，笔者在此引用全文，以飨读者。

现在，我快要离开住居过七个年头的吉山，回返沿海的一个城市去了。我怀疑命运之神将来会不会对我再开一个玩笑，又把我带到这里，给钉住了似的，再住上漫长的一个时期。我又想象，当我离开她，跨上汽车，再坐上汽船，沿着蜿蜒美丽的江下驶，奔向故乡去后，会不会再想起她。当然，才回到久别的故乡，一定把她暂时忘了；往后的一些日子，正贪婪地咀嚼久别归来的故乡的一切，也很少会想起她。但我可有一种预感，相信自己在故乡住上相当时期，住得平淡了，那时候，她定时时会轻倩而鲜明地浮上我的心头。你想，她的生活情调和自然美跟我的故乡是那样不同，她在艰苦的抗战时期，是我一直工作着、生活着的地方，而她在战时的一个长时期中，又作过全省教育的神经中枢。将来，我真愿意以咀嚼和缅怀的心情，纪念这山城近郊的村庄。

吉山，她在作为战时省会的永安的西郊中，算是最大的个村落。先别提起别的，光以她出产的黄酒叫做"吉山老"的来论，就够使得到过永安的人在脑里留下印象了。吉山分为上下两部分，下吉山便是全县重要的产酒地方。这儿，几乎是个酒村，十家有八家都经年酿着酒。他们屋里的大角落就是储存库，厨房就是酿造场。每年，朔风吹拂的日子，你若有兴致迎着寒风到溪边去，就可以瞧到一只只又笨又大的坛子，像孩子们去集体氽水似的，露出嘴儿笔直地站在澄碧清澈的溪流里，它们紧紧密密地每一排总有那么一百几十只，那就是准备盛酒的大酒坛。再顺着脚步往村里遛遛，便很容易地发现好些比较体面的房屋外面，一律有一片用灰色的方砖砌成的,又平坦又干净的颇为宽的空地,铺着一面面竹席子,迎着太阳光,晒着一颗颗褐黑色的糯米粒,那就是酿酒用的曲,从而也就恍然这是他们准备酿酒的时候了。

  医生们尽管劝告你,说酒对于健康有如何如何的害处,但在社交上,尤其人们想暂时忘却生活的枯燥与苦闷的时候,它仍不失为很可亲的东西。它在宴会的酒席上,必不可少;而当苦恼烦忧的刹那,它又给你意识中的宇宙蒙上了一层轻软的、异样的雾,把你真的暂时麻醉了,使你一时忘记了一切。据说,要酒酿得好,一定要有好的水,吉山老酒所以会那么清澈、醇厚,就因为那道溪的水好,而酿成以后,又放下了"当归"。这在我不会喝酒的人,端起酒杯,只觉得那味道的确比普通的酒来得浓烈辛辣些,颜色也比一般的酒深沉而带着些茶褐色,此外并没有什么特别。但一看人们那么热烈而贪婪地喝着"吉山老",谈着"吉山老",我也就跟着赞美它的名贵了。

  吉山,她战时荟萃了许许多多行政、司法、教育的机关,也荟萃了相当数量的公教人员和他们的家属。他们大都带着沉重的心情,离开故乡或已经习惯了的工作地点来到这里。这里对于他们是陌生的,在沿海人们的传说里,是极其穷僻的"山头岭角"。大家初来的时候,走的是崎岖的碎石狭径,住的是五家挤在一起的矮小湫隘的脏房子,又没有电灯,前后左右放眼看去,是无穷无尽的高低山丘,一切都感到没有慰藉,没有依托,当然经不住酒的诱惑。会喝的多喝些,不会喝的一有机会也喝上几杯,闹着好玩,也想借着酒的力量把战时的生活笼上一层美丽的轻纱——尽管它的力量仅有那么一刹那。

  1939年到1944年,是吉山机关设立最多、人口最密的兴旺时期。下吉山有一家唯一的菜馆,灯火初上,便告客满。老板是闽海一带人,他的嘴巴听说过去被子弹穿过而又缝拢,很滑稽地歪在一边。尽管菜馆挂着很体面、文雅的"聚宾园"的招牌,但人家好像彼此约定了似的,管他叫"歪嘴";而人们彼此招呼着到那家去吃喝,也变成"喂,去'歪'吗?""我才不去哩,太贵了,哪里'歪'得起?"经过像这样的演变,"歪"便极普遍地变成"吃"的代用字,流传到现在,还偶尔会从吉山的人们的唇边溜了出来。

全吉山只有下吉山有菜市、商店和茶馆。这儿，一条不及100码（按，100码等于91.44米）长4码（3.6576米）宽的唯一闹街上，碎石砌就的街道两旁，平列着二十几家小商店。那些做生意的人，在物价步步涨的漫长时期中，没有一个不发财。公教人员一面被他们吮干了血，一面又被他们瞧不上眼。抗战胜利了，这些吮血商人的黄金时代也过去了。胜利的炮声粉碎了他们的美梦，由于省府还在福州，吉山人口日稀，他们有的准备结束还乡，有的无可奈何地抛售货物过日。过去，利市百倍的吉山老酒，每斤非120元不卖，到今日降到48元一斤还没什么销路，大家都想多积蓄一些钱到故乡去稍微伸伸腿。

酒是一部分有特殊嗜好的人的生理食粮，而教育与文化才是人类真正的精神食粮。1938年秋天到1944年冬天，下吉山始终是省教育厅的所在地，是全省教育的神经中枢。这里，自幼稚园、小学、中学以至专科学校，无不非常完备地设立着，它们一律由省举办。

由县城的南门东站搭上永吉班车，向吉山驶去，市区走完之后，拐个弯，经过"第一桥"东坡（这儿有许多中央的和省的机关）、上吉山的国立音乐专科学校和省政府主席的官邸所在地，渡过一座小木桥，就是下吉山的境界了。到这儿，风景突然一变，车在悬崖匀凿出来的狭径上行驶，但已不敢驶得太快了，靠右是很高很高的岩壁，靠左是水流拍击礁石转成旋涡的溪滩。岩壁上野生下垂的蔓草，又粗又硬，像一根根鞭子似的，伸进车窗，掠拂靠近窗门乘客的面颊。但靠左边车厢的乘客也有一种机会同靠近右窗的平分秋色。他也可饱览溪景——那条溪是那么美丽啊！蜿蜒的溪流，远远望去，两旁夹着肥沃的林地、小洲和沙岸，一会儿曲折，又一会儿伸直，恍如轻盈秀丽的少女在爱娇地伸着水蛇般的细腰。但把眼光稍微收拢，你的心就得怦怦地响了，你看，车轮简直是沿着悬崖的边缘碾过，轮子如果稍微大意向外边多挨几寸，不是踏个空，连车带人像乘电梯似的一直落向溪滩深处去吗？

到了吉山车站下车，就是下吉山的"内圈"境界了。一条只容两人并肩而行的不规则小石路，引导我们到下吉山的中心去。首先经过的是高等法院，迤逦而行，经过有商店的小街，便瞧见一个美丽的大荷塘，四周围着红色的小巧栏杆。每当盛夏时节，那一带的风景衬着远山近树，真叫人流连。但现在已入晚秋,只日见其萧索残破了。

　　荷塘的转角处,有两个岔路,左边有一条小石径通到溪边去。在那儿,有一道二十多艘大木船连锁起来而搭成的浮桥,通向溪的彼岸。那儿有素称名胜的文昌阁和一些民屋。溪流清澈得可在阳光下瞧见溪床上的小卵石;靠近桥边的水,也并不深,如果你的表掉在水里,且是个阳光很好的日子,表就像在休息似的安静躺在底下,睁起眼对你微笑;只要捞起裤管,涉水下去,就可把这顽皮的表捡上来了。这条溪流,从上游流来,缓缓地向永安县城流去。两岸绵亘不绝的是不大不小的山岗,草都长得好,树林虽不高大也长得密。一连串青山,一道清流,加上郁郁苍苍的山间树林,纡回曲折的地势,形成吉山的溪山之美。临溪,除开一些饶有诗意的古式阁楼外,还这儿那儿点缀着磨坊。那大水车半浸在溪水里,借着堵住的湍流,缓缓地旋转,响出不疾不徐的悠然的声音,真叫人恍如置身在中世纪的一个静穆乡村中。

　　由荷塘向右转去,依次经过省立儿童馆和它附设的幼稚园、教具制造场、省立实验小学的吉山分校,最后到达省立永安中学。到这里,也是吉山的尽头地方,一座高山兀然蹲在那儿。所以吉山这个地方,一般人称她做风景区,也称她做教育文化区。而除了各级学校以外,她自1938年秋天以来,又是全省教育神经中枢的所在。省教育厅一迁永,就在这个地方办公,它的位置中心,是在沿儿童教育馆上了山坡就可望见的一片平坦广场,而范围一直延长到1500码外的实验小学分校为止。占地本来很广,又经过历年的整修和扩展,布置与点缀,景物益见迷人了。这儿,草坪如茵的广场尽端,遥对着近溪和远山,倚着一座小山,建筑了一座小巧玲珑的教育厅长的办公室。郑心南(即郑贞文)厅长替它取名"笠剑轩"。以笠剑轩前面的广场为中心,前后左右300码(274.32米),是教育厅人员的工作、居住和游息的区域。一条笔直平坦的道路,旁边一溜儿植着树木,一道小巧的竹栏杆把那道路跟广场像刀切似的隔断了。隔着栏杆就是那片广场,而树荫之下又辟成无数花圃,点缀着石砌的桌椅。抬头,四周青山;举眼,一弯流水。景色既美,环境又清幽。

　　有一个时期,那是敌机轰炸永安,而又过境频繁的时候,永吉道上真热闹极了。吉山离城区六公里,树木那么浓荫,地区那么宽广,建筑物又那么稀疏，给住居城区的人们看中了。到星期日，为着躲警报，也连带散散心，大多数人凡有亲友在吉山的，都携带家属到吉山来。在吉山没有亲友的，也纷纷把稍微贵重的东西打上包袱，带了干粮，来这郊外"桃源"拣个幽荫地方，一家子席坐地上。太阳快下去，看光景敌机不会再来，又搭车或拖着疲倦的腿一步步走回去。

当永安城区屡被轰炸焚毁的一个长时期中，吉山1938年（按，应为1939年）秋天时被投下一颗50磅重的小炸弹，死了一只猪（按，根据史料应为两只）。

为着抗战，我算给绊住了似的在吉山住上七个年头。七年之中，自己有过慰乐，但可又有更大的苦恼与悲愁。我愿把一切苦恼与悲愁深深地埋在吉山的山坳、溪边，不让它再从我的心上浮上来。但我可无可奈何地带回岑寂岁月给予我的愈益苍老的心境，和被环境磨折够了的身躯。我恨吉山，可又爱吉山，我爱它的山色溪光，我站在教育文化立场，将永远怀念它抗战时间在全省占着神经中枢地位的一个颇长的时期。

吉山诗词摘录

卢前有许多关于吉山的诗词，摘录部分如下。

练存轩杂作（摘句）

练存轩独坐，且倾大红袍。
四壁琴音绝，松风起叶涛。
吉山落我手，一笑吉山灵。
今岁不称意，山色徒为青。
缓缓燕溪水，峨峨退可坊。
路旁有榕树，迎送替垂杨。
前年巡河朔，去年下牂牁[1]。
今年东海月，照我吉山阿。
西来三教授，隔屋听吟哦。
淡眉曼者克，隆鼻尼哥若。

---

[1] 牂牁系古水名和古地名，指今贵州省大部及广西、云南部分地区。

失去雾中山，但怜霜不草。
雾山何足看，霜草日枯槁。
…………
灯前无一事，忽忆小儿女。
两女在沙头，大儿坝上住。
北碚有山妻，渝州留老母。
念我锁双眉，四儿杯在手。
空中语竟传，入乐始黄自。
使我久思悲，闻君歌本事。
枕上六年事，荧荧灯底醒。
峡云挂心眼，梦不到江宁。
能歌赵芳杏，能琴吴逸亭。
吉山此两绝，誉满永安城。
杨生工伴奏，郑生善指挥[1]。
三年出江海，一日载名归。
山深咽流水，夜深啼杜鹃。
今古两歌者，袁青蔡丽娟。
黄帝作咸池，六代始天乐。
章韶夏濩武，殿以周公勺。
风云气概多，行后诗常好。
收拾海天吟，寄于三原老。

吉山杂兴

吉山今我有，缩手不成吟。
路绝飞鸿断，云栖卓笔深。
相传多胜迹，未肯往追寻。
朝夕云烟里，峰峦总在心。

---

[1] 杨生系学生杨碧海，郑生系学生郑沧瀛。

眼儿媚·吉山月夜

一盘明月艳中天，愁积夜如年。吉山千树遮难住，清影弄窗前。
也知今夕嘉陵上，也正照无眠。及时餐饭，别来衣絮，都到愁边。

吉山酒

平生屡止酒，酒每近吾家。
今日吉山客，三年住白沙。
频行犹在劝，不饮莫兴嗟。
灯下封家信，看看字未斜。

永安书怀

燕溪水自流，泛鲸波万种愁。北陵殿自幽，锁南天一段秋。
吉山有客才三宿，残月无光照九州。酒添筹，棋未收，传舍还如不系舟。

十一月十一日示永安国立音专诸生

游鱼知听瓠巴瑟，乐正才回天地心。
愿与诸生勤象德，考亭遗教慎追寻。

红米

诸生戏呼铁锈饭，一餐红米六两半。
不念老农畎亩间，念我战士流血汗。
碗中粒粒敢兴嗟，吾徒所餐亦已奢。
战士沙场艰一饱，安得黄豆与南瓜。

山居

看山不语意常余，只合长吟遣索居。
句法每能追北宋，屐痕时复数南徐。
有田蜀客空归计，出水鲋鱼上市初。
百种情怀无处放，永安城外一愁余。

水尾

下渡西头水尾乡，秋林鸦背出村庄。

分明残月衔山处，却以栖霞落道边。

枫叶艳于年少事，芦花染到鬓边霜。

行来都是南都客，试向茶亭话海桑。

别永安

又逐残年襆被征，平明回望永安城。

燕溪远与沙溪接，流入闽江水独清。[1]

次韵酬玖莹[2]

抗尘南北空皮骨，鬓发苍苍各宛然。

元白比邻要永契，龚黄一辈论犹贤。

路人旧日碑传口，溪水新居咏满笺。

上吉风光中有我，秋山云树碧于烟。

《岁暮示诸生》五言诗二阕（1943年腊月）

其一

夏虫不语冰，凡马不知骥，

何谓大丈夫？要能辨义利。

所见惟齐耳，管仲诚小器，

大道天下公，进退岂私意。

行艰勇可畏，立志决不易，

三年参国政，前也居其位。

既知无不言，言已庶无愧，

庄言告诸生，言出原非戏。

---

1 本诗系1943年1月24日卢前经贡川、三元、沙县前往福州访友，暂离永安吉山时所作。
2 朱玖莹系抗战时期的福建省建设厅厅长，住吉山宝应寺。

其二
　　惭为诸生师，诸生当知我，
　　我为直道行，与世意无左。
　　三年万里路，蹈汤复赴火，
　　苟有利于国，何惜两足跛。
　　问我何所长，知耻平生颇，
　　行藏用舍间，无欲则刚果。
　　此怀长落落，此心赤裸裸，
　　不敢效世徒，无可无不可。[1]

黄曾樾有关于吉山的诗四首。其中《抗战归里杂诗》七律一首，既吐露出他对家乡父老的感激之情，也为三世家传留下的万卷书，在战火连天中失去而愤慨。

慈竹居
　　江湖无处纵穷鳞，倦翮焚林孰与亲。
　　差喜刘郎风义在，结邻同荫北堂春。

家近北陵殿
　　卅年梦接草堂灵，著眼溪山一角青。
　　小阁倦游吾欲署，漫劳载酒赏玄亭。

赠知新[2]
　　久藏佳酿待吾归，一醉宁忘世已非。
　　但愿向平婚事了，耦耕同汝莫相违。

抗战归里杂诗
　　为霖为雨慰苍生，刮目当年父老情。

---

[1] 以上内容摘选自《卢前诗词曲选》，中华书局2006年4月版。
[2] 知新即刘知新，黄曾樾妹夫，吉山人，当时在永安城关中华路开店经销吉山老酒。

惭愧江湖漂泊后，流传乡里只诗名。
三世家传万卷书，剑洲文献复谁知。
百年乔木都成烬，何用伤心问蠹鱼？

曾任福建省政府主任秘书的钱履周有诗一首。

山村即事

山村景物吾能说，水际柴门尽向西。
虎迹大于霜下菊，虫声繁似曙前鸡。
旧醅浸药香邻舍，短艇编桥卧隔溪。
一路枫林红不断，乱鸦还带夕阳啼。

诗人吴秋山抗战期间在永安师范学校任教，有诗一首。

吉山小景

雨后新霁色，千峰一片秋。
残蝉啼户唱，落叶逐波流。
寺角露林表，船艄见渡头。
此间美景好，漫步画中游。

抗战期间担任省立永安中学教师的魏兆炘有诗一首。

有怀吉山同学

吉山燕水弦歌地，鼙鼓心魂此滥竽。
头角峥嵘看赵魏，艺坛活跃数林卢。
百年历史惊回溯，一代文章力步趋。
童冠于今俱老矣，夜行记否讳於菟？

国立福建音专学生罗惠南有诗一首，是当时学生生活和志气的写照。

> 吉山高耸入青云，山中一支音乐军。
> 黄豆竹笋餐餐吃，福建也有贝多芬。

曾任省政府社会处科员的南社社员潘希逸有诗一首。

春日登永安吉山北陵殿

> 独登北陵殿，诗骨耸嶒崚。
> 溪山入怀抱，云树接苍冥。
> 掩径奇花发，悟禅顽石灵。
> 飘然浑不倦，更上最高亭。

三、当代文辑

文化的繁荣渊源于悠久的历史，植根于今天的实践。随着对抗战历史文化宣传力度的持续加大，吉山又重新回到人们的视野。不仅有许多故人回忆和重访吉山时写下文章，还出现了许多体现抗战文化和历史文化传承的乡土歌曲、方言歌谣，以及吉山题材的当代诗词创作。

（一）忆访文选

抗战时期在吉山工作、生活过的名人志士，以及在吉山的学校就读过的学子，离开吉山后，在不同地方、不同时期，写下了许多回忆、纪念文章，充分体现了深厚的"吉山情结"。

《一笑回头问吉山》
作者黄飞立，1943年至1945年在福建音专任教。本文记述了他到福建音专工作的经历，以及在吉山生活期间的情趣。现摘录部分文字如下。

沪江中学毕业时，许多亲戚朋友都主张我考上海音专，但我的志向是要做医生的。于是我报考了燕京大学生物系并且考取了。但是不久，卢沟桥事件爆发，母亲不让我去，只好留在沪江大学生物系念医预科，直到1941年毕业，上海依然沦陷。留校任教之余，我参与电影配音及"上海艺术团"的话剧小乐队活动。1942年的一天晚上，"上艺"在卡尔登戏院演出，幕间休息时，我们在后台聊天，听到程静子说，她要和章彦去重庆，我想都没想，说："走，我跟你们一起走。"本来我们打算往西南方向走，可是交通非常困难，结果绕来绕去，跑到东南，经上饶，翻过武夷山到了福建南平。身上的钱用得差不多了，于是程静子写信，请徐悲鸿先生把钱寄到南平。等待之时，听说附近有个永安，是战时临时省会，那里有一所国立音乐专科学校。就这样命运使然，我来到了永安的上吉山。在卢前校长和缪天瑞教务主任的热情邀请下，我们决定留校任教。那年我二十六岁，我忽然意识到：我这辈子是做不成医生了。

永安当时是福建省的战时省会，音专就在永安郊区的上吉山上，那里风景很好，非常的安静。学校背着一个小山坡，山下是教室、学生宿舍，校长卢前住在山顶，三位外籍教授住半山腰。刚来的时候，我住的地方挨着男生宿舍，后来也搬到山上去，住得很舒服。我在山上养了一些小鸡，白天它们到处走，不用管的，晚上会自己回来，有时候被天上的老鹰叼走，大概也有被人捉去吃掉。

…………

吉山"三老"是出名的，第一是老酒，尤其是"女儿红"。当地人生了女儿，就把酒埋在地下，到女儿出嫁才拿出来待客。第二是老虎，山下临溪的琴房边就曾经有过老虎的脚印，所以晚上从城里返校一定要举火把。第三是老鼠干，当地农民抓了大田鼠，剥皮、晒干当肉卖，凡吃过的学生都说好……

我在福建音专待了半年，知道今后只有干这一行了，虽然我的小提琴还不错，除了 Nicoloff，在这也算是高水平。再比如合唱，我在上海是可以公开演出的，教音专的学生完全没有问题。不过要真做这一行，不系统学习是不够的。

  当时学校有一本里姆斯基·科萨科夫的《实用和声学》，我把它借出来，并且翻成中文。译稿都是用毛笔小楷写的，五线谱拿铅笔尺子一条条画上去，音符全是用毛笔画的圈儿。这本书我译了五册，一边翻译一边校正，前后用了差不多三个月。后来我还翻译了一本《曲式学》，好像是因为缪天瑞要教这门课，我就帮他翻出来，然后拿去刻蜡版，印出来做讲义。[1]

  2014年7月16日，黄飞立还为《弦歌相承——国立福建音专纪念文集》作序，叙述了他在福建音专工作的感受。他表示，虽然在福建音专工作的时间不长，但还是很有感情的。后来事实证明，他一生从事音乐工作，就是从到福建音专任教这个转折点开始的——吉山之后，他到耶鲁大学留学，再到中央音乐学院工作，黄飞立的人生职业道路是在吉山确定的。

《"六角亭"生活的回忆》

  作者甘宗容，广西龙州人，音乐教育家。1943年至1946年在国立福建音专选修声乐兼图书管理员。本文记叙了他当年从广西桂林到永安的经历，以及在上吉山国立福建音专学习生活的场景。现摘录部分文字如下。

  刚来时，学校把我们安排在小山坡上与曼哲克夫妇合住在一栋小洋房里，这对老夫妇总是笑眯眯的，对我们很和气。我们不懂德语，只能凭几句简单的英语交谈，有时还闹笑话。记得是1944年春节一大早，曼哲克先生对我们说"Kong-Xi！Kong-Xi"，陆华柏马上向天空张望看飞机在哪里，曼哲克先生还是笑着说"Kong-Xi"，我们才恍然大悟是"恭喜"不是"空袭"，相顾大笑。几个月后，我们搬到"六角亭"去住了，这间与曼哲克夫妇为邻的房子留作陆华柏的工作室，清唱剧《大禹治水》的音乐就是在这间房子里写的。他作曲时不免哼哼唱唱，有时情不自禁，大声了点，第二天曼哲克笑着对他说"you are a good soprano"（你是一个很好的女高音），大概是半开玩笑半挖苦吧。

  "六角亭"是学校向附近老百姓租赁的一栋平房，供部分教职员作宿

---

[1] 转引自《弦歌相承——国立福建音专纪念文集》，海峡文艺出版社，2015年5月版。

舍之用。这栋平房前有矮墙围绕，靠近大门边墙内有一六角凉亭，墙外可看见顶部，所以大家一般都称呼这处宿舍为"六角亭"。六角亭只有一排房子五六间，我们住在进门后最右边的那一间，顺次向左为刘玉浪先生家，再左为缪天华先生家，再过去还有些教务处、总务处的职员居住，姓名记不清了。房子很陈旧，不过空气新鲜，阳光充足，而且环境安静，我们很喜欢。内常有虫蛇光临，好在它们出进自由，我们彼此倒也相安无事，陆华柏戏称我们这间居室为"虫蛇轩"。我们与刘天浪夫妇、缪天华夫妇均甚友善，我记得后来在我行将离开永安之前，六角亭的全体"居民"相约拍一合影留念，他们在照片上题了"亲如一家"四字。

…………

　　常来"虫蛇轩"聊天的友人有郑书祥、王沛纶、缪天华、刘天浪等。郑书祥是音专的历史教授，我们当时都很喜欢听他对时事、对抗日形势所做的分析。他在进步学生中威信很高，我们估计他可能是中共地下党员，但当时共产党员有杀头危险的，谁也不敢问谁是否是党员。缪天瑞先生、萧而化先生有时也来坐坐，缪先生善讲笑话，常引得我们哈哈大笑。还有一些广西籍的同学如阳永光、欧阳如萍、覃捷等也常来玩。在六角亭，我们生活在一片温暖的友情之中。[1]

《让"永安精神"再创辉煌》

作者汪培元，1940年考入福建音专，1944年毕业后留校任教。

　　是抗日战争，
　　使祖国各地文化精英聚集于东南一隅
　　——福建永安；
　　是法西斯迫害，
　　使德、奥、保乐坛巨擘
　　不远万里投奔到这僻静的山庄
　　——吉山；
　　是八闽宝地，

---

[1] 摘自《弦歌相承——国立福建音专纪念文集》，海峡文艺出版社2015年5月版。

使我们能在烽火岁月中弦歌不断；
是艰苦的战争岁月，
使莘莘学子经受着万般磨难；
正义的战争是一座大熔炉，
它把纯真的青年锻造成钢！

我们缅怀这壮烈的时代，
我们歌颂这伟大的时代，
它培育出为祖国音乐事业奋斗
奉献毕生的一代人。
也凝结出艰苦朴素、勤奋好学、
尊师爱生、团结奋进的"永安精神"，
闪耀晶莹光芒！
回忆当年，我们曾慷慨悲歌：
"旗正飘飘，马正萧萧"，
"好男儿，好男儿，报国在今朝"，
歌声激励我们同仇敌忾；
我们曾深情咏叹：
"故乡，我生长的地方，
本来是一个天堂"的心曲
体味着离乡背井的惆怅；
我们曾傲然长啸：
"敌人从哪里来，把他打回哪里去，
敌人从哪里进攻，把他消灭在哪里"的怒吼，
激励军民，保卫家乡！
如今一切都已永垂青史，
它留给我们的思念，
永远难忘。

我们以辉煌的业绩，

度过了举国庆祝抗战胜利的五十周年,
也度过了反法西斯取得全面胜利的五十周年,
我们谨以这本校史,
作为一份小小礼物,
献给国立福建音专的校友们,
献给乐坛的知音挚友和兄弟院校的朋友们。
让"永安精神"再创辉煌![1]

《重游上吉山(诗一组)》

作者陆华柏,1943 年在福建音专任教授。此组诗 1987 年 11 月 15 日写于永安市招待所 202 房。

丁卯初冬,1987 年 11 月 14 日,风和日丽。永安市文化局、党史办等单位领导同志及友人、同行、记者等共 10 余人,陪同我在离开永安 40 多年之后,重游上吉山国立福建音专旧址。不无感慨与回忆,聊写可供朗诵的顺口溜若干段,不文不白,以志纪念云耳。是为序。

其一:《文川溪》
文川溪,
水清涟。
音专旧址颇难觅,
酒厂高耸亦巍然。
当年师生多星散,
各奔西东,海内海外,
地北天南。
但愿有朝一日,
重建新的福建音专,
八方归来,
亲如一家尽开颜。
其二:《琴歌声》

---

[1] 摘自《弦歌相承——国立福建音专纪念文集》,海峡文艺出版社 2015 年 5 月版。

一别四十载,
吉山焕青春。
借问溪边叟,
记否琴歌声?

其三:《"六角亭"》
"六角亭",
故居好。
平房数间新修整,
犹能辨认旧面貌。
进门右手"虫蛇轩",
左边斗室躲藏道。
思绪万千涌心头,
新居主妇兴致高。
一问四十年前事,
笑称"那时我太小"。

其四:《吉山老酒》
吉山老酒呷一口,
记忆回到四十载前。
当年日寇投降日,
正是此酒助狂欢。

其五:《水磨》
水磨之声今不闻,
溪流波纹尚可寻。
红米黄豆香喷饭,
三天两头开点荤。

其六:《座上客》
"六角亭"里座上客,
来得最多郑书祥。
缪天瑞、萧而化,
还有苏州沛纶王。

纵论古今天下事，
无米下炊亦寻常。
幸得赊欠有小店，
老酒花生醉昏黄。
其七：《游泳》
傍晚戏水文川溪，
吉山一乐顿忘饥。
肤色有黄也有白，
水中出现曼哲克。[1]

《情寄吉山》

作者许沙洛，原名许慕沂。1940 年就读于福建音专中学图画劳作师资进修班。

喜闻母校音专修编校史，难尽绵薄之力，谨赋二律寄意，甲戌九月。

诗一

敌寇凶残未扫平，离乡避祸永安行。
吉山有幸霜钟美，燕水如银雾气清。
传出弦琴歌抗日，更将画笔写群情。
巍巍学府烽烟里，哺育扶持学有成。

诗二

八闽乐运立丰碑，专系音专树一旗。
五十余年风雨急。三千学子梦魂驰。
残篇断简堪留迹，母校精神正可师。
寄谢旧时诸好友，吉山遗事久相思。[2]

《红豆》

作者罗时芳，1944 年国立福建音专五年师范科第四届学生。此诗 1994 年

---

[1] 摘自《弦歌相承——国立福建音专纪念文集》，海峡文艺出版社 2015 年 5 月版。
[2] 摘自《弦歌相承——国立福建音专纪念文集》，海峡文艺出版社 2015 年 5 月版。

11月27日作于厦门文灶。

少年的我有一颗红豆藏在心头，
带着它进音专校园将美好寻求；
吉山和仓前山为何多姿多彩？
原来是同学们都怀着各自闪烁的红豆。
红豆啊！清贫学子的珍宝，
坚实如金玉，圆润又红透；
红豆啊！在乐声中运起鬼斧神工，
用抗战的悲歌慷慨，爱情的细语温柔，
将学子的灵魂塑就。
莫笑学成时行装简陋，
有多情厚赠，弦歌满袖，
定能经得起征途的风狂雨骤。

别后几番梦绕校园，
乐声悠扬，芳草依旧。
我在吉山低矮的琴房前伫立，
到竹屿破落的门窗外轻叩，
向仓前山的新楼举手高喊："我回来了，
母校！
怎能彼此沉默了这么久？！"

被阻隔的心音终于有了回响，
熟悉的旋律围拢来亲切问候：
"孩子，这儿青春长驻，美好长留，
百花护佑着当年那一颗颗纯洁的红豆。"
"莫叹力将竭，志未酬。
努力！努力！努力往前走。"
看《旗正飘飘》、听《欢乐颂》高奏，

天尽头有音乐园举世无俦。
在那里校友的乐魂共赏八闽风光，
或同醉吉山老酒。
在那里乐魂们肩并肩、手挽手，
眺望生身热土的新貌喜泪长流。
用颗颗红豆和泪珠作音符，
为母校和故乡谱写春秋。[1]

《吉山雨后》
作者叶林，1943年在国立福建音专学习。

雨后山峦
在厚厚的云堆下
滴出了娇翠
燕溪暴涨成一道宽阔的河流
黄色的水波
吞没了溪旁的天垅

山麓的青叶
在黄色的水流边
茸茸地铺上葱郁的绿茵
灌木在小山谷上微笑着
像初沐浴后的女郎
披着湿漉漉的青发
让雨后的凉风轻轻抚吻

雨后的宇宙
如此澄洁
什么时候

---

[1] 摘自《弦歌相承——国立福建音专纪念文集》，海峡文艺出版社2015年5月版。

也让一阵风雨

降落在我的心田

洋溢着感情的泪水

做一次任性的泛滥[1]

《我记忆中的永安往事》

　　作者潘潮玄,原福建省人事局副局长。潘潮玄1941年至1945年就读于省立永安中学,2024年2月28日逝世。该文发表于《福建文史》2024年1期,系作者最后一篇遗作。全文共分四部分。

　　一是家园沦陷,逃难永安。1939年,福州即将沦陷,作者父亲先随省府从福州迁往永安。1941年4月21日,福州首次沦陷,一家人生活来源随即中断。无奈之下,母亲抱病率四个子女历乘小船从龙潭角到达水口,等待政府集中收容难民,再坐小轮船逆流而上,抵达南平,坐上从永安到南平返回的免费货车。一家人历经千辛万苦,数度面临死亡威胁,才终于到达永安。

　　二是战乱中的求学岁月。喘息方定,父亲就为潘潮玄报考进入吉山的省立永安中学初中一年级。其实潘潮玄在福州育民小学才念完小学四年级,刚进入五年级时福州就被日军占领,学校关门了,所以是以同等学力进入当地水平最高的永安中学。当时除了学习吃力外,最大问题在于营养不良,疟疾和疥疮并发,他两脚上留下疥疮伤口痕迹,几十年后才完全消失。体弱引发多病,恰逢日寇敌机轰炸永安,虽然逃过一劫,但却也因病误了一年学业。据潘潮玄介绍,永中师资阵容很棒,多来自厦大和福建师专:执教国文的张可珍老师就是师专毕业;教物理的是陈懿德(女)老师,是训导主任陈泳棠女儿、厦大优等生;音乐老师陈万桢出身上吉山的福建音专。

　　三是为避空袭,迁居新桥。由于日本飞机频繁骚扰轰炸临时省会永安,一天数度拉响防空警报,躲机防炸成为市民们日常生活的头等大事。为安全起见,潘父借用东郊新桥村一间停放棺木的破旧小屋,用竹条编织成隔扇,贴上旧报纸,分隔成三间小房,供一家人暂时栖身避难。一直到1945年抗战胜利,潘家才离开此地,奔回福州。

　　四是重返母校,感慨万千。1989年,永安一中举办50周年校庆。潘潮玄

---

[1] 摘自《弦歌相承——国立福建音专纪念文集》,海峡文艺出版社2015年5月版。

应邀偕同永中老校友，时任厦门大学校长的田昭武院士、厦大纪委书记梁敬生等重返母校。当时在永中，潘潮玄和梁敬生是初一同班同学，田昭武已是高中生，而且常常是全校同学集中活动时的指挥官，是很耀眼的学长，活动能力很强。离别永安四十多年后重返永安中学母校，从县城已有宽敞公路直达下吉山母校旧址。他们费劲找到了当年的宿舍，很难想象猪舍牛栏般的破房，当年竟是二十多个同学的住房。原办公室和教室都已不见，唯有旁边的燕溪仍缓缓地流淌着，当年成千青年汇聚这里弦歌高奏、热火朝天的景象已随省会与学校的搬迁而重归原本的平静。

《呵——那醉人的吉山酒、那湍流的文川溪》

1987年6月9日，《福建日报》刊登了徐海明的文章《呵——那醉人的吉山酒、那湍流的文川溪》。1987年6月7日，75岁的蔡继琨跨海从台湾来到永安上吉山，探访抗战时期他一手创建的福建省立音乐专科学校旧址。此时，音专校址已改建成吉山酒厂。蔡继琨脚踩这块土地，心情十分激动，他指着一间厢房对陪同的一行人说："这是我的卧室，也是我与叶葆懿结婚时的洞房。"当年婚礼上，新人双双到厢房后菜园地种下了两株桂花树，以作结婚纪念。如今那桂花树已枯萎了一株，蔡继琨触景生情，不由得热泪盈眶。

同行的原北京电影乐团副团长何方感慨万千，赋诗一首：

<blockquote>
燕城江水潺潺流，抗战歌声振环球。
如今江山无限好，同唱四化和四有。
</blockquote>

《拳拳赤子心　悠悠故地情》

1998年2月16日，当时的《永安报》刊登了高延清的《拳拳赤子心　悠悠故地情》，这篇报道记述了蔡继琨再访上吉山的情形。

1994年，蔡继琨在福州仓山创建福建音乐学院。1998年2月12日，86岁高龄的蔡继琨带领23名师生赴永安、宁化、建宁、泰宁等革命老区进行"音乐之旅"巡回慰问演出。2月13日，蔡继琨一行到达上吉山，再次探访省立音专旧址。他与师生们聊当年音专那段沉淀的历史，与当地两位古稀老农聊了家常，还品尝了吉山老酒。在酒厂前的小广场上，师生们唱了多首当年

《永安报》刊登《拳拳赤子心　悠悠故地情》（1998年2月16日）

音专宣传抗战的音乐作品。

在谈到音乐教育时，蔡继琨认为，福建的音乐教育相对沿海一些省份来说还较落后，主要是中小学的师资缺乏，专业教师少，许多音乐教师是兼课的。近几年福建的音乐人才尖子出了一些，但不能忽视普及教育，音乐教育要从普及抓起。过去抗战歌曲鼓动了许多人们投身抗战，现在在经济建设、文明建设等方面，音乐同样可以发挥巨大的作用。言之凿凿，句句在理，充分体现了一个音乐教育家的远见卓识。

蔡继琨题写"北陵风光"

1997年10月，蔡继琨在福州为吉山题写"北陵风光"，并亲笔致信吉山的友人刘思泰先生。同年12月12日，再次致信刘思泰。

蔡继琨1997年10月在福州题写"北陵风光"

（二）乡土歌曲

福建音专在吉山时期，不仅有《永安之夜》等优秀歌曲广为传唱，产生深刻影响，更是给吉山留下了丰厚的音乐文化遗产，传承后人。

如今，也有许多人走进这段红色岁月，在弦歌相承中添补精神力量，于是涌现出许多以吉山为题材的歌曲。

下面三首歌唱吉山乡情的歌曲，由永安本土作者余尔望、李丹、乐开丰等创作，体现出浓厚的家乡情结。

《吉山是首歌》

余尔望、李丹作词，乐开丰作曲。2023年，被福建省文旅厅评选为福建省最美村歌。

> 巍巍北陵青青山，古老的乡村你守望。
> 文川溪水绕村流，宝应古刹依青嶂。
> 长廊幽深材排厝，百年老屋灯火阑珊。
> 萃园书院古村文脉，东方月书声琅琅。
> 吉山是首歌！一首古老的歌，一步一幅诗意画廊，一处一篇秀丽诗行。
> 吉山是首歌！一首古老的歌，吉山吉水唱不尽，化作溪水共流长。
>
> 悠悠浮桥轻轻摇，摇进那游子的梦乡。
> 醇香老酒百年酿，溢满乡愁醉了心房。
> 音专琴音弦歌相承，复兴堡把海峡眺望。
> 抗战歌声东南传唱，贤人志士谱写华章。
> 吉山是首歌！一首古老的歌，一步一幅诗意画廊，一处一篇秀丽诗行。
> 吉山是首歌！一首古老的歌，吉山吉水唱不尽，化作溪水共流长。
> 共流长。共流长。

吉山是首歌

1=F $\frac{4}{4}$

♩=88 中速　深情赞美

余尔望、李丹 词
乐开丰 曲

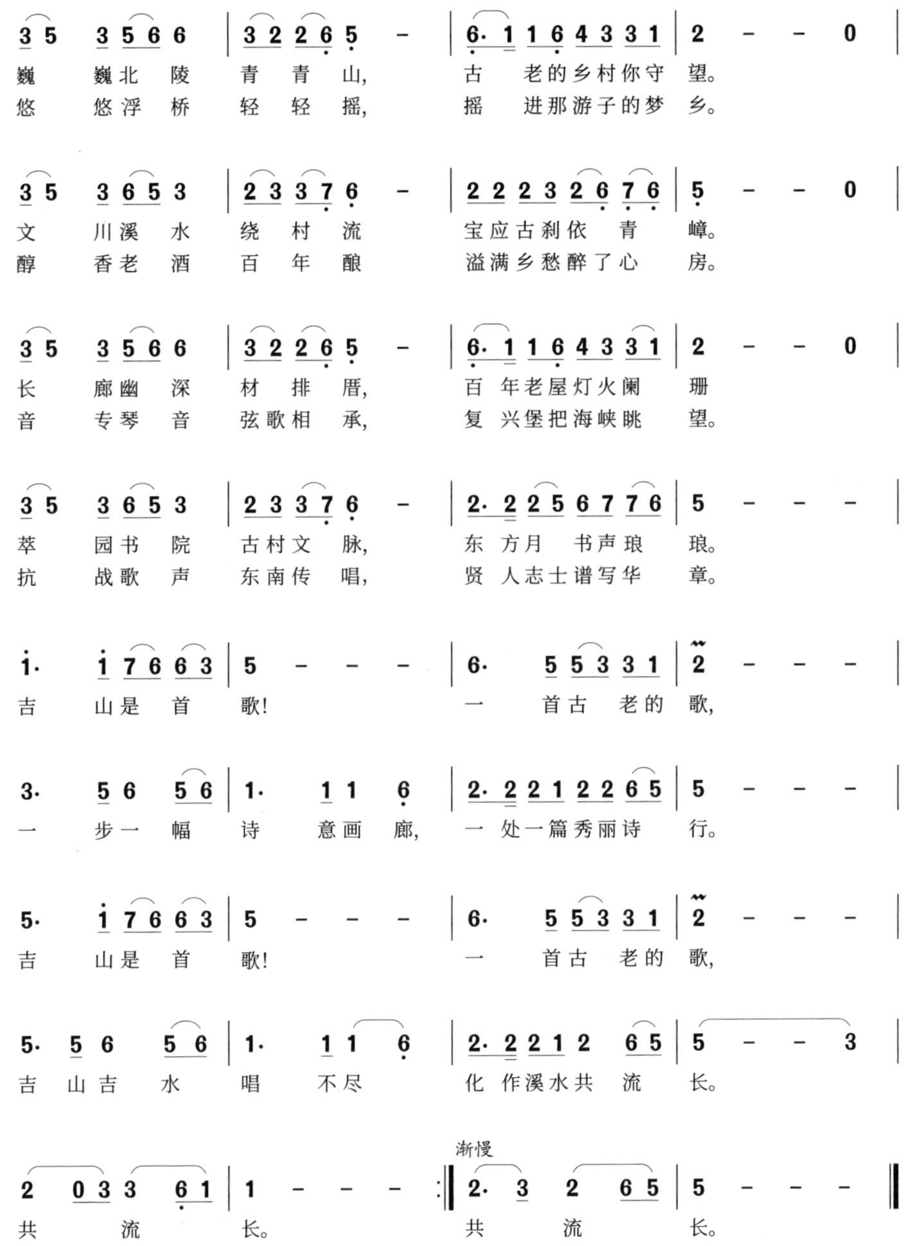

《古老的浮桥》

余尔望作词，王志鲲作曲。2011年，荣获"感动中国——全国第六届新创词曲大赛"二等奖。

走过多少桥，只记得清潾潾的文川溪上，有条浮桥很古老，像条玉带扎在村身腰。

山清水秀，桥下浪花溅，翠竹岸边摇。风雨中洗涤的一片片桥板，承载了故乡人的悲欢离合，吱呀吱呀的心声，传唱着几代人的生活歌谣。

走过多少桥，只记得青绿绿的北陵山下，这条浮桥多自豪，像条彩虹把山村映照。

景色如画，碧波脚下走，诗意心中绕。刻满沧桑的一叶叶扁舟，连接着故乡人的春夏秋冬，摇摇悠悠的神情，留住了多少过客的笑容。

《醉乡曲》

余尔望作词，崔树珍作曲。这首歌通过写台湾同胞对吉山老酒触物生情来展现乡情，表达对海峡两岸和平统一的期盼。

岁月改变了山川，却改变不了你的容颜，吉山老酒，北陵山的夕阳酿红的柔情，芬满人间。我闻到你啊，就遥听到悠悠的乡音。乡音哟乡音，缠绵在梦境。

历史跨越了世纪，却改变不了我的钟情，吉山老酒，文川溪的炊烟飘溢的香韵，沉醉心田。我饮到你啊，就搅动起浓浓的乡情。乡情哟乡情，梦醒在天边。

酒乡，我心深的眷念。待到两岸圆月时，把盏醉故园。

（三）诗词新作

吉山的历史文化和抗战文化遗存，吸引了众多人探访，许多探访者还创作了有关吉山题材的诗词，笔者略作摘选。

曾任中共福建省委副秘书长、福建省人大常委会办公厅主任的卢厚实有诗一首，写于 2022 年 6 月 1 日。

> **永安抗战旧址群上吉山村印象**
> 千年老街秀，三水环橘洲。
> 古渡浮船桥，新柳曲径幽。
> 一堡九书院，两山千人游。
> 抗倭存遗迹，国宝处处留。[1]

吉山人刘如姬是中国作家协会会员，曾获 2013 年度"子曰"青年诗人奖。其个人诗词联集《如果集》有多首与吉山相关——

> **有忆**
> 溪边老榕树，月下白衣衫。
> 谁人曾共我，坐到夜深蓝。[2]

> **乡村夏夜**
> 桑麻话罢卧闲庭，天幕如绒缀夏星。
> 摇椅悠悠风未定，流萤点点夜初宁。
> 篱前竹影婆娑舞，草际蛩吟隐约听。
> 最爱清溪浮水月，一泓掬起梦晶莹。

> **秋登北陵**
> 秋谒北陵殿，芦花十里轻。
> 危崖瞰江曲，爽气荡胸平。
> 烟起争峰势，风来失鸟鸣。
> 白云遮不住，遥指永安城。

---

1 卢厚实著，《只在寻芳陶冶心：走读日记小诗》，海峡文艺出版社，2023 年。
2 此诗刊于《中国韵文学刊》2010 年第 4 期和《当代诗词》2012 年第 4 期，并获 2012 年度谭克平《当代诗词》佳作奖。

吉山速写

萃园
油菜花开蜂蝶飞，萃园春色久相违。
风竹庭前频问讯，依依犹自候吾归。

北陵
想象当年殿宇雄，幽篁飞瀑响疏钟。
拾级每闻新鸟戏，残碑何处语春风？

溪畔
溪畔光阴日影裁，声声知了梦无猜。
老榕树底秋千架，几度荡过年少来。

深巷（新韵）
乌瓦低檐风懒懒，青石深巷影蒙蒙。
偶有农人担水过，听得清脆两三声。

柴排厝（新韵）
古厝深深檐影昏，牖窗璃瓦透微尘。
白阳光下青石板，雀鸟寻食不避人。

清平乐·夏夜
夜澄如水，四野虫声脆。蒲扇摇来风细细，闪闪繁星欲睡。
月儿爬上林梢，阿婆唱起歌谣。隐约清溪渔火，稻花香到浮桥。[1]

减字木兰花·吉山一游
白墙乌瓦，门口枇杷黄了罢。那亩荷塘，预约蛙声一夏凉。
压畦禾穗，垄上翻风青似洗。掬把初阳，别有馨芬是故乡。

西江月·六月
竹影扫描六月，蛙声褶皱阳光。蜻蜓蘸过小荷塘，惹得波心轻荡。
稻簇梯田初穗，花镶野径犹芳。垄风肆意绿铺张，青到白云之上。

---
1 此词获第四届"华夏诗词奖"二等奖，并刊于《中华诗词》2012 年第 7 期。

刘如姬还有一联咏萃园：满榻山云先月至，半坡风竹候吾归。

《燕江诗词》上还刊有不少吉山相关的诗词，笔者摘录 2021 年 9 月第 20 期的几首以飨读者。

吉山浮桥
黄金生

云去竹摇风，山来水影重。
浮桥频过客，人在画图中。

欣与明溪诗友吉山采风
曾齐禄

携客文川秀，蒙春炽热情。
相寻烽火迹，共话吉山名。
韵作浮桥响，池瞵绿盖擎。
萃园多采集，归去一怀清。

吉山咏旧
李国梁

水吉浮桥秀，山花映酒红。
藜燃春谷夜，笔蔚萃园风。
笠浪声何急，剑林兵自雄。
运筹倭兽射，新月也张弓。

行香子·陪同明溪诗友到永安文龙、吉山村采风
陈仁男

一路香吹，一地芳菲。莺声儿，蛱蝶穿飞。半池荷叶，与堡相依。看瓦儿青，窗儿静，槛儿低。

萃园掩映，修竹藩篱。渡头边，榕树葳蕤，浮桥吱嘎，又送君归。渐云成雨，风成片，柳成丝。

与明溪诗友相聚
张永侠
几做吉山客，萃园思月华。
抗倭寻旧址，联谊绽新葩。
古渡清风拂，层峰翠影斜。
小楼传笑语，饮罢兴无遐。

陪明溪诗友吉山采风幸遇如姬
罗春夏
吉山多古厝，一厝一嘉名。
挹秀花移影，燃藜月有声。
萃园听故事，渡口遇才英。
叹慕诗如酒，留言榕树坪。

满满永安行
王仕文
欲览硝痕赴燕城，抗倭群址吉山名。
此行岂止双眸福，最是畅怀收盛情。

诉衷情令·永安行（新韵）
王仕文
燕城直赴旅匆匆，览胜会诗雄。参差抗战群址，厝古韵仍浓。
游党部，逛一中，仰村榕。新知老友，陪步推杯，最数离悰。

吉山古浮桥
王远林
横卧文川五百秋，年湮代隐任沉浮。
情牵过客高风范，遗世弃尘无所求。

永安吉山村采风而感
吕仙珩
燕城掠胜向村庄，榕树浮桥古厝旁。
抗寇声传铭历史，心灵震撼谱新章。

小重山·游永安萃园
王丽萍
碧树修篁掩映中。半池荷叶影，尚青葱。书声犹似耳边融。桃李萃，兰草亦争丰。

雅士有遗风。奇才黉院筑，古今崇。千秋访遍赞文雄。堪回首，岁月总匆匆。

满庭芳·萃园书院行
邓兴灿
春信花繁，碧天迢递，雨晴犹带风凉。绿荷初展，枝起侍修廊。山谷栖贤最好，似流水，声脆华堂。听蛙鼓，东篱遍绕，满野正芬芳。

思量今古事，功名两字，心念难忘。宛似归来燕，南北牵肠。纵揽灵山福地，挽不住，过眼时光。唯留伴，山川日月，收拾入诗囊。

满庭芳·吉山浮桥采风
邓兴灿
铁索连舟，清波澄面，通途不避龙渊。农耕两岸，铺板一牛牵。聒聒鸣鸠对咏，声幽远，似赋吟笺。渡头处，云峰倒影，榕树已参天。

秋千谁共促，长绳犹在，记忆成篇。采香径，青苔不隔苍烟。傍个溪山好处，随绿老，门外田边。知音觅，寻盟鸥鹭，蓑笠亦争妍。

辑六 风俗民情

吉山是一个包容的地方，各种信仰、习俗相融，自古民风淳朴，勤劳节俭，崇尚诗文礼教，耕读持家。其习俗与客家相近，也有自己的特点，既是中原文化的沿派，又融入许多地方土著的影响。

一、家训族规

家训又称家范、家诫、家约、家规、家教等，是中国传统文化的一部分，形成已久，用以约束家庭成员。为了确保它的权威性，许多族姓都将其附载于宗谱中。

吉山现存记载较完整的家训族规，是民国三十八年（1949年）编制的《吉山刘氏族谱》中的家规十则，续增六则。

家规十则是：

> 孝父母以重天伦；
> 敬长上以正名分；
> 崇祀典以妥先灵；
> 重祭田以禁典卖；
> 珍祠墓以止侵害；
> 怜孀居以励名节；
> 慎承继以杜争端；
> 禁充役以免汉辱；
> 禁奸盗以警败类；
> 息词讼以睦宗族。

续增六则：

尊祖。物本乎，天下人乎。始祖之有祖如木之有本，水之有源，气脉相承不可忘也。凡我族人当以尊祖为念。不可犯神灵，祭祀不可不诚。否则是不知有祖也。

和族。合族之支分派别，同属先人一脉之遗，均有休戚相关之谊。

毋以卑犯尊，毋以上压下，毋恃强凌弱，毋恃富而凌贫，毋挟贵以欺贱，毋以小忿伤和气，毋以微利起争端，一族雍和，外辱自无得而入焉。

敬宗。始祖者为宗，高祖者亦为宗。有百世不迁之宗，有五世则迁之宗，宗其继始祖五世则。记曰：支子不祭，祭必告于宗。又曰：尊祖敬宗收族，然则欲尊祖收族者又当自敬宗始。

治生。吾人一身仰有事俯有育，总以治生为急。农、工、商贾各执一业，可以定志，可以养家。若游手好闲不务正业，必致入匪类。岂但饥寒难免以己试规？古人大圣大贤处贫时，何尝不躬耕贸易。愿我族人竭力经营而安逸乐，甘守俭约，不羡豪华，则衣食而足，而礼让可兴矣。

劝读。古人佳言懿行备载于书。读一日书，受一日益，读一卷书，受一卷之益。古人云：开卷有益良不虚也。有才者，天分既优，加以学问之功自可上希乎？贤哲不才者，姿秉虽下泽，以诗之气，也可化其愚顽。凡我族人子弟之才者，固宜加意栽培，即子弟不才者，亦当严与督课。则人孰不乐，有贤父兄哉。

宝谱。家谱为一家之史记。世系祠穆昭功德，今傅后惟在于此。家若无谱则昭穆紊乱，坟墓遗忘，丞产无考，其关系非小。今当谱事告竣，每房一部，需珍藏保护，勿致朽棠。虽值水火离乱先奉以行，不可遗失。

二、特产老酒

吉山历史上是一个富庶之地，拥有大量的田地，形成了"家家酿酒，户户飘香"习俗。吉山老酒生产历史悠久，使得当地保留下来的许多民风习俗，往往与"酒"相关联，形成了独具特色的"吉山酒文化"。

吉山老酒

因产自吉山而得名。"自有文川溪，便有吉山酒"，形容的就是它的历史久远。吉山老酒始于清朝初年，到康熙年间酿酒技艺纯熟。《永安市志》记载，康熙十一年（1672年），吉山就开始家家户户用糯米酿制黄酒，酒质醇厚清香可口。吉山人平素会将酒储藏在密封的酒坛内，贮存的时间越长越好，喜欢用锡制或铜制的酒壶装入烫热的酒来宴请宾客。

吉山老酒曾与桂溪文章纸、贡川草席同为永安三大手工业产品而闻名八闽。永安民间说："宾客满堂坐，佳肴摆上桌，没有吉山老，百味都不香。"在永安生活过的人，回忆在永安的经历时也常常会讲到吉山老酒。抗战时期任教于福建音专的黄飞立先生在生活·读书·新知三联书店出版的《上帝送我一把小提琴》中就写到，吉山老酒尤其"女儿红"，"当地人生了女儿，就把酒埋在地下，到女儿出嫁才拿出来待客"。吉山老酒给他们的印象太深刻了，即使漂洋过海，也忘不了那甘醇的美味。

吉山老酒酿制工艺独特。民间一般是入冬开始酿制，选用优质纯净糯米，取当地文川溪的软水，把糯米浸入水里浸泡一宿后用竹笊篱捞干，盛入饭甑以大火蒸熟、蒸透，再倒散于谷席中散热，晾冷后与晒干的精制红曲手工搅拌均匀，装入洁净的大酒缸，倒入天然优质溪水或山泉水浸泡发酵百日。第二年清明节前后即可滤其糟，把糟水装入容器放入大锅炖至滚沸，再装进酒坛密封。越冬之后，酒就做成了。酿后一年饮用曰老酒；经过三伏，陈置三年，就成了上品，称为"三冬吉山老酒"。

村民酿制老酒

吉山老酒酒色艳红清澈，酒质馥香浓郁，酒体醇美浑厚，气味醇香可口，含有葡萄糖等多种营养成分，具有开脾健胃、舒筋活络等功效，并可作为煮鱼、煨肉的提味佐料。吉山老酒以其"四佳"——色美、醇香、味甘、滋补，成为宴饮、药用、馈赠的佳品，享有了"九天仙品、八闽佳酿"的美名。

吉山老酒虽然由于水质特殊、用料特别、制作方法独特，在众多的黄酒中独树一帜，但它的销售范围在很长的一段时间里很有限，仅在永安及周边县。

民间传说，民国初年时，有几个经商的吉山人把吉山老酒带到福州售卖。

起初，因为吉山老酒当时在福州一点名气也没有，完全不像永安笋干那样吸引人，所以摆了好几天，酒坛还原封不动。福州人相信山沟沟有好笋，但不相信山沟沟有好酒。吉山人又急又气，但又无计可施，于是决定自己喝算了。他们抓了一只野狗，打算以吉山老酒炖狗肉。

按山里人的规矩，狗肉是不能上灶的。他们就在自己的店铺外当街用三块石头搭个灶炖狗肉，放进吉山老酒等配料。狗肉是不能上桌的，他们就在店铺外站着吃。正吃得津津有味，忽然看见一大群人向他们涌过来。正疑惑着，听到一个高嗓门操着福州腔嚷道："是你们这里这么香吗？你们吃什么？香气都飘到戏院那儿去了！"原来，一出闽剧刚散场，人们一走出戏院门口，就有一股奇香扑鼻而来，于是忍不住寻香而来。当人们知道这寻常的狗肉是放了吉山老酒下去炖才这么香后，霎时对吉山老酒刮目相看起来。

第二天，吉山人的店铺还没开门，外边便挤满了人。有的提着酒瓶，有的提着竹筒，买吉山老酒来了。几坛吉山老酒被抢购一空。没买到的，都一再交代下次酒到时一定给他们留着。就这样，吉山老酒在福州打开了销路。后来，吉山老酒名声越来越大，慢慢销到外省甚至海外去了。

抗战时期，吉山古街"十三行"的菜馆总是宾客满门，吉山老酒非常畅销。传说省政府单位有一个住在吉山的刻薄官员，让手下去打酒，却只给酒壶不给钱。手下提醒说："大人，你还没给钱呢？"长官发怒说："花钱买酒谁都会，还用得着派你去？不花钱打回酒，才叫本事呢！"手下无奈，提着酒壶走了。一会儿回来，把酒壶还给了长官。长官拿起酒壶就喝，可半天一滴酒也没有。他瞪起眼睛就骂："壶内空空如也，叫我喝什么酒？"他的手下不紧不慢，学着长官先前的腔调，说："壶里有酒谁都会喝，还用得着你喝吗？

壶里没酒却能喝出酒来，那才叫本事呢！"

喝酒自然得买单，谁来买单？江浙一带来的人，发明了一个办法"敲瓦爿"。瓦爿就是瓦片，它生性松脆，稍经敲打就会一分为几。"敲瓦爿"比喻各人平分开销，相当于现在的"AA制"。还有就是"拔老鼠尾巴"，相当于抽签，拔到签长的就多出钱，拔到签短的就少出钱。传说当时有人向书法家罗丹提议"拔老鼠尾巴"。罗丹是豪爽之人，极爱面子，不肯接受。但众意难违，后只好服从，用"拔老鼠尾巴"的钱买来了吉山老酒，买来了风味小吃煨豆腐，和大家一起吃喝。罗丹在《稚华诗稿》自序中云："抗日军兴，内迁永安。与酒为徒，以诗为命。""敲瓦爿"和"拔老鼠尾巴"这两种请客方式，在吉山也一直流行下来。

抗战时期，在吉山任国立福建音专第一任校长的卢前先生还写有一首诗《吉山酒》。在抗战胜利时，福建省政府主席刘建绪还把吉山老冬酒举荐为庆祝宴席的用酒。如此，通过他们的不断宣传，吉山老酒更进一步被国内市场认可，扬名省内外。

300多年来，吉山人家经年酿酒的传统也一直保持。但随着时代的发展，酿酒技术也在一直进步。

《永安市地名志》记载，永安市吉山酒厂创办于1957年，位于上吉山村，是永安市属国有企业。该厂占地面积2.96万平方米，建筑面积0.6万平方米。1989年有员工95人，固定资产原值116.8万元，主要产品是"吉山老酒"。1994年依法破产。

1987年6月7日，中央音乐学院原院长、中国音乐家协会原副主席赵沨与蔡继琨同行重访吉山的国立福建音专时，为吉山酒厂欣然提笔题词：酒是人类进入文明的标志，

赵沨先生为吉山酒厂题词

吉山红是酒中之王。

  1987年，吉山老酒在首届中国黄酒节上，荣获二等奖，同年又在全国营养食品研评会上获银奖。《永安市志》记载，1988年10月10日，原永安市（吉山）酒厂生产的吉山红酒在西安市召开的首届中国酒文化节会议上被评为"中国文化名酒"；另一产品吉山老酒获首届中国酒文化节酒类包装装潢大赛一等奖。2013年永安吉山红、吉山老酒被列为国家地理标志保护产品。而且，永安吉山老酒传统制作工艺作为"传统技艺"被列为第三批三明市级非物质文化遗产，2022年1月被列为第七批福建省非物质文化遗产。

  2010年，永安市吉福酒业有限公司在吉山成立，传承、弘扬吉山老酒文化。投资2千多万元，建成年生产500吨佳酿的酒业基地，主要生产"永安吉山老酒""闽吉红"系列黄酒。2013—2015年，该公司被三明市人民政府授予农业产业化"三明市级龙头企业"称号。2016年，"吉山老酒"被国家工商总局商标局认定为"国家地理标志证明商标"并落户该公司使用，成为福建省认定的酒类国家地理标志产品。2016年，该公司被三明市人民政府列为大力扶持对象农业产业化"三明市级重点龙头企业"。2017年，吉山老酒获中国质检总局"国家地理保护产品"称号。

劝酒词

  吉山人善酿酒，也善饮酒。在永安，如果知道是吉山人，一般都会说"吉山人没有不会喝酒的"。"酒里乾坤大，壶中日月长"，吉山人的好客，在酒席上发挥得淋漓尽致，人与人的感情交流往往在这时得到升华。

  吉山人在请客时，往往都希望客人多喝点酒，以表示自己尽到了主人之谊。

  敬酒。请客开始，主人往往在讲上几句话后，便开始了第一次敬酒。这时，宾主都要起立，主人先将杯中的酒一饮而尽，并将酒杯口朝下，说明自己已经喝完，以示对客人的尊重。客人也要喝完。"要让客人喝好，自家先要喝倒！"主人在开场的第一次敬酒后，还要"一而再、再而三"地反复不断敬酒。

  回敬。这是客人向主人敬酒，也是反复不断。

  互敬。这是客人与客人之间的"敬酒"，为了使对方多饮酒，敬酒者会找出种种必须喝酒的理由。比如劝酒者起身敬酒，被劝者会说："屁股一抬，喝了重来。"意让劝酒者再喝一个。此时劝酒者可以应对："屁股一动，表示尊重。"

打通关。这是主人向整桌的客人逐个敬酒。黄飞立曾在《上帝送我一把小提琴》中写道："有一次在永安的结婚酒席，十个人一桌。一共三桌，一两一杯的酒盅我可以'打通关'：来，干杯，干杯，干杯。一圈下来，我能喝三十杯。"

代饮。即不失风度，又不使宾主扫兴的躲避敬酒的方式。本人不会饮酒，或饮酒太多，但是主人或客人又非得敬上以表达客气，就可请人代酒。代饮酒的人一般与被代酒人有特殊的关系。

罚酒。这是"敬酒"的一种独特方式。"罚酒"的理由也是五花八门，最为常见的可能是对迟到者的入席"罚酒三杯"。这也不免带点开玩笑的性质。

这些劝酒的说辞，至今在饮酒时还会时常出现。

猜酒令

酒令是宴席上助兴取乐的饮酒游戏。每逢喜事节日，亲朋好友聚会，酒兴来时，便会以打通关的形式，轮流坐庄划拳行酒。酒令分雅令和通令。吉山人饮酒时的酒令形式繁多，花样层出不穷，有骰子令、猜字谜令、组子拆子令、赋诗对字令、猜枚令和猜拳令等。就连小孩和妇女，也懂得用"剪刀、锤子、布"来定胜负。

用得最多的还是猜拳令，在吉山一般也叫"划拳"。即用手势代表某个数，两人出手的同时，每人报一个数字，所说的数正好与两手所出之数的和相同的为赢家，输者就得喝酒。如果两人说的数相同，则不分胜负，重新再来一次。通常是用右手，掌心朝下，一般要求喊一至九时拇指必出，出"一"时拇指不得朝上，以示自谦及对对方的尊重和肯定，也是双方互相谦让的意思。

在猜拳时，出手前要一起喊声"齐"（永安话为"zei"或者"zeilo"），表示做好准备，共同出拳。为了防止猜拳时作弊，猜拳的高手往往会用一根筷子两端互相顶在各自的手掌心上，哪方落下就算谁输。猜拳喊拳令时音调抑扬顿挫，富有节奏和韵律，好像唱歌一样，极富特色。

猜拳的规则有"抢一抢二不抢三""抢三码""抢三不抢九"等。如果是一次定输赢，也称为"剖柴"。为了划拳连贯，每猜中一次，双方会用方言喊出："一根""两根""妹孩"（永安话"最尾巴的一根"的意思）。有输赢结果时，输者说"该我喝"，赢者说"该你喝"，接着合说"喝完这杯再来过"，继而再喊。似乎喝酒不划拳就不热闹，甚至连喝酒都感到不过瘾。

一些乡土文人专门咬文嚼字，把唐诗宋词组合起来编排猜拳令，以示高雅。拳曰："一片冰心，两岸青山，三（山）边曙色，四海南奔，五月端阳，六龙回首，七雄闹海，八面湖水，九月风吼，十万大军。"

吉山更流行的是猜"夫子拳"，民间称为"四字拳"。所言的都是大吉大利的美好祝福："一定高升，两榜进士，三元及第，四逢四喜，五子金魁，六连大顺，七子贤徒，八福上寿，九子快活，十全齐美。"这套拳令都是吉祥用语，不乏儒雅之气，保留浓郁的古风，有些还有典故。

"一定高升"。也作"一鼎高升"。说的是科举考试最高一级殿试，分一二三甲发榜，统称进士，亦称"三鼎甲"。考上了三甲，升迁做官指日可待；中了一鼎，当然一定会高升了。

"两榜进士"。读书人若是通过科举中举人，再考上进士，继而做官的，称"两榜出身"，或两榜进士，这是非常风光的事。

"三元及第"。科举考试分乡试、会试、殿试。乡试考中的称举人，举人中头一名的称"解元"；会试考中者为贡士，贡士的第一名称"会元"；上了殿试的为进士，进士的第一名叫"状元"。如果兼有解元、会元、状元三个头衔，就被称作"连中三元"，三元及第是十分荣耀的事。

"四逢四喜"。人生四大喜指久旱逢甘雨，他乡遇故知，洞房花烛夜，金榜题名时。

"五子金魁"。又称"五子登科"，出自《三字经》"窦燕山，有义方，教五子，名俱扬"，是做长辈的对下一代的期望和企盼。另外，乡试考试中举人的前五名叫"五魁"。

"六连大顺"。即六六大顺之意。

"七子贤徒"。永安过去有"七贤祠"，在吉山北陵山上也有，供祀"延平七贤"，他们是将乐的杨时，沙县的罗从彦，南平的李侗，尤溪的朱熹，永安的陈瓘、陈渊、邓肃。"七贤徒"大概是指这七人，也可能指"竹林七贤"。

"八福上寿"。与"福禄寿喜"相关联,特别是在办寿宴时,这句喊得特别响亮。

"九子快活"。是长辈的祝福,也是对下一代的期望和企盼。

"十全齐美"。意思是全部都来大团圆,也是最为完满的期望和祝愿。

吃喜酒

男婚叫"娶亲"或"完婚",女婚叫"出嫁"或"于归"。男女双方设宴请客,在吉山叫"吃喜酒"(永安方言,即喝喜酒)。女方婚前一日或提前数日请"婿郎"。男方成婚当天或次日请舅父,十分隆重。舅坐上座,舅未入席,不准开宴。

吉山婚嫁的礼仪较繁缛,主要有:

议婚。男方托媒向女方说婚,女方认为匹配,便将女儿生辰八字开具给男方,名为"开生庚",交媒人送男方家中。男方即请算命先生卜合,如无冲克,再将"生庚"压灶神前三日,此间倘无其他不顺事情发生,即可正式遣媒议聘。

订婚。男女双方议定后,择日将聘金、首饰、衣料、茶点等财礼,由媒人送往女家,谓之"定聘"。

报佳期。订婚后,男家选定"黄道吉日",将婚期用求帖奉告女方,如同意,女方回应允帖。

办担酒。婚前一日,男家备贡、酒、肉、鸡及龙笺凤帖送往女家。女家以嫁妆、凤帖回敬。

迎亲。男方备花轿、鼓吹、烛炮到女家等候。到时辰,新娘凤冠霞帔,由伴娘打着雨伞,从正厅踩着米筛出门、上轿,一路吹打鸣炮到男家。路途远的在途中要吃"半路糍",即"糍粑"。

花轿入宅。新娘下轿入宅都有规矩。一般是,轿帘(门)由男方的同族长辈老妪开锁。挽扶新娘入宅,与新郎拜堂。拜堂依次是拜天地、祖宗、公婆和夫妻对拜。拜堂后即送入洞房喝交杯酒。交杯酒后新郎自去接待宾客。新娘则要由人牵引去熟悉灶间、米缸、水缸的所在。入夜可闹洞房,客人散后,夫妻互敬冰糖茶,象征甜蜜。第二天新娘下厨、拜灶神、摸试炊具。随后,拜见公婆和礼见亲戚。拜毕,新娘新郎要回娘家省亲,叫"做三朝"或

"归宁"。

抗战时期，随着大量省政府机关入驻吉山，吉山也开始有了文明结婚模式。婚礼从简，新郎西装革履，新娘则披礼纱，男女傧相，花童伴随。主婚人、证婚人、介绍人、新郎和新娘分别在结婚证书上签字。礼毕后召开茶话会，以糖果、香烟待客。更简化的则只在报上刊登结婚启事。

吉山的婚嫁习俗，随着历史的发展进步，虽然已有所简化，但基本习惯还延续到现在。

报喜酒

在吉山的风俗中，不论哪一家生了小孩都要送报喜酒。小孩出生，家中欢天喜地地杀鸡，送鸡酒，以报喜讯。女婿赶赴岳父家报喜，提一壶锡制酒壶的吉山老酒，并在壶中的酒里再放入煮熟的鸡腿、鸡块，壶柄缠以红绳，谓之报喜酒（也称为送"鸡酒"）。另用竹笼装上一只鸡，笼头贴上一块红纸，装成一担。酒置于前，鸡装于后。若酒壶的嘴朝前，则表示生男孩，酒壶嘴朝后，则表示生了一个千金。岳父家收礼后，岳母将酒鸡分给邻里，邻里亲人则以蛋回礼。

除了报喜之外，家人还要在小孩成长的不同时段，分别举办洗澡、满月酒和成人礼等仪式，但吉山的成人是指二十岁。这些形式现在已经简化，不一定都要做。

三、民间习俗

吉山的民间习俗与永安总体相近，也有一些体现了当地的个性和习惯。

车鸡臂

"车"即"拿"或"送"的意思，"鸡臂"即"鸡腿"。古时吉山人逢年过节走亲戚或拜访旧故，如果对方是长辈或是他家中有老人，带去的礼物必然要有"鸡臂"(煮熟的白切鸡腿)。过年或喜庆节日,也时兴给族中长辈(特别是亲房叔伯)以及老师、师父"车鸡臂"。有求于人,也往往是"车鸡臂"。你来我往,有的人家过年能收二三十只鸡臂,用盐腌藏起来,可以吃上很长一段时间。

"鸡臂"有大小之分,大的为一只鸡的二分之一,小的为四分之一。有的人家没那么多鸡臂可送,便以"前臂"(连接鸡翼部分)代替。鸡臂大小则由各人依所送对象的不同自定。

"车鸡臂"的习俗,既反映吉山人好客多礼,也反映吉山人昔日生活水平不高的现实。鸡成为农家最为贵重的礼物,但送不起整只鸡的,便改送鸡臂表达心意。此外,吉山人总习惯给家中老人和小孩留鸡臂,表示尊老爱幼;而在请客时,主人总是要给宾客先夹上鸡腿,以示尊重。两只鸡腿曰为"正腿",两只前臂曰为"背腿",给宾客夹鸡腿,要先"正腿",后"背腿"。这也成为"车鸡臂"习俗的外延。与此相类似的,民间还有一个北陵"聪明泉"与"孝子鸡汤"的传说。

相传明嘉靖年间,吉山村里有个老太太双目失明。有一天,老太太生病了,外孙来看她,她对外孙说:"我是前世不修今世苦,现在心口痛得很厉害,看来活不长了。听说喝了北陵山上的聪明泉,到阴间就不会吃苦头,你能不能去背点水来给我喝?"外孙说:"外婆,我这就去。"

小伙子背了个毛竹筒,翻山越岭,找到了泉水。那泉水是从石壁上渗出来的,小伙子站了整整一天,才灌满一竹筒,他赶紧背回家给外婆喝,外婆喝了这泉水,当天晚上心口果真就不疼了。

从此,小伙子天天上北陵去接泉水给外婆喝,不管刮风下雨,也不管落雪冰冻,从不间断。老外婆喝了这聪明泉,精神一天比一天好起来,连那双瞎了几十年的眼睛也看得见一点东西了。

春去夏来,秋去冬来,小伙子背了一年的水,转眼冬至到了。这天下着大雪,外婆劝外孙不要去了。外孙不肯,他笑着对外婆说:"等我取回了聪明泉,给您炖只鸡,外婆一定能健康长寿。"

小伙子到山上采来了香藤草根,装了聪明泉,下山时,脚一滑,跌进山坳里,当场昏了过去。这时,来了个老头,对他说:"小伙子,难为你一片孝心,以后不用上山背水了。你们村口有棵桂树,你在桂树旁边挖地三尺,就会有山泉涌出，快舀了给外婆炖鸡吧。"

小伙子在老人的帮助下，回到了村里。拿锄头在桂树旁边挖呀挖，果然挖出一股清泉来。他用这清澈的泉水，给外婆慢慢地熬了一锅鸡汤，香藤草根的香味在空中弥漫着，外婆喝了那鸡汤，眼睛亮了！

人们都说是小伙子的孝心感动了上苍，这"孝泉"炖出的鸡汤，也就叫"孝子鸡汤"。

舂糍

即打糍粑。吉山人但凡有喜事宴请宾客，都要做糍粑招待客人，以表吉利和盛情。打糍粑迎宾，是吉山的最高待客之礼。举行婚礼"迎亲"时，路途较远的还要安排吃"半路糍"。

打糍粑的过程其实并不简单。在准备打糍粑的前几天，就要把糯米泡上。泡糯米前要先筛一筛，滤出沙子和细粒，然后把糯米放在一口大缸里再泡上几天。这样泡过的糯米是比较容易蒸熟的，打出的糍粑也比较松软，有"精丝"。

糯米泡好之后，将糯米从大缸中捞出来放在大筐中，挑到干净的大塘洗净。在院子里专门置上一口大锅，锅上放着蒸笼，把洗好的米放进蒸笼里，架上大火开始蒸。为防止蒸锅水烧干，要不时地沿锅边向蒸笼里加水，直到蒸熟为止。

蒸熟后的糯米拿出来放到"石臼"里，用专门的木棒不停地杵，还需要不时翻个面再杵。这个翻面也是很要技巧的，得两个有经验配合默契的人来翻。喊个一二，猛一使劲儿，把糯米面团举起老高，然后翻过来。等到糯米全变成面团没有米粒而且很黏的时候，就算打好了。

最后把打好的糯米揉成一个个大小适度的粑团，加糖即可食用。或放入竹箩中滚粘上一层糍粑粉（黄豆炒熟磨成粉，掺入红糖制成）。但最好吃的还是用香菇、春笋、葱

打糍粑

花、豆腐、猪油做的咸拌糍粑。此时的糍粑冒着热气，闻着清香，吃着滑嫩，别有一番风味。

随礼俗语

无论是婚丧嫁娶，还是添丁进口、升学乔迁，这些重大时刻除了相聚共享美食外，随礼也是维系人际关系的重要一环。随礼时，遵循一定的规矩至关重要，不当的随礼方式可能会损害亲友关系。因此，吉山流传了许多俗语，揭示随礼的讲究与智慧。

礼多人不怪，油多不坏菜。 无论是登门拜访还是受邀赴宴，携带适宜的礼物都是一项重要礼节。无论前往哪位亲友家中做客，都不可空手，即便是关系再亲近亦应如此。哪怕是简单的一份心意，如时令水果或精致点心，都能体现出最基本的礼貌与尊重，也是对主人热情款待的回应。

人情堪比债，一代传一代。 人情之债，非秤砣所能衡量，亦非金钱所能等价交换。金钱易偿，而人情之债难清。邀请的宾客愈众，累积的情谊之债亦随之加重。但这笔无形的债务没有明确的偿还时间表，不必急于一时还清。这份人情，往往需要跨越时间的长河，从这一代延续至下一代，世代相传的人情债最后可能铸就的是世代友好的深厚情谊。

喜不送伞，寿不送钟，丧不后补。 吉山随礼尤其注重语言的吉祥寓意。在婚礼场合，礼金数额往往遵循双数原则，以表达对新人婚姻和谐美满、形影不离的美好祝愿。同样，在挑选礼品时，人们也会细心考量其谐音与象征意义。例如，伞因谐音"散"而被视为不宜赠予新人的物品；而钟则因谐音"终"，在送给长辈或老人时被视为不吉，须加以避免。此外，随礼的时机亦是一门学问。对于喜庆之事，如因故未能及时参与，事后补送礼金或礼物是被接受的，以表达迟到的祝福。然而，在丧事场合，若错过了随礼的最佳时机，则通常不再补送，以免带来不必要的困扰或误解。

礼轻情义重。 随礼，作为一种情感的传递与美好的祈愿，其核心在于心意的表达，而非金钱的堆砌。在这一传统习俗中，最应避免的是盲目攀比之风，它如同无形的推手，让礼金数额不断攀升，既造成了不必要的铺张浪费，也无形中加重了人们的经济负担与心理负担。在亲友间需要帮助或庆祝的时刻，能够彼此牵挂，根据各自的实际能力，或慷慨解囊，或施以援手，这样的互助与温情才更珍贵。

红事不请不到，白事不请自来。吉山人对老人离世存在着一种默契：无须逐一告知，邻里乡亲会自发地聚集，伸出援手，共同协助料理后事，体现了深厚的邻里情谊与互助精神。而与之形成鲜明对比的是婚礼庆典的礼仪规范。对于至交亲朋，主人会亲自递送请帖，以示尊重与珍视。若未收到正式请柬，即便是关系亲近的亲友，也不宜擅自出席。在此情境下，即便外界风传婚礼的消息，未被邀请者亦无须准备贺礼，这既是对主人安排的尊重，也避免了因礼尚往来的金额拿捏不当而可能引发的尴尬。

来而不往非礼也。吉山人强调礼尚往来的重要性，这是维系关系持久与和谐的关键所在。在随礼的礼仪中，有一条基本的准则：既可以慷慨地给予超过对方的礼金，也可以选择与对方持平的金额，以示尊重与亲近。在回礼时，忌讳简单地将原物直接送还。这样往往会被误解为拒绝接受，不仅无法传达感激之情，反而可能引发误会与隔阂。因此，在回礼时应精心挑选一份恰当且富有心意的礼物，以表达真挚的谢意与尊重。

亲戚人家礼还礼，隔壁人家嘴还嘴。在家族中，亲戚间互赠礼物与祝福是维系情感的方式。这种基于血脉的紧密联系，让彼此间的支持与关怀显得尤为自然与深厚。而邻里之间同处一片屋檐下，虽然大多数仅止于点头微笑的浅交，但当一方需要帮助时，另一方通常不会置身事外。而无论是举手之劳还是稍大一些的援手，一句"谢谢"虽轻，却足以让这份情义深深刻画在心头。

知礼不如随俗。随礼之道，在于顺应习俗，秉持公正无偏之心。它不仅仅是一种礼节，更是对人际和谐的一种维护。在赠予礼金时，一般秉持"一视同仁"的原则，不因亲疏远近而有所偏颇。当亲朋好友共聚一堂，共同参与某一庆典或仪式时，随礼之事更需事先沟通，达成共识。这不仅是对彼此的尊重，也是避免日后尴尬与误解的明智之举。

民间节日

吉山的节日习俗在大众化的基础上，也体现出一定的个性。

春节。古称"元日"，通称"春节"，俗称"过年"。吉山的春节节期一般为三天。大年初一晨起焚香、鸣炮开门，祭拜天地和祖宗，男女老少穿戴一新，儿童给长辈拜年，可得红包。早餐合家团聚吃年饭，不吃荤。饭后，外出谒诸神，拜祖宗，祈求"合家平安，万事顺利"。乡人邻居见面，彼此拱手作揖，互道"新年好""恭喜发财"。家家户户备冰糖茶、糖米、豆、花生等敬亲、待客。三天过后，亲友来往作客、相互请食，谓之"请新年酒"。

元宵节。农历正月十五日，又称"上元"，俗谓"上元天官赐福日"。这一天是春节系列活动的最后一天，家家户户彩灯高悬，鞭炮声声，烟花绽放，五彩缤纷，谓之"闹元宵"。

清明节。吉山没有清明扫墓的习俗，吉山人扫墓一般是在中元节至中秋节期间。比如吉山刘氏的扫墓祭祖活动，就安排在每年农历八月初一。

端午节。农历五月初五，又称"端阳节""五月节"。门上悬挂艾叶、菖蒲，意为"艾叶如旗招百福，菖蒲似剑斩千邪"。为纪念爱国诗人屈原，家家户户包粽子。也组织或参加划龙舟，进行友谊比赛。

中元节。农历七月十五日，又称"鬼节"。家家户户点烛、焚香、烧纸、化帛、敬奉祖先。各家备酒肉，亲友相邀，叫"过七月半"。晚上，在门前焚香化纸，供无祀的孤魂野鬼受用。但中华人民共和国成立后，吉山人过中元节基本只宰鸭过节，其他习俗多被简化。

中秋节。农历八月十五日，家家备月饼、果品，且相互赠送，意为"团圆"。晚上，阖家团聚饮茶吃月饼，边吃边赏月。为喜庆丰收，户户宰鸭、抓鱼、买肉、称粉干、做米粿，邀请亲友同庆佳节。从农历八月初一至中秋节前后，家家扫墓，上坟挂纸，以酒肉奉祖宗。一般也在这一天，安排族内的"添丁"事宜。有的族姓立祖田轮流祭扫，凡族内男丁都上坟拜祭，祭馔丰富，食后可分"丁果"。吉山人认为，这个时节扫墓，可以使墓地保持较长时间不长杂草，民间就有谚语说"八月草，一碰就倒"。

重阳节。农历九月初九，又称"重九"。农家有的做米粿吃，有的晚上加餐。吉山当地的老年协会组织也会在这一天安排一些敬老、爱老、养老以及各种老年人的文娱体育活动。

除夕。农历十二月三十日（有时是廿九日），俗称"卅年暝"。家家备鸡、鸭、鱼、肉果、炮烛等年货，作"卅暝糍"，分送亲友，叫"分年"。新婚女婿以鸡、猪脚、糖、饼奉送岳家，叫"送年"。晚上设家宴，阖家团聚，叫"嗑团圆饭"。饭后，家长分发红包给小辈，叫"压岁钱"。灶神、祖宗前焚

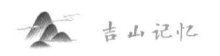

香点烛，房间灯火通明，整夜不熄。老人通宵不眠，叫作"守岁"。中华人民共和国成立前，贫家无米过年，有的离家逃债。民谣唱："孩子爱过年，大人愁无钱。"故称"年关"。中华人民共和国成立后，除夕呈现一派新气象，除团圆饭更加丰盛外，夜晚还观赏红灯、花炮等。20世纪80年代开始流行收看春节联欢晚会。

时令节气

立春。家家插春柴、竖春树，叫"迎春"或"接春"；取红、白萝卜，豆腐和芹菜炒食，叫"嗑春菜"。立春时，设香案，陈果品，用红纸书写"万象回春"或"春随福至"等条幅压在香炉下，焚香点烛，鸣炮礼拜。吉山乡俗以立春为新年之起始，视立春重于年初一。

立夏。家家作米粿、圆仔、粿条，以猪肉、青菜、春笋为馅，叫夏果。吃青梅，叫"咬夏"。

立秋。家中做糍，备牲酒供养田头土地神，叫"设秋"。

立冬。家中做糍分送亲友，名为"送冬"。

冬至。气候转寒，家家兴补。补品常以鸡、兔、猪脚（前脚）配当归，用吉山老冬酒炖食，也有吃狗肉的，谓之"补冬"。

祭灶神

农历十二月二十三日，家家户户打扫庭院，晚餐后，把灶台洗刷干净，在灶神像前陈设糖果、冬笋、柑橘和清茶，焚香点烛，化纸叩头，祈求灶神上天赐福，并把旧的灶君像取下烧掉，欢送灶神爷上天。祭毕，儿童分食供品。除夕灶神下凡复位，早晨把灶神新像贴上。这一送一迎，都要摆置酒肉、糖果甘蔗、米粿等，并在灶前烧香、点烛、放纸炮。现在这些流程与原来相比，已大大简化。

天公生日

农历正月初九日，相传是老天爷生日。晨设香案，摆果品，焚香点烛为老天爷祝寿。

土地公生日

传说二月初二日，是土地公的生日。这天村民聚集在村头、村尾、土地庙的土地公像前，点香放炮，祈求发财致富。

观音生日

农历二月十九日，是观音菩萨生日，又叫"观音九"。各家做糯米团，备果品，供奉观音。晚上迎观音灯。

丧葬礼俗

中华人民共和国成立前，吉山都用棺木（又叫棺材、寿床）土葬。后来政府提倡丧事简办，20世纪70年代末开始推广火葬，现在已完全实行火葬。

原来土葬分为穴葬和洞葬。穴葬俗称"包埋"，是在山上挖个长约3米，深、宽各约1米的穴位，放下棺木填土埋没。洞葬俗称"矿洞"，是在山地挖个深约3米，高、宽各约1米的洞穴，把棺木推入洞内用砖密封。

不论穴葬、洞葬，一般都要经过十年左右再开棺捡骨，装入特制的土烧瓮，俗称"黄金瓮"，然后做坟墓永久安葬。坟墓也可直接葬棺木。坟墓的地址可生前选好，亦可死后由后人选定。坟墓一般由坟堂、坟凳、坟面等组成。明朝的坟墓坟心（坟肚）凹下，清代以后的则凸起。明清时期还有一种铜锣状的铜锣坟，用砖和三合土建造。圆形，中心直径约3米，高约1米，周围有排水沟，正面建1至2个拱形矿洞，放置"黄金瓮"或棺木。有的人家还将祖宗几代的"黄金瓮"集中葬入。

棺木是用4块3寸厚的杉木块制成，长2.4米，分大、小两种，大的头宽1.7尺，尾1.5尺；小的头宽1.4尺，尾1.3尺，状如"曰"字和"日"字。可在生前备好寿床和寿衣，寿床漆红配画装饰，寿衣以绵绸为料，要单数件，男的长衫马褂，女的凤冠裙袍。家境不好的，一般临时备制，用布衣裹身薄殓。

完成丧葬的主要丧仪有：

送终。弥留之际，亲人须临床哭泣，听从临终嘱咐，与其诀别，异地亲属亦须赶回"送终"。

讣音。出殡安葬等吉日选定后，孝子与族人分头奔送讣音，奉告外家及其亲属最为重要，谓之"报丧"。亲友闻悉，带香烛纸箔前来吊唁。外家到时，孝子跪拜门前低头哭泣迎接。

灵堂。死者洗身更衣后，将遗体移置祖屋厅堂，挂寿幛，设灵位，点寿灯，昼夜不熄。灵前供果品，点香烛、纸、金山及幛，阖家穿白戴孝。三餐灵前供饭，女眷早晚哭灵，孝子昼夜守灵。在吉山，不流行在灵堂请道士做法事、超度亡魂。

灵牌。制木牌尺许，顶圆底方，圆为天，方是地，称"神主牌"或"木主牌"。牌上书写"显考（父）或显妣（母）×××之神主"，须以七、十二、十七字为宜，取生老病死苦中的"老"，叫"合老"。"主"字只写"王"字底，须请有资望者或外家用朱笔加上一点，谓之"点主"。现已简化，基本上是摆放遗像。

入殓。先家奠，后入殓盖棺。奠时，点香烛，供牲酒馔，唱赞礼，诵祭文。孝子、五服内亲戚按礼制分别跪拜祭奠。奠毕，由亲人捧死者遗体入棺，外家亲视入殓盖棺。

送葬。又称"出殡"。送葬时，常有铭旌引路，鸣锣开道，孝子执丧棒、披麻衣、戴斩缞、束草索、穿草鞋，扶棺哭送。亲友穿白衣，戴白花或执香相送。沿途鸣哀乐、撒纸，随柩伴送，以示哀荣。

拜忏。为求亡者早登极乐世界，请和尚或道士做"道场"，诵经拜忏，超度亡魂。死者"归"七日，为"头七"，孝子贤孙穿孝服、备牲馔哭拜祭奠，叫"做七"，直到"七七"为止。第二年起做"周年"。三周年孝满，除去一切守孝陈迹，谓之"大祥"。

现在的丧葬已实行简办，只保留基本的丧仪。

自然崇拜

主要为植物崇拜。屋背、村口、坟头的树木，常常被吉山人视为有神力的"风水树""神坛树"。吉山人把古树视若神灵加以祭拜，在古浮桥渡口的大榕树下，父母常让不易带养的孩子顶礼拜大榕树为"契父"，以祈求得到大榕树的庇佑以消灾避祸，健康成长。每逢正月初一或十五及孩子生日那天，都有人到大榕树前焚香朝拜，感谢榕树的保佑。

祖先崇拜

吉山人由祖先崇拜所演化出来的"孝"的观念，远远超出了祈愿的需要，使得吉山人"离乡不离土，离亲不离祖；远离千重山，不离故乡情"。吉山民间还流传有很多朗朗上口的相关谚语，如："不孝父母，敬神无益。生不奉养，死祭无益。立心不端，风水无益。不惜生灵，吃斋无益。不惜祖堂，修庙无益。不敬祖公，子孙无益。"通俗易懂，富有人情味，感染力很强。

崇文重教

吉山人视教师为圣人。在他们心目中，私塾先生都是孔圣人的弟子，是"肚子里装着墨水"的非凡之辈，是子侄金榜题名、光宗耀祖的引路人。

吉山自古崇文重教。吉山人让子孙读书的热情，从谚语中可见一斑："地瘦栽松柏，家贫子读书。""生子不读书，不如养条猪。""捡漏趁天晴，读书趁年轻。""天光不起误一日，少年不学误一生。"

吉山还流传着这样的谚语："家无读书子，官从何处来？""书中有黄金，从小须用心。"把光宗耀祖、大富大贵的希望都寄托到读书上，但也并不一味功利："求官不到，秀才还在。""识得几个鸡脚爪，天下哪里不敢跑。"读书有了这般境界，便可进可退。

在吉山，孩子年满7岁，舅公就请木匠打造读书桌椅一套，备下文房四宝。外婆则精心缝制"双鼻鞋"：鞋头绣着金虎玉凤，双脊直贯鞋腰，状似古代官靴，祈望外孙穿着它登上青云之路。

父母排出小孩的生辰八字，选定逢单吉日送子上学。上学前喝一杯葱头老酒，带上寓意聪慧的一葱一蒜，由一名文人或有福长者带领，朝学堂而去。望子成龙的父母，只要听到那琅琅的读书声，就心里暖烘烘，脸上笑盈盈了。

四、民间故事

吉山有一个阿凡提式的传奇人物刘火索，就是秀才刘高恒（号火索）。

在永安,说到吉山时,大家一般都会问一句"知道刘火索吗?"他生性倜傥,好侠义,喜议天下大事,又常为穷苦百姓打抱不平,老百姓都喜欢亲近他。有关他的传奇故事在永安民间广泛流传。

智斗监察御史

相传清朝监察御史下江南,到了吉山宝应寺。听说吉山有个叫刘火索的人,歪点子特别多,正寄宿在宝应寺内,便想见识一下。

御史见旁边有人在劈毛竹做香篮,随手拾起一块劈开的毛竹爿,把青的一面朝着刘火索,问道:"这个叫什么?"

刘火索说:"叫竹皮。"

御史把毛竹爿掉转个面,将白的一面朝着刘火索,又问:"这叫什么?"

刘火索道:"叫竹肉。"

御史苦笑道:"好个新鲜的名称啊!"

刘火索听了,打个哈哈说:"大人呀,如今这世道变啦,名称也得跟着变啦!"

御史吃瘪了,只好闷声不响。原来当时清朝廷大兴文字狱,专门找岔子杀人。如果刘火索照着老称呼,把毛竹爿青一面叫"篾青",白的一面叫"篾黄",就会被御史抓住小辫子,诬陷他要"灭清""灭皇",杀他的头。

御史进了宝殿,拜过观音,来到了香积厨,就是寺院的伙房。御史东张西望,见灶下放着一担豆芽菜。偏巧这时跑来一条小狗,扯起后腿在豆芽菜上撒了一泡尿。御史看在眼里,就问刘火索:"这豆芽算不算干净的东西?"

刘火索答道:"豆芽菜水中生,水中长,当然最干净。"

御史又问:"狗尿浇在上面还干净吗?"

刘火索哈哈大笑:"眼不见为净,何必如此认真!"

监察御史来了永安,地方官自然要隆重宴请一番。这酒宴就摆在宝应寺,刘火索也被请为座上客。

地方官让刘火索频频敬酒,御史只是象征性地抿一口。刘火索不干了,提出了"转鱼头"的喝法。寺里吃的是斋饭,刘火索就用冬笋刻了条鱼,代之。几个回合下来,御史被灌了不少酒。他有意要刁难一下刘火索。

刚巧香积厨后门外有个小贩在高声叫卖:"要茶叶蛋吗?要茶叶蛋吗?"

御史灵机一动，问刘火索道："今天你吃荤还是吃素？"刘火索回答说："宝应寺清规很严，当然吃素，不沾荤腥。"

御史见机会来了，向小贩买了两个茶叶蛋，送给刘火索吃，他想："这鸡蛋你若说是荤的不肯吃，它不带血；倘若你说是素的吃了，它却是能孵出小鸡来的。看你怎么办？"

哪知火索不慌不忙地接过茶叶蛋，也不剥壳，"咕嘟、咕嘟"一口一个，囫囵吞进肚皮去了。御史正想发作，刘火索却念出一道偈语来："混沌乾坤一壳包，也无皮骨也无毛。小民度尔西天去，免在人间受一刀。"

这御史啊，抵不过刘火索的聪明才智，抵不过刘火索的三寸不烂之舌，醉了！服了！

戏弄贪县令

有一次，刘火索坐船去延平，他正与人闲谈。同船有个去沙县上任的知县，但他不知说话人就是刘火索，问道："听说永安吉山有个刘火索很厉害，是吗？""那还用说！"火索答道。那知县听了说："哼，我就不信一个穷书生厉害到哪里去。"第三天，那知县到沙县刚上任，一个差役送来一担礼物，说："这是永安刘火索送给你的礼物。"知县揭开来一看：一层枣、一层梨、一层纱、一层扇。他摸不清送这礼物是啥意思，便叫师爷来推测。师爷一想，心里明白了，可是，吞吞吐吐不敢说出来。知县非叫他说明白不可，师爷只好解释说："老爷，他的意思是叫你早离沙县。"知县一听生气了，叫人送一把剃头刀给刘火索，限他半个月之内用剃头刀砍倒东门的那棵大榕树。若逾期违令，就要判他的罪。

刘火索到东门大榕树下转了一圈，见这棵古榕树要两个人才能合抱过来，要用剃头刀砍倒大榕树，根本不可能。刘火索微微笑了笑，就在榕树下搭起一个草棚，搬了一架竹床在棚里睡。白天，他就在草棚里抽烟，晚上就邀几个朋友打牌。县令派人偷偷观察他的行动，一天，两天……十多天过去了，还不见他砍树，只是抽烟打牌，玩得很开心。那人就故意问他："刘火索，县令限期叫你砍树，你为什么还不动手？过了期限可是要治罪的呀！"刘火索不慌不忙，抽着烟，伸伸懒腰，眯着眼睛慢吞吞地回答："忙什么，我在找树的总根，找到总根，一剃刀就砍下来了。"

那人把刘火索的话报告给县令。县令暗自吃惊："原来他在找我的岔子！当官的公务千头万绪，总有办不妥的时候，如被他找到岔子，反会被他搞下台的。算我服了！"县令不再与他斗下去，还办了酒席请他吃喝一餐。

使计免交皇粮

一天中午，刘火索跑到县衙门口乱擂大鼓，知县正在午睡，听到鼓声擂得那么急，以为有什么紧要事，慌慌张张来不及穿官服就跑出堂来。看见是一个穿着破破烂烂衣服的人，知县大声喝问："何人敢惊扰本堂休息！"刘火索从衣袋里摸出三个铜钱掂了掂说："完钱粮！"知县看见只有三个铜钱，火冒三丈，大步走过去夺下铜钱把它摔到地上，骂道："三个铜钱完什么钱粮！"刘火索没有分辩就一把抓住知县的手质问："好啊！你好大胆，连皇帝的钱币都敢扔，你欺君；再说，朝廷封你为知县，你乌纱帽不戴，官服不穿，光着身子上公堂，该当何罪？"知县吓得脸色都变了，话也说不利索。刘火索忽然甩开知县的手，指一下胸膛说："我今天可要告你去！"知县全身发抖，赶紧跪下，向刘火索求饶。

惩办土霸

有一天，刘火索从汀州搭船回永安。船上有个大腹便便的财主，身边坐着他的老婆，还有个十七八岁的姑娘，姑娘眼睛哭得红肿。财主骂那个姑娘："哭什么？又不是你爹妈死啦！跟随我还算你命好，谁叫你家欠了我那么多钱！"刘火索听了，心想：这姑娘才十七八岁，那财主已五六十岁，她这么命苦，我为什么不救救她呢？

当财主和老婆进舱里休息时，刘火索就趁机过去向姑娘打听身世。姑娘是个穷苦人的女儿，那财主凭着有钱有势硬逼姑娘的父母把姑娘卖给他做小老婆……刘火索听了姑娘的哭诉后，决定想法儿搭救她。刘火索问姑娘："你身上有什么疤和痣吗？"又跟姑娘低声说了一些话，姑娘听了，感激得流下眼泪来。

第二天船到永安，刘火索一大早就带着那姑娘下船上了岸，还故意大声喊着："娘子快些走呀！"船上的财主听了赶忙跑出来看，只见那姑娘跟一个青年人走了，于是边喊边急急忙忙地赶上岸来。刘火索故意慢吞吞地走着，财主赶上后大声吼叫:"你狗胆包天,敢抢我的妾!还我,要不上衙门去。"刘火索答道:"好,那就上衙门吧!"两人一路吵闹着,刘火索半点不肯退让。

到了公堂,财主抢先状告刘火索:"他在船上把我的小老婆拐走,请大人作主。"刘火索说:"你说是你的老婆,你老婆身上有什么记号?"财主一听蒙了,自己得到她也不过几天,从没注意过,于是分辩说:"她是我买来的,是我的人!"财主转过脸对姑娘说:"你说说。"那姑娘指着刘火索对知县说:"启禀青天大人,我是他的妻子,那财主看见我就起了邪心……"财主一听气得几乎要晕倒。知县想了想,问刘火索:"你说说自己的老婆身上有什么记号。"刘火索不紧不慢地回答说:"她左边大腿上有一粒小痣。"知县叫财主老婆来检验,那姑娘果然大腿上有一粒小痣,于是判道:"姓刘的说得一丝不差,是他的。你这个财主色胆包天,抢夺人家的妻子,罪不容赦。来人啦,拖下去打五十大板!"刘火索和那姑娘忙下跪说:"谢大人作主!"

刘火索带了姑娘出县城,向熟人借些银两给姑娘,并叫她不要回原来的家,去他乡找亲戚帮忙找门亲成个家。姑娘泪流满面,跪下向刘火索谢恩不止。

毒老鼠

刘火索在北陵殿读书。有一天早晨,差役到他家收税,但他家境贫寒没有钱付税。他想了一个办法,找来四块饼,用红笔绿笔在饼的正中涂上颜色,分别挂在里间房的四面墙壁上,然后出来对差役说:"你们先坐一下,我出去买些菜。"刘火索一出门就把大门倒锁了。

差役等啊等,刘火索去了半天还没有回来。到了中午,差役饿得肚子咕咕叫,想出去,门又锁着。突然,差役发现里间房墙壁上挂着的饼,就狼吞虎咽地把饼吃光了。刘火索知道饼已被差役吃掉,就开门进来,到里间看看,说:"这些老鼠就会偷吃,我挂在墙上毒老鼠的饼今天都被吃光了。"差役一听忙说:"哎呀,不是老鼠吃的,是我们吃了下去,我们肚子实在饿。"刘火索说:"我的饼里放了毒,吃下去要被毒死的。"差役着急地说:"那怎么办?""办法是有的,我有解药,这药很难吃,又苦又臭。""没关系,只要能解毒,我们什么都吃。"刘火索就到邻居的猪栏里拿来猪屎给差役吃,还交代说吃完回去要用被子从头到脚盖住,出出汗才会好。差役点头说:"好,好。"连税也不收就往回跑。

冬夜擒贼

有一年冬至，给地主当长工的刘火索手头没钱，买不起过节的东西。但他很好胜又怕被人笑话，就拿了个空钵头装满水放到锅里去炖。不久水开了，锅里也"卜咚卜咚"地响了起来。刘火索呢，这时正躺在床上唱着自编的顺口溜："冬至冬，冬至冬，别人冬至杀鸡公，我过冬至架笼空！"

半夜三更，刘火索睡得迷迷糊糊，忽然厨房里"哐啷"一声，他惊醒过来，心想："恐怕是进贼了！"于是他悄悄起身从门缝一看，厨房里真的有一个黑影在晃动，这贼正揭锅盖要偷吃哩。刘火索暗自发笑："这贼也真有意思，左不偷右不偷，偏偏偷到我这穷光棍家里来了。也好，让他尝尝白开水的味道吧！"可是一看，这贼不是在吃，他从锅里把整个钵头端起往桶里倒，接着就把桶挑走了，刘火索不管他，又睡觉去了。

过了半个多时辰，到了冬至的时辰了，家家户户老老少少都起床了。刘火索没有什么可吃的，还是蒙头大睡。

一阵喧嚷声把他吵醒了。他是个爱管"闲事"的人，就披上破棉袄出门看热闹。原来左邻右舍锅里全部都剩下个空钵头了，刘火索见了大笑起来："我还当今天冬至只有我一人炖空钵头，原来你们都向我学呀！"左邻右舍说："我炖了一只狗，满满一钵！""我炖了两只鸡！""我炖了一钵猪脚哩！"刘火索眨眨眼睛，神秘地说："我倒知道都到哪里去了！"在大家催促下，刘火索说了刚才看到的情景。有人怪刘火索见贼不捉，刘火索听了眼睛一瞪说："我没个屁东西，抓他白费精神，还不如多睡一觉！"有人说这也是，怨不得火索，谁能料到贼这么贪心呢？大家议论起这贼是谁，要想法子把他抓住。刘火索说："这贼是个外贼，要不他千偷万偷也不偷我刘火索啊！"大家都说是。刘火索接着说："这贼才走不久，又挑着十几户人家的酒肉，少说也有一百多斤，肯定走不远。"他招呼大家打起火把到外面看，刚才下过点小雨，这会儿石板路上还清晰地留下了一串泥巴脚印，是走往吉山峡的。刘火索带上几个后生子打着松明火把去追，终于在吉山峡拐弯处把小偷抓住了。

刘火索传奇故事在永安民间流传的有很多，还有一些被收录到《中国民间故事集成·福建卷·永安市分卷》等文集中。

五、民间传说

除了传奇人物刘火索的故事,吉山还有许多人物传说和地名传说也在永安民间流传,部分还被收录到《永安民间故事集成》中。

刘元晖拜寿

永安吉山的东方月,是进士刘元晖的祖屋。刘元晖,号融斋,生于康熙二十七年(1688年)。37(虚)岁才金榜题名,可谓大器晚成。他对朋友说:"我中进士还得感谢岳丈大人哩。"这是怎么回事呢?

刘元晖父亲刘荃乃乡里秀才,书院的先生。他聪敏过人,"勤诵读,精藻鉴,尤攻吟咏",深得弟子景仰。他以教书为业,收入微薄,家境贫寒。元晖自幼在书院读书,承父天性,聪颖好学,但性格内向,少言寡语。他20岁成家,娶张坊村(与吉山毗邻)张家长女张氏为妻。张氏虽非大家闺秀,不能断文识字,但善良温柔,能说会道。婚后,夫妻恩爱,情投意合,十分幸福。

时逢岳父花甲寿诞,元晖携妻前往拜寿。由于经济拮据,只备了一份薄礼,元晖一路忐忑不安。因为他知道岳父并非知书达理之人,十分看重钱财。

妻劝慰道:"夫婿莫要忧虑,礼轻情重嘛,我想父亲会体谅的。"

元晖叹曰:"但愿如此。"

到了张坊,岳母早在村口迎候。进入家门,只见厅堂摆满寿礼:寿糕、寿桃、猪羊鸡鸭……墙上挂满寿幛,四壁生辉。张老爷端坐在太师椅上,满脸红光,气宇轩昂。二女儿和女婿、三女儿和三女婿早侍立在老爷左右。元晖知道自己来迟了,不免有些尴尬,而厅堂丰盛的寿礼和华丽的寿幛,更显得自己的寿礼分外寒酸。他抖抖衣袖,振作精神,快步向前跪拜道:"元晖给岳丈大人拜寿。"

张老爷瞟了元晖一眼,冷冷地说:"你这个做长女婿的怎么现在才来呀?

我还以为你寿礼太重挑不动哩。"

元晖满脸通红，无言以对。

张氏连忙插话："父亲，元晖他……"

"你不必多嘴啦。"张老爷抬手一挥，"下去吧。"

张氏牵起丈夫的手毅然走出厅堂。

拜寿毕，寿宴始。

入席后，张氏来到上厅寻找元晖。她左顾右盼，不见丈夫人影，只见二妹夫和三妹夫在正席上座分坐父亲两边。她再往下厅寻找，终于在最后一席看见丈夫跟吹唢呐的坐在一起。

她为丈夫受到如此歧视而感到愤怒，箭步冲到父亲面前吼道："父亲！你太不公平了，元晖是长女婿，怎么安排他到下厅跟吹唢呐的共席？"

"长女婿有什么用？谁礼多谁就坐上座！"张老爷不给女儿面子。

"二妹夫是富商，三妹夫是财主，他们当然有钱。元晖的父亲只是一介书生，靠教书糊口。元晖还在攻读诗文，我们现在的确很贫穷。可你不能这样势利眼！将来元晖他会有出头之日的……"

"出头！他何时能出头？"父亲打断女儿的话，"孔子曰'三十而立'，他三十多了吧？难道等到范进那个年纪再出头？"

"元晖是范进？那你就是胡屠夫！"张氏脱口而出。

"放肆！你记住，他有出头之日，我就砍祖坟的风水树给他做旗杆！"

"你说话算数？"

"大丈夫一言既出，驷马难追！"

"好，你等着瞧。"

张氏气呼呼急匆匆跑到下厅拉起丈夫的手拂袖而归。

回到家，张氏仍然怒气未消，不思茶饭。元晖对夫人心存感激，不仅感激她在岳父和众人面前为他打抱不平，更感激她对自己的前程充满信心。

从此，元晖起五更睡半夜，废寝忘食，苦读经书。功夫不负苦心人，经过数年努力，他的学问大有长进。雍正甲辰（1724年）"诏以《春秋》补正科乡、会试，晖联捷，授深泽知县"。他是永安清朝时期荣登进士第一人。

当金榜送到家里，张氏喜极而泣，焚香告慰公公在天之灵："公公！元晖出头的日子终于盼来了！"

翌日，张氏亲自带领刘家族人到张家祖坟，砍张家风水树做门前旗杆。张老爷自知理亏，眼睁睁看着女儿指挥族人把一棵棵风水树砍倒。砍倒一棵，张氏说"太小"；再砍倒一棵，张氏说"太短"；又砍倒一棵，张氏说"不直"……已经砍倒五六棵了，张氏没有一棵满意，吩咐族人继续砍。这时，张氏的母亲只好急忙从家里跑出来求情。

她跪在女儿面前哭着哀求："闺女，你就看在母亲面上，不要再砍了……"张氏连忙俯身，双手将母亲扶起，呜咽着说："母亲，女儿不孝，请宽恕。女儿这样做，只是要给父亲一个教训，今后不要再势利眼，不要再看不起穷苦人……"

刘元晖任河北深泽知县期间，"政平讼理"，体恤人民疾苦，不跟贪赃枉法的官吏同流合污。仅一年时间，他就深感清官难做，遂决然辞官返乡，不愿为五斗米折腰。

在家乡，元晖继承父业，登上书院讲台，精心培养桑梓后代。他性乐恬适，寄情山水，优游林泉，吟诗自娱，凡名胜多题咏，有《山居》10首尤为脍炙人口。特别是七律《秋游北陵》，语言平实，寓意深远。从字里行间，可以看出刘元晖超凡脱俗的思想境界和热爱家乡的真挚感情。

马氏真仙

即马氏五娘。《永安县志》记载，（永安）二十七都铜盘人，父马大相，母罗氏，广道元年[1]正月十五日生。容貌丰美，及笄即结婚，大婚当夜身中毒病，夫家将她抛弃回娘家。其父请僧徒将她送到河里溺死，谁知忽然飘起云雾，九天玄女引她上了百丈岩，吃下仙果。她的二妹和嫂子杜氏来看她，她将仙果与她们分食，于是几人都得以飞升。今铜盘殿是她的祖居地。她在百丈岩（北陵仙殿香火于此分灵）、上坪、云峰洞三处皆有显露神迹，所以乡人在这三处以木刻像祭祀。相传她有求必应，还传说三处中仅云峰洞木像一出即刮大风。

林氏真仙

《永安县志》记载，林氏真仙名贤娘，明宣德八年（1433年）癸丑三月

---

[1] 经查，宋朝并无"广道"年号，应误。——编者注

十三日辰时诞于文笔山中山岚林家。她从小就显露天赋，每次预言未来都很灵验。后来她选择住在大梅溪合水涧边修持大道，至景泰元年（1450年）四月二十一日脱凡坐化。后县乡士民崇祀之于祖兴殿（北陵仙殿香火于此分灵）。不管是求健康还是求雨求子嗣，林氏真仙都很灵验。相传，自立庙之后，因显灵于弘治朝，获封"显著宏明宫主林贤七显真仙"；又显灵于崇祯朝，加封"乳饮娘娘、哺饲养幼元君"。康熙五十三年（1714年），知县于元征撰记，邑人邓煊、游居安等每岁为仙庆诞捐资置田。雍正十年（1732年），请知县裘树荣为之立碑，碑文如下。

  梅溪距城四十余里，崇峦峻岭，仙迹寄焉。

  仙本中山岚人，生于明初，自具仙骨，不假修炼。中年羽化，乡人建宇崇祀之，迄今几百年矣。仙素有奇迹。其尤者当明季时皇子降生，后沾乳疾，仙化凡妇入宫，身为乳养月余，后疾瘥，遂辞后，而以实告道其姓氏里居。言既，杳不复见。后具事以闻，命有司核其实，一一不爽。乃特封"乳饮娘娘、哺饲养幼元君"。

  厥后，民得怪症医不能疗者，匍而叩，无不立愈。艰嗣者竭诚而求，多获熊罴之兆。且祷雨辄应，所谓御灾捍患，与祀典合焉。永之绅士辈聚腋为裘，各捐己资，置田若干，为仙庆诞之会，名曰"燕昌"。将有取于《诗》所谓"燕及皇天，克昌厥后"耶？抑永号燕水，惟兹会最盛，故云尔耶？

  时当大造，有"燕昌会"陈生锡璠等请予为立户勒石，以垂不朽。予嘉其意而允之，因援笔为之记。

林氏真仙醉卧北陵

  文笔山的林氏贤娘在大梅溪羽化升仙后，有一天从祖兴殿来到百丈岩马氏五娘处小叙。席间得知吉山的北陵极顶吐碧，天高云淡时旷观辽远，可称为人世蓬岛。林贤娘心驰神往，很想一游。

  不久，林贤娘去邀马五娘。无奈凡事谨慎的马五娘，碍于二妹和嫂嫂不离身左右，托说无法前往。临行时，马五娘劝贤娘隐去仙身，扮作凡妇撑筏逆流而上，既不惊动凡界，又免于九天玄女怪罪。

林贤娘离开百丈岩,带上五娘赠送解渴的红橘一枚,当日撑竹筏漂流桃花涧。但见两岸悬崖峭壁,古松苍郁,溪水澄碧,一路欢歌。出了桃源洞口,划入滔滔大江,又见壮观景致美不胜收,山岩高削迎面逼峙,摩崖石刻古风苍劲,茂林修竹逶迤不绝。林贤娘无心久留,暗中吹口仙气助力,一瞬间,竹筏便贴着水面飞驰逆上,惊得正乘舟楫往来的艄公目瞪口呆。

转眼驰近一座城池,两水相交处的城郭历历在目,城内街衢行人往来如织。林贤娘不敢贸然入城,继续按着马五娘的指点朝上游前行。

不多久,又遇见一处两水交汇的所在。两岸林木葱郁,大河水流自西向东奔来,与那条水量也不小的溪流,不知不觉便汇合在一处了。正在水湾停歇时,林贤娘鼻息翕动,阵阵醇厚的酒香不绝地飘来。

真个是酒不醉仙,仙自醉了。林贤娘划着竹筏循着酒香的方向寻去,只见溪口不远处,一口硕大的酒缸石,岿然不动,却从上方散发了袅娜的酒气,那轻盈的姿态更诱人几分。

撑近酒缸石旁,也顾不了许多仙门的清规戒律,四周不见行舟,林贤娘便俯身用双手掬起香喷喷的水酒,一而再,再而三,尽情地喝了个痛快。

竹筏又在吉溪逆流急上,两岸如画的竹林一闪一闪映入贤娘的眼帘。这时,酒力也在腹中隐隐发作起来。经过两岸人烟稠密的村庄,便到了马五娘所说的吉山。林贤娘慢撑缓行,只见柴排房一字儿几十丈长,门口排列着数不清的酒坛。脚下的溪流清澈见底,岸上的巷子酒香飘逸。尽管贤娘已有七分醉了,她还是十分清醒地意识到吉山不愧是一处风水宝地!

当来到山脚下的寺庙河畔时,林贤娘抬头望去,山势逼仄,古木浓郁,临水虬枝横斜,绿叶如盖,森森然如入幻境。隐约间,可见山间亭台闪烁,飞鸟鸣声如笛,香火轻烟袅娜。贤娘在筏上一个闪失,只听"噗通"一声,怀里那枚红橘不慎失落水中,待她俯身捡拾时早已沉入水底。说时迟,那时快,正当探身时又一个失足,一只绣花鞋掉入水中,还未来得及伸手,鞋却如石沉水底再也见不到影子了。

林贤娘这时的酒力已经翻江倒海了,她随即弃筏而去,上岸一步登到峰顶,也顾不了天高地厚,在古树下呼呼睡去。

直到一觉醒来,已是夕阳西沉时分。林贤娘放眼四顾,远山如黛近水清丽,极顶天高气清。那吉溪之水,绕了一个大弧弯,从山脚奔流而去。就在竹筏徘徊之处附近,不知什么时候,失落的那枚红橘变成了硕大的石头,浑圆饱满,闪烁着红光。不远处,那只绣花鞋也突然一动不动地露出水面,化作溪心小岛,岛上橘树成林。

待到天色近晚,林贤娘现出仙身,返回大梅溪祖兴殿去了。

后人怀念林氏真仙造访北陵,在山顶造殿祭祠。

卧马石和宝刀石

晴空朗日,站在北陵极顶鸟瞰吉山沃野,可见吉溪从山谷中自西南方向,逶迤而来,悄悄进入域内,奔腾至山脚时又一个绕弯,这才从西北方向奔流而去。就在北陵山下河道右侧的橘子石斜对面,仔细看那波光绿水中,隐约有一匹灰色的骏马卧于河边。

倘若舍远求近,撑着竹排从宝应寺山脚顺流而下,在湍急的水流中打着旋转,不远处的卧马石便活灵活现映入眼帘。只见那骏马四肢弯曲横卧着,粼粼波光中似乎还在摇着尾巴。这卧马石的来历不凡,相传原先是赤脚大仙的一匹坐骑。那么,它是怎么来到吉溪,至今仍然沉睡水里的呢?

传说在一个潮湿而闷热的夏天,一匹马驹来到栟榈山游玩。生性调皮活泼的它跟着大仙上了岩顶的天池,由于修炼还未达正果,凡心顿起,迷恋山光水色不肯离去。一路游玩,这马驹总不过瘾,竟一头栽进天池洗澡。

这栟榈山的天池,日沐骄阳精华,夜浸天地甘露,不染丝毫尘埃,终年清澈见底。岂料马驹风尘仆仆前来,不但搅得天池昏天黑地,临上岸时,还在水里撒了一泡尿,更添了阵阵难闻的臊味。

这事让百丈岩的马氏真仙知道了,急忙探身朝对岸高声呼叫。谁知马驹看见是个妇人,便抖着水淋淋的身子不当回事,气得真仙跑到天庭告状。一经打听,原来是赤脚大仙早些时候去要来修炼训诫的马驹,真仙便将实情告诉大仙,意在要他好好管教一下那个调皮蛋!

赤脚大仙一听,连忙从身旁的炼剑炉里抽出一把青光闪闪的宝刀,二话不说,就驾云飞奔栟榈山而去。大仙拨雾往下看,不看倒罢,一看更恼火,只见那畜生正四脚朝天躺在池边撒欢。不一会儿又踩着水波显露本领,闹得四周蹄声得得,远近生灵都争相来看热闹。

"看剑!"说时迟,那时快,赤脚大仙直冲马驹而去。岂料那马驹虽未修成正果，却也练就十八般武艺，只见那寒光闪处，天池冒起一股青烟，待到平静下来时，马驹的影子也不见了。

"畜生，看你往哪里逃！"赤脚大仙的话音刚落，又见西南方向一团灰云涌起，大仙便尾随直追，不几个回合，马驹便被逼到了北陵山下。

这时忽然天昏地暗，雷声大作。接着便下起倾盆大雨，山洪暴涌，河水猛然暴涨起来。这马驹自知敌不过师父，却看到北陵和村落不同凡响，便将平日大仙教的本领一鼓作气全使了出来，准备一旦败阵便潜逃而去。

马驹一会儿翻转跳跃，一会儿仰首奔跑，一会儿俯冲疾闪，一会儿驾云升腾。赤脚大仙这时倒看花了眼，心想：这畜生还真学到不少高超技艺，只可惜天数已尽，不如将就它永留世间作一奇观。

"扑通"一声，赤脚大仙故意失手，那把寒光闪闪的宝刀从云间直插而下，自己却腾云而去。马驹眼疾，迅速一个翻身躲闪，趁乌云翻滚、洪波逐浪之际，一头钻进水里。谁知那把宝刀落入水中后，竟如一枚枯叶飘荡于水面，打着旋转久久不会下沉。

终于云开雾散天高气清了，洪水退尽，吉溪又恢复往日的清流，哗哗啦啦热闹非常。就在那吉溪流经北陵山脚不远，那匹灰色的马驹卧于溪水之中，如同沉睡千年鼾声入梦。没过多久，有人撑竹排出吉溪去燕江，在两溪交汇处，发现河滩上斜插了一把形如宝刀的巨石。在阳光普照，绿树交映之中，那宝刀石还闪烁着寒光，过往船只上的人们无不叹为观止。

聪明泉

吉山北陵景区"溶月池"之上，有一如刀劈斧削的巨石，上面刻着"吐碧"二字。在巨石的左侧有一股山泉，有如花飞玉溅而下。这泉水甘甜、可口，许多游客品尝之后，都留下深刻的印象。这便是北陵一景"聪明泉"。

关于"聪明泉"，有这么一个传说。在明末清初，吉山有个孩子生性愚笨，但心地善良。父母看他什么也不会干，只好叫他去看牛。有一天，他把牛赶到山上后躺下大睡，醒来已是傍晚，一看牛不见了。他找遍了附近的几座大山，可都找不到牛。他心想：回家一定会挨父母的打骂，怎么办呢？正在犹豫时，看见一个白胡子老人正过一独木桥，脚步不稳，眼看就要跌下桥去，他急忙跑过去扶老人过桥。小孩扶老人过完桥，正想回头去找牛，老人却又跌倒了。他赶忙又跑过去牵扶老人，可老人怎么也站不起来，原来是脚扭伤了。眼看天就要暗了，他问老人家住在何处，老人说在那高山上。他二话没说背起老人就走。他虽然觉得很累，但仍然照老人的指点坚持背着他来到高山上的一座房屋前。他觉得奇怪：这荒山野岭怎么会有人住？我怎么从来没到过这儿？他放下老人后，累得直喘粗气，真想睡觉，一闭眼就睡着了。半梦半醒之间，他感觉老人走近他身边说："虽然生性愚笨，可你心地善良，孺子可教也。此山上有一座古庙，是林氏、马氏两位真仙修炼之地。她俩赐予人间圣水，化作古庙左边的山泉，你饮此山泉后便可解除蒙昧。你可往西走，途中有三道难关，你要尽力克服，在明早太阳出来之前饮到此山泉。"

牧童一觉醒来，天已蒙蒙亮。周围哪有什么房屋，自己分明睡在荒山中。他想起白胡子老人的话，便沿着山路往西走。忽然，他看到前面的路上有一条水桶粗的蟒蛇横在路上，探起的头有一人多高，口里吐着信子。他"妈呀！"大叫一声往回跑，直到看不见蛇，心里才平静下来。可他一想到老人说的话，便镇定下来，重新往回走。此时，那蛇已向前爬行，只有尾部还横在路上，他虽然害怕得颤抖，但还是跨过蛇尾向前跑去。

牧童爬上了一道坡，忽见前面的岩石上卧着一只吊眼白额老虎，两只大眼直瞪着他。这一次他吓呆了，一会儿清醒了一些，想起家人说过：遇到老虎不能跑，一跑老虎便会往你身上扑。他便咬紧牙，睁大眼睛看着那虎。过了一会儿，那大虎无趣地走了。

牧童过了两道难关，远远地看到古庙。可走不久，路没了，眼前往下是三丈多高的悬崖峭壁，旁边又无路可走。怎么办？眼看太阳就要升起来了。这时，他看到悬崖的左侧有灌木丛，就拽着灌木往下爬。到了悬崖中间，下面没有小灌木，只有几丛较长的草，他不顾一切抓着草往下爬，谁知将那草给连土带根拔了起来，他一扑空坠下悬崖。他落在一堆土上，浑身疼痛，脚不听使唤，真想休息一会儿。可他抬头一看，东方群山发亮，太阳眼看就要出来了。他一想到往日被人嘲笑捉弄就非常生气，这一生气就来劲儿了。他靠双手爬到古庙边，听到了泉水声。尽管他很累，但咬紧牙关坚持着，一步一步地终于爬到了山泉下。他仰起头，那清澈的圣洁之水洒在他脸上，他张开嘴大口"咕咚咕咚"地饮着。这时，初升的阳光柔和地洒在他那充满笑容的脸上。他神志清醒，精神振作地站了起来，心想是该回家的时候了。

家里父母等到天暗，只见牛归来，却不见孩子回来。母亲哭哭啼啼地说："我那傻孩子，牛都懂得回家，他自己却丢了。"父亲焦急地召集亲属，打着火把翻遍了附近的几座大山也没见到牧童的踪影。第二天早晨，父母正在啼哭时，却见儿子回来了。

母亲抱着他问起昨晚的经历，他竟能有板有眼地一口气说了出来。父母奇怪了，这孩子平时说话打结巴，叫他去买东西经常买错，今天怎么像换了一个人似的，记性这么好。"父亲，我不看牛，我要去读书。"孩子说。父母觉得奇怪了，难道那泉水真的这么神吗？

后来，人们在那孩子的带领下找到那泉水。那孩子读书长大后考中举人，在浙江一带做官。因此，人们便说这水给予人聪明和智慧，给这股泉水取名为"聪明泉"。

十三行

吉山村中有条古街叫"十三行"，街名的背后有一个故事。传说在清朝时期，吉山有一个人很会做生意，村民都尊称他为九意公。他从小练武，学得一身好武艺。有一年，他运了一船笋干到广东去贩卖。笋干卸下摆满整个码头，影响到岸上的人行走，当时雇工已经走了，他只好自己动手整理堆叠。只见他手提肩挑，不一会儿就把那一大堆散乱的笋干篓清理好。周围旁观的人，个个都看得目瞪口呆，有的人还伸出大拇指夸他说："好大气力。"九意公当天找客店住下。晚饭后到处闲逛，走到一条街，他进了一家戏院去看戏。里面人很多，位子几乎坐满了，只有中间一排还有几个空位，于是他走过去找个位子坐了下来。不一会儿，后面座位有人用烟杆抽烟，烟杆却架在九意公肩上。九意公看左右，也有人如此，就以为是当地习惯，不予理睬。谁知那人抽完烟，竟在九意公头上磕烟灰。九意公心知不好，就站起来，发现好几个人都凶巴巴地盯着自己。他想，出门在外，忍着点有好处，于是他不再看戏，就回客店去了。他把看戏的情况告诉店老板，老板告诉他，那伙人共有十二人，凭着自己有两下功夫胡作非为，没有人敢惹他们。他们还将戏院门前的街命名为"十二行"。

九意公听后，对他们的蛮横愤愤不已，于是他回到房间取了一根长腰带，浸了水后绑在腰上，然后又回到戏院，仍然坐在原来的位置看戏。那十二人见他又来了，就与他打起来。这九意公也不示弱，一人对付十二人毫无惧色。从院内打到院外，十二人见徒手不能取胜，就操起棍棒打来。只见九意公把腰带一抖，猛地一甩，就把那十二根棍子全收到自己手中。那十二人见他武艺这般了得，都不敢再打下去，于是就要求讲和。九意公见他们的威风傲气被打下去了，就告诫他们要改恶从善，不要恃强凌弱。他们都一致佩服九意公的武艺和为人，称他为第十三条好汉。吉山的村民得知此事，都以此为自豪，就把当地的这条街名改称为"十三行"。

主要参考文献

1.《永安县志》（三、四部合订本），永安市地方志编纂委员会办公室编，2004年2月。

2.《永安县志》（合订本），永安市地方志编纂委员会办公室重刊，2010年3月。

3.《永安市志》，永安市地方志编纂委员会编，中华书局，1994年4月。

4.《永安市志（1990～2005）》，永安市地方志编纂委员会编，方志出版社，2015年12月。

5.《永安姓氏志》，永安市地方志编纂委员会办公室编，2004年11月。

6.《永安寺庙志》，永安市地方志编纂委员会办公室编，2008年12月。

7.《永安市地名志》，永安市民政局、中共永安市委党史和地方志研究室编，2020年3月。

8.《吉山刘氏族谱》，1949年重修。

9.《永安抗战历史文化概览》，中共永安市委党史和地方志研究室编，刘思衡编著，福建教育出版社，2023年5月。

10.《弦歌相承：国立福建音专纪念文集》，中共永安市委宣传部编，海峡文艺出版社，2015年5月。

11.《吉山吉水》，永安市文化体育与出版局编著，2005年8月。

12.《吉山映象》，永安市文化体育与出版局编，2005年。

13.《吉山风韵》，华林龙著，2011年3月。

14.《国立福建音乐专科学校校史》，福建音专校友会编印，1999年8月。

15.《永安中学吉山校友纪念册1938—1945》，永安中学校友会编，1993年5月。

16.《永安中学吉山校友纪念册（1938—1945）续编》，永安中学校友会编，1994年10月。

17.《悦读永安》，永安市文化体育与出版局编印，2008年10月。

18.《读懂永安》永安文史资料第38辑，政协永安市委员会编，2020年12月。

19.《永安民间故事集成》，永安市民间文学编委会，2013年5月。

20.《永安民间谚语歌谣集成》，永安市民间文学编委会，2013年5月。

21.《燕江诗词》2021年9月第20期，永安市燕江诗社、诗词楹联学会。

22.《永安抗战文化史料》，福建省革命历史纪念馆、中共三明市委党史研究室、中共永安市委党史研究室编，中共党史出版社，2012年6月。

23.《永安文史资料》第14辑，永安市政协文史委，1995年7月。

24.《永安风景名胜传说》，永安市委宣传部、文联，1997年10月。

25.《中国·福建·永安 旅游景区·景点导游词》，旅游教育出版社，2000年9月。

26.《永安抗战进步文化活动》，中共福建省委党史研究室、中共三明市委党史研究室、中共永安市委党史研究室编，海峡文艺出版社，1994年11月。

27.《永安抗战文化史话》，中共永安市委党史研究室编，中共党史出版社，2013年10月。

28.《中国东南抗战文化的一面旗帜——"福建永安·抗战文化论坛"论文集》，中国中共党史学会、中共福建省委党史研究室、中共三明市党史研究室、中共永安市委编，中共党史出版社出版，2012年6月。

29.《发现永安——被忽略的抗战文化中心》，张在军，福建教育出版社，2018年4月。

30.《福建教育史》，王豫生主编，福建教育出版社，2004年3月。

31.《燕江潮声——永安纪念抗战胜利50周年研讨文集》，中共永安市委精神文明建设领导小组、中共永安市委宣传部编，1995年10月。

32.《永安抗战进步文化研讨会文集纪念中国人民抗日战争胜利60周年》，福建省社会科学界联合会、中共三明市委宣传部、中共永安市委、永安市人民政府编，2005年8月。

33.《抗日战争时期永安进步文化活动学术研讨会专辑》，中共永安市党史工作委员会编，1988年8月。

34.《羊枣事件》，中共永安市委党史研究室编，厦门大学出版社，1992年5月。

后 记

历史需要记忆，文化需要传承。吉山承载着独特的文化底蕴，为了让人们更便捷了解其地方文化，深入感悟其文化内涵，让沉寂的历史重现光芒，使这份珍贵的文化遗产为热爱它的人们带来更多的欢乐与思考，并不断传承，本书编纂人员在搜集整理史料的基础上，对吉山的历史文化和抗战文化进行了梳理。内容按照"历史沿革""文物胜迹""抗战名村""名人志士""艺文杂记""风俗民情"六大类别进行归类，以约500个条目逐项阐释，同时配以200余张图片，最终编纂成这本《吉山记忆》。书中所写内容，原则上以吉山（上吉山村、吉山村）地域内的文化内容为主体，并适当延伸。本书简要介绍吉山文化活动相关的人和事，能够帮助读者了解相关历史，也可作为当地的干部读本和中小学生的乡土教材。

《吉山记忆》得以出版，要感谢燕城乡贤刘见永先生眷爱家乡，致力于吉山文化的挖掘、整理与提炼，遍阅史料，持续完善相关内容的写作。此外，本书在成书过程中，还得到了多方人士的亲切指导和鼎力相助：荣幸邀得福建省文史馆馆员、原福建省方志委主任罗健作序，获得永安市委主要领导的指导与关心，永安市政协、市文旅局、档案馆、博物馆、燕西街道办事处和上吉山、吉山村委会等有关单位的支持，以及福建省十、十一届政协委员潘亮和罗联永、罗旌灌、刘思衡、刘见业、刘见省、刘如姬、余尔望、乐开丰、赵蜀闽、黄启龙、刘礼斌先生等的帮助，在此一并表示衷心感谢！

书中有错、漏和不妥之处，敬请读者批评指正。

本书编辑部
2025年7月